ERP 供应链管理系统

（用友 U8V10.1）（第 2 版）

主　编　庞靖麒　张晓琳　郑圣慈
副主编　卜艳艳　路　珊　李树叶　高晓华
参　编　李　莘　宋瑞卿　马　娟　马晓东
主　审　王　英

北京理工大学出版社
BEIJING INSTITUTE OF TECHNOLOGY PRESS

图书在版编目（CIP）数据

ERP供应链管理系统：用友U8V10.1 / 庞靖麒，张晓琳，郑圣慈主编. -- 2版. -- 北京：北京理工大学出版社，2025.1.

ISBN 978-7-5763-4835-4

Ⅰ. F274-39

中国国家版本馆CIP数据核字第2025SN0985号

责任编辑：申玉琴　　　　　文案编辑：申玉琴
责任校对：刘亚男　　　　　责任印制：施胜娟

出版发行／北京理工大学出版社有限责任公司

社　　址／北京市丰台区四合庄路6号

邮　　编／100070

电　　话／（010）68914026（教材售后服务热线）
　　　　　（010）63726648（课件资源服务热线）

网　　址／http://www.bitpress.com.cn

版 印 次／2025年1月第2版第1次印刷

印　　刷／河北盛世彩捷印刷有限公司

开　　本／787 mm×1092 mm　1/16

印　　张／22

字　　数／472千字

定　　价／99.00元

前　言

　　近年来，国家高度重视职业教育与产业的深度融合。2024 年 7 月，中国共产党第二十届中央委员会第三次全体会议通过的《中共中央关于进一步全面深化改革、推进中国式现代化的决定》中明确了职业教育的新定位，强调"职普融通、产教融合"的发展方向，为职业教育的改革与发展指明了新的路径。在此背景下，教学团队与企业、行业紧密合作，吸纳了国家电网日照公司等企业的软件操作、信息技术人员，通过校企合作、产教融合等方式，立足市场需求，融入新技术手段，优化教材内容，确保教材与工作高度衔接。

　　本书依托用友 ERP-U8V10.1 软件，以商业企业典型业务为载体，贯彻落实《中华人民共和国会计法》的有关要求，规范数字经济环境下的会计工作，依据《企业会计准则》《会计信息化工作规范》（财会〔2024〕11 号）等准则规范、供应链数字化转型支持政策，处理信息化环境下商业企业的购销存业务。本书按照业务处理流程设置了建账赋权、财务软件初始设置、采购业务、销售业务、库存管理与存货核算业务五个项目（书中企业名、人员名、存货、业务皆为虚构，仅限教学使用）。为确保学习者掌握操作原理，明晰操作流程，养成职业素质，本书对购销任务进行了精心设计，通过任务描述、原始凭证、任务解析、岗位说明、业务流程、知识链接、工作指导、注意事项、自检自测和拓展延伸来开展每个任务的学习，赋能学习者为供应链上下游中小企业数字化转型提供助力。

　　本教材是 2024 年验收通过的山东省精品资源共享课"会计信息化"的课程改革建设成果之一，教材配备高质量的课程标准、教案、课件、教学视频、动画等资源，为分层教学、学习者自主学习提供有力支撑。教材具有以下特色：

　　1. 校企协同对接企业：教材编写团队中来自企业的专家具有丰富一线软件操作、财务管理经验，将企业新技术、新理念、新要求融入教材中，使教材对接工作岗位需要。

　　2. 项目导向任务驱动：教材按照业务工作流程序化内容，设计贯穿全月的经济业务，以做项目、完任务的形式加以实施，相关知识点均融入任务中，帮助学生在做任务的过程中掌握相关知识和技能。

　　3. 技术赋能更新内容：教材编写团队紧跟企业管理制度、新会计准则、新税法内容更新教材内容，将信息技术、企业管理理念、内控流程、制度规范融入典型工作任务中，使教材紧跟时代步伐。

　　4. 铸魂育人润物无声：教材的课程思政建设具有系统化、全面化、融合性的特点。根据知识、技能点设计了"古智启思""方针政策""自立自信"等课程思政强化点，提高学生对国家政策法规、职业素养、职业红线的认识，助力学生养成诚实守信、认真严谨、数据服务的职业素养。

　　5. 在线学习有力支撑：本教材是山东省资源库课程的配套教材，课程在"智慧职教

MOOC学院"同步上线，学生可免费获取资源，开展线上学习。线上课程内容丰富，团队成员根据信息技术发展趋势不断更新资源，为开展线上学习提供有力保障。

本书由日照职业技术学院庞靖麒、张晓琳、郑圣慈担任主编，日照职业技术学院卜艳艳、日照市新营小学技术处路珊、山东经贸职业学院李树叶与高晓华担任副主编，日照职业技术学院李莘、日照市医疗保障局宋瑞卿、山港山海物业（日照）有限公司马娟、国网山东日照供电公司马晓东参编，全国高端会计人才、国家林草局国际竹藤中心党委委员、计财处处长王英进行审核。具体分工如下：路珊、马晓东编写项目一，卜艳艳、宋瑞卿、李莘编写项目二，郑圣慈、张晓琳编写项目三，庞靖麒编写项目四，李树叶、高晓华编写项目五，庞靖麒、马娟设计了全书的任务框架并负责统稿工作。此外本书得到了山港山海物业（日照）有限公司、国网山东日照供电公司、日照市医疗保障局的大力支持，湖南铁道职业技术学院周存晓老师给予优化意见与建议，在此深表感谢。

由于时间仓促，加之编者水平有限，书中难免存在疏忽和不当之处，敬请广大读者批评指正。

编　者

2025 年 1 月

学习指导

　　同学们好，欢迎开启 ERP 供应链管理系统的学习旅程！党的二十届三中全会提出，要健全因地制宜发展新质生产力体制机制，健全促进实体经济和数字经济深度融合制度，完善发展服务业体制机制，健全现代化基础设施建设体制机制，健全提升产业链供应链韧性和安全水平制度。企业的高质量发展需要现代供应链的集成管控与优化。本书将针对商品物资的购销存，展开软件流程、原理、内控制度的讲解。大家学习中须注意内控流程、关注国家政策法规，并借助在线教学平台提升学习效率，希望大家学有所获！

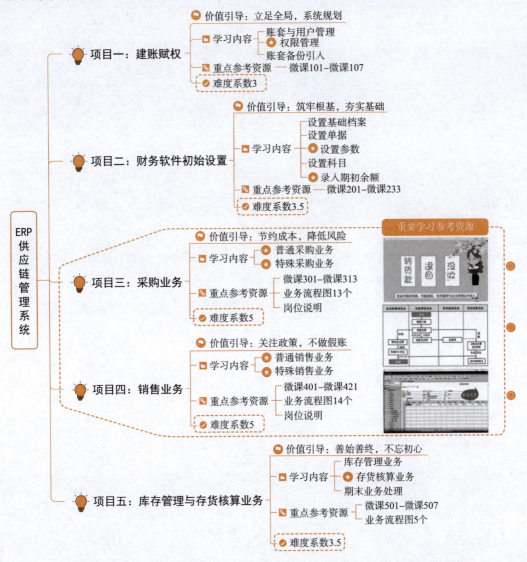

ERP供应链管理系统

- 项目一：建账赋权
  - 价值引导：立足全局，系统规划
  - 学习内容
    - 账套与用户管理
    - ★权限管理
    - 账套备份引入
  - 重点参考资源 —— 微课101–微课107
  - 难度系数3

- 项目二：财务软件初始设置
  - 价值引导：筑牢根基，夯实基础
  - 学习内容
    - 设置基础档案
    - 设置单据
    - ★设置参数
    - 设置科目
    - ★录入期初余额
  - 重点参考资源 —— 微课201–微课233
  - 难度系数3.5

- 项目三：采购业务
  - 价值引导：节约成本，降低风险
  - 学习内容
    - ★普通采购业务
    - ★特殊采购业务
  - 重点参考资源
    - 微课301–微课313
    - 业务流程图13个
    - 岗位说明
  - 难度系数5

- 项目四：销售业务
  - 价值引导：关注政策，不做假账
  - 学习内容
    - ★普通销售业务
    - ★特殊销售业务
  - 重点参考资源
    - 微课401–微课421
    - 业务流程图14个
    - 岗位说明
  - 难度系数5

- 项目五：库存管理与存货核算业务
  - 价值引导：善始善终，不忘初心
  - 学习内容
    - 库存管理业务
    - ★存货核算业务
    - 期末业务处理
  - 重点参考资源
    - 微课501–微课507
    - 业务流程图5个
  - 难度系数3.5

重要学习参考资源

目录
Contents

目录
Contents

项目三　采购业务

项目四　销售业务

目录
Contents

微课资源目录

项目一

建账赋权

《道德经》云："其安易持，其未兆易谋，其脆易泮，其微易散。为之于未有，治之于未乱。"早在两千多年前，老子就提出了未雨绸缪、事先谋划的智慧。计熟事定，举必有功，无论是国家建设，还是企业发展，抑或是个人成长，都离不开规划布局。建账授权是财务工作的起点，建账不能仅根据企业当前业务规模加以设置，应立足当前、面向未来，做好规划，具备大局意识、规划理念，为企业经营管理决策提供业财信息支撑。

走进项目

　　作为现代企业管理中不可或缺的工具，财务软件不但提升了财务工作的效率，而且实现了对企业财务状况的实时监控、分析，帮助管理层有效决策。如果将企业应用平台看作用友软件的前台，那么系统管理无疑就是软件核算的后台，是进行经济业务核算的前提与保障。在处理业务、出具报表前，我们需要立足企业当前及未来发展的需要，建立账套、设置用户并赋予权限，这些操作均是在系统管理中完成的。

　　该项目包括建账管理、权限管理、账套备份引入3个子项目，共计6个任务，涵盖了用友U8应用服务器配置、系统管理员与账套主管的权限差异、用户管理、账套的建立与修改、备份与引入、功能权限赋予、数据权限分配等相关知识点。该项目的实施，为企业应用平台开展基础档案设置、经济业务处理提供前提保障。

职业目标

目标类型	目标要求	对应子项目
能力目标	能规划设计、建立、修改、备份、引入企业账套	子项目1.1、1.3
	能对用户进行增减、删除、修改等管理	子项目1.1
	能根据内控制度对用户赋予权限	子项目1.2
知识目标	了解账套的基本原理及作用	子项目1.1、1.3
	熟悉用户及权限的管理流程及作用	子项目1.2
	掌握系统管理员与账套主管的权限差异	子项目1.2
素质目标	培养学生整体规划意识	子项目1.1
	帮助学生明晰岗位分工、树立职责意识	子项目1.2

学习导航

项目	子项目	典型工作任务	学习资源
建账赋权	建账管理	增加用户	
		建立账套	
	权限管理	赋予功能权限	智慧职教平台 微课 101–107
		分配数据权限	
	账套备份引入	备份账套	
		引入账套	

项目背景

2022 年 10 月，中国共产党第二十次全国代表大会（简称二十大）召开。二十大提出全面贯彻新发展理念，坚持社会主义市场经济改革方向，坚持高水平对外开放，构建以国内大循环为主体、国内国际双循环相互促进的新发展格局。2023 年以来，中国经济持续恢复，高质量发展扎实推进。为了巩固经济复苏势头，促进民营经济发展壮大，国务院印发了《中共中央国务院关于促进民营经济发展壮大的意见》，对民营经济发展做出重大部署。日照瑞泽商贸有限责任公司乘中国经济高质量发展之风于 2023 年 8 月成立，是一家从事家用电器购销活动的商贸公司，公司法人代表王恒，公司信息如下。

一、公司基本信息

公司名称：日照瑞泽商贸有限责任公司

成立时间：2023 年 08 月

企业性质：有限责任公司

单位地址：山东省日照市淄博路 56 号

注册资本：240 万元

法定代表人：王恒

统一社会信用代码：913706210036XT4569

二、银行开户信息

人民币户：中国工商银行济南路支行　　账号：1617001629200013297

美元户：中国银行威海路支行　　　　　账号：220424008437

三、科目设置及辅助核算要求

日记账：库存现金、银行存款。

银行账：银行存款。

客户往来：应收票据、应收账款－人民币、应收账款－美元、合同负债－人民币、合同负债－美元、合同负债－定金及预收账款（不受控于应收系统）。

供应商往来：应付票据、预付账款、应付账款－一般应付账款、应付账款－暂估应付账款（不受控于应付系统）。

四、企业的会计政策和核算方法

存货业务处理：公司主营家用电器，采用实际成本法核算。企业有五个仓库，其中冰箱、彩电、空调、其他仓库采用先进先出法核算存货发出成本，家用小电器仓库采用全月平均法核算存货发出成本。

财产清查的处理：公司每月月末对存货进行盘点清查，与账面数据进行比较并编制盘点表，经管理部门审批后进行相应处理。

坏账损失的处理：企业仅对应收账款计提坏账准备，期末使用应收账款余额百分比法计提坏账准备，提取比例为5%，企业发生坏账时冲减坏账准备。

子项目1.1 建账管理

任务1：增加用户

【任务描述】

为提高经营管理效率，日照瑞泽商贸有限责任公司自2024年3月1日起使用软件核算，管理层在考虑业务处理需要、数据安全等因素的基础上，确定了软件操作人员名单，请根据表1.1.1所示信息增加用户。

表 1.1.1　用户信息

编码	姓名	用户类型	所属部门
zg01	张亚	普通用户	财务部
kj01	马英	普通用户	财务部
kj02	刘凯	普通用户	财务部
cn01	徐莲	普通用户	财务部
cg01	王强	普通用户	采购部
xs01	李超	普通用户	销售部
ck01	孟新	普通用户	仓储部

【任务解析】

本任务要求对有权进入财务软件进行业务操作的人员进行设置。

【岗位说明】

系统管理员 admin 在【系统管理】中对用户的增、减、修改、注销加以操作。

【知识链接】

用户又称操作员，指有权登录【企业应用平台】进行业务操作的人员。为了保障财务数据的安全，用户每次登录时都要进行身份验证，仅系统管理员 admin 有权设置用户。需要注意的是，登录用友软件系统前，需要对应用服务器参数进行配置。

【工作指导】

一、应用服务器参数配置

（1）用鼠标右键单击计算机图标，查看计算机属性，获取计算机名称。

（2）执行【开始】-【所有程序】-【用友 U8V10.1】-【系统服务】-【应用服务器配置】命令，或者双击桌面上【应用服务器配置】的钥匙图标，打开【U8 应用服务器配置工具】窗口，如图 1.1.1 所示。

配置服务器

（3）单击【数据库服务器】左侧的图标，打开【数据源配置】窗口，单击"（default）"数据源，再单击【修改】按钮，打开【修改数据源】窗口，将【数据库服务器】更改为本机名称或者"127.0.0.1"，如图 1.1.2 所示，单击【确定】按钮，回到【数据源配置】窗口，单击【退出】按钮，完成应用服务器的配置。

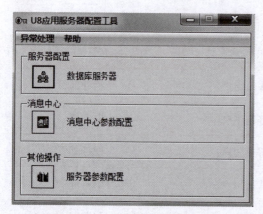

图 1.1.1　U8 应用服务器配置工具

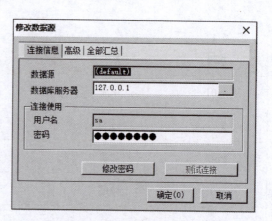

图 1.1.2　修改数据源

二、增加用户

（1）双击桌面上【系统管理】图标，打开【用友 U8[系统管理]】窗口。

（2）执行【系统】–【注册】命令，打开【登录】窗口，在【登录到】框中录入服务器名称或者"127.0.0.1"，【操作员】框中默认"admin"，密码为空，【账套】选择"（default）"选项，如图 1.1.3 所示，单击【登录】按钮。

增加用户

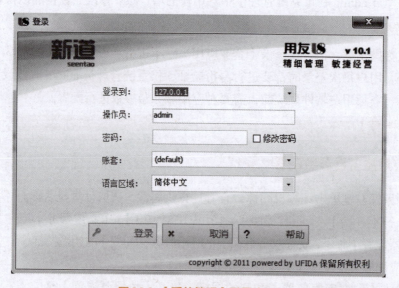

图 1.1.3　【系统管理】登录窗口

（3）打开【用友 U8[系统管理]】窗口，执行【权限】–【用户】命令，打开【用户管理】窗口，单击【增加】按钮，打开【操作员详细情况】窗口，【编号】录入"zg01"，【姓名】录入"张亚"，【用户类型】默认选择"普通用户"，【所属部门】录入"财务部"。

（4）单击【增加】按钮，继续增加其他用户，全部完成后，单击【取消】按钮或者关闭【操作员详细情况】窗口，显示所有用户列表，如图 1.1.4 所示。

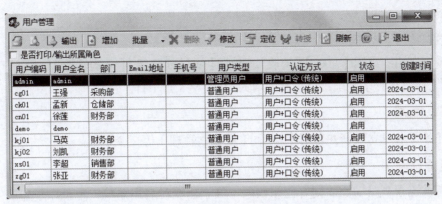

图 1.1.4　用户列表

【注意事项】

1. 用户编码是唯一的，即使不同的账套，用户编码也不能相同。

2. 系统自带用户 admin，其用户类型为管理员用户，而账套主管或者其他用户的用户类型均为普通用户，否则无法登录到【企业应用平台】处理经济业务。

【自检自测】

1. 操作员也称为_____，其增加、减少应由_____操作完成。

2. 增加用户时，蓝字信息的编号和姓名_____，否则无法保存。

3. 增加用户时可以勾选角色，删除用户时，须先_____，再删除用户。

【拓展延伸】

用户的增加、删除、修改、注销操作均由系统管理员 admin 在【系统管理】中完成。当删除用户时，若存在操作日志，可更换为 sadmin 身份删除日志；或者 admin 先输出并删除账套，再删除用户；用户若勾选了角色，需要先取消角色的勾选，方可删除。

任务 2：建立账套

【任务描述】

日照瑞泽商贸有限责任公司为提升信息处理效率，于 2024 年 3 月 1 日起转为财务软件核算，请根据以下信息建立企业的账套。

1. 账套信息。账套号：006。账套名称：瑞泽商贸公司财务账套。账套路径：默认。启用会计期：2024 年 3 月。

2. 单位信息。单位名称：日照瑞泽商贸有限责任公司。单位简称：瑞泽商贸。

3. 核算类型。本币代码：RMB。本币名称：人民币。企业类型：商业。行业性质：2007年新会计制度科目。账套主管：[zg01] 张亚。需要按行业性质预置科目。

4. 基础信息。需要对存货、客户、供应商进行分类，有外币核算。

5. 编码方案。科目编码级次：4-2-2-2。客户分类、供应商分类及存货分类编码级次：

2–2。收发类别编码级次：1–2。其他编码默认。

6. 数据精度。系统默认。

7. 系统启用。启用【总账】【应收款管理】【应付款管理】【采购管理】【销售管理】【库存管理】【存货核算】系统，启用日期均为2024年3月1日。

【任务解析】

本任务要求建立账套并启用【总账】【应收款管理】等7个系统。

【岗位说明】

只有系统管理员admin拥有建账权限，可于建账时启用系统，也可以于建账完成后，由账套主管在【企业应用平台】中启用系统。

【知识链接】

账套是一组相互关联的数据，每个进行独立核算的企业都应该建立一套完整的账簿体系，各账套间的数据相互独立、互不影响。企业进行业务处理之前，需要先设置企业的基本信息、核算方法、业务处理规则等，这个过程称为建账。

【工作指导】

（1）系统管理员admin登录【系统管理】。

（2）在【用友U8[系统管理]】窗口，执行【账套】–【建立】命令，打开【创建账套–建账方式】窗口，默认选择【新建空白账套】选项，单击【下一步】按钮。

建立账套

（3）打开【创建账套–账套信息】窗口，【账套号】录入"006"，【账套名称】录入"瑞泽商贸公司财务账套"，【账套路径】默认，将【启用会计期】调整为"2024年3月"，如图1.1.5所示，单击【下一步】按钮。

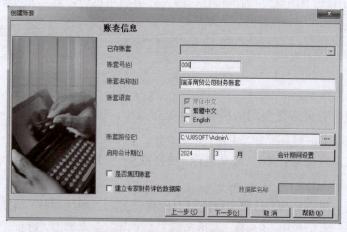

图1.1.5 创建账套–账套信息

（4）打开【创建账套–单位信息】窗口，录入单位名称、简称，单击【下一步】按钮。

（5）打开【创建账套–核算类型】窗口，【企业类型】选择"商业"，【行业性质】选

择 "2007 年新会计制度科目",【账套主管】选择 "[zg01] 张亚",其他信息默认,勾选 "按行业性质预置科目(S)" 复选框,如图 1.1.6 所示,单击【下一步】按钮。

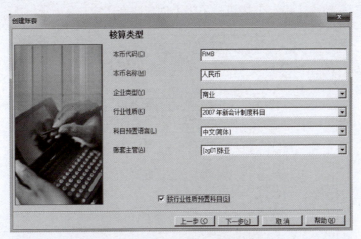

图 1.1.6　创建账套－核算类型

（6）打开【创建账套－基础信息】窗口,勾选 "存货是否分类" "客户是否分类" "供应商是否分类" "有无外币核算" 复选框,单击【下一步】按钮。

（7）打开【创建账套－开始】窗口,单击【完成】按钮,系统提示 "可以创建账套了吗?",单击【是】按钮,系统开始创建账套。

（8）1~2 分钟后,系统打开【编码方案】窗口,根据任务描述修改编码方案,如图 1.1.7 所示,单击【确定】按钮,关闭【编码方案】窗口。

（9）打开【数据精度】窗口,默认系统设置,单击【取消】按钮或关闭窗口,系统提示 "[006] 建账成功",如图 1.1.8 所示,单击【是】按钮。

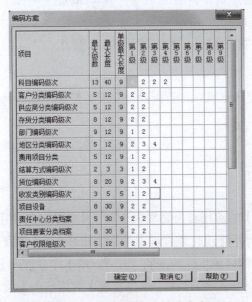

项目	最大级数	最大长度	单级最大长度	第1级	第2级	第3级	第4级	第5级	第6级	第7级	第8级	第9级
科目编码级次	13	40	9		2	2	2					
客户分类编码级次	5	12	9	2	2							
供应商分类编码级次	5	12	9	2	2							
存货分类编码级次	8	12	9	2	2							
部门编码级次	9	12	9	1	2							
地区分类编码级次	5	12	9	2	3							
费用项目分类	5	12	9	2								
结算方式编码级次	2	3	3	1	2							
货位编码级次	8	20	9	2	3	4						
收发类别编码级次	3	5	5	1	2							
项目设备	8	30	9									
责任中心分类档案	5	30	9									
项目要素分类档案	6	30	9									
客户权限组级次	5	12	9									

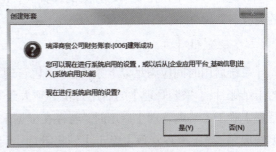

瑞泽商贸公司财务账套:[006] 建账成功

您可以现在进行系统启用的设置,或以后从 [企业应用平台_基础信息] 进入 [系统启用功能]

现在进行系统启用的设置?

是(Y)　　否(N)

图 1.1.7　创建账套－编码方案　　　　图 1.1.8　创建账套

（10）打开【系统启用】窗口，启用【总账】【应收款管理】等 7 个系统，【启用自然日期】均为“2024-03-01”，如图 1.1.9 所示，单击【退出】按钮，系统提示“请进入企业应用平台进行业务操作”，单击【确定】按钮，关闭【创建账套】窗口。

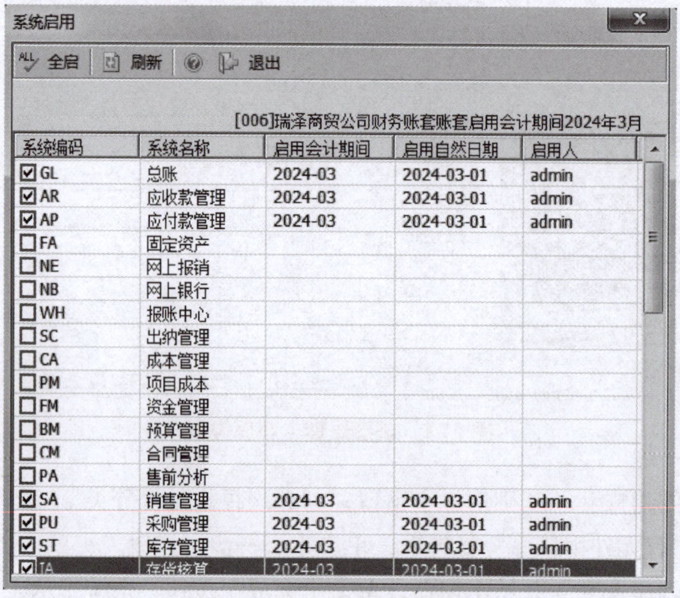

系统编码	系统名称	启用会计期间	启用自然日期	启用人
☑GL	总账	2024-03	2024-03-01	admin
☑AR	应收款管理	2024-03	2024-03-01	admin
☑AP	应付款管理	2024-03	2024-03-01	admin
☐FA	固定资产			
☐NE	网上报销			
☐NB	网上银行			
☐WH	报账中心			
☐SC	出纳管理			
☐CA	成本管理			
☐PM	项目成本			
☐FM	资金管理			
☐BM	预算管理			
☐CM	合同管理			
☐PA	售前分析			
☑SA	销售管理	2024-03	2024-03-01	admin
☑PU	采购管理	2024-03	2024-03-01	admin
☑ST	库存管理	2024-03	2024-03-01	admin
☑IA	存货核算	2024-03	2024-03-01	admin

图 1.1.9　创建账套 – 系统启用

【注意事项】

1. 账套号是账套的唯一标志，新建的账套号与系统内已经存在的账套号不可重复。

2. 建账完成后仅账套主管有权修改账套，且账套号、启用会计期等信息无法修改。

3. 若企业启用供应链系统，建账时需正确选择企业类型，“工业”和“商业”两种企业类型下的业务范围存在差异，且错选后无法更改。

4. 编码方案设置完毕后，需要关闭【编码方案】窗口，才能进行下一步操作。

【自检自测】

1. 账套的建立由____________操作完成，建账完成后，若需要补充或者修改信息，只能由___________操作完成。

2. 建账过程中，完成编码方案的设置后，应该____________，然后才能进行数据精度的设置。

【拓展延伸】

系统启用时间应满足以下条件：【销售管理】的启用月份必须大于等于【应收款管理】的未结账月；【采购管理】的启用月份必须大于等于【应付款管理】的未结账月；当【库存管理】晚于【采购管理】启用时，若存在根据采购订单生成的采购入库单，则【库存管理】无法启用；当【库存管理】晚于【销售管理】启用时，若存在【库存管理】启用前的发货单对应的出库单，需要先删除该出库单，否则【库存管理】无法启用。

★★★方针政策★★★

党的二十大报告立足国家经济社会环境，展望未来，对全面建成社会主义现代化强国两步走战略安排进行宏观展望，细化了实现第二个百年奋斗目标的步骤和路径，在认识上不断深化、在内涵上不断丰富拓展、在战略安排上层层递进。国家的发展要进行战略规划，企业的长远发展也离不开规划布局，财务人员建账过程中应立足企业发展实际，关注国家发展战略，结合企业发展目标，做好建账工作。

子项目 1.2

权限管理

任务1：赋予功能权限

【任务描述】

根据表 1.2.1 所示信息，对用户赋予功能权限。

表 1.2.1　用户授权分工

编码	姓名	职务	用户权限
zg01	张亚	主管	账套主管，拥有所启用系统的全部权限
kj01	马英	会计	拥有【财务会计】-【总账】-【凭证】-【审核凭证】【查询凭证】权限，【总账】-【期末】-【对账】【结账】权限
kj02	刘凯	会计	拥有【财务会计】-【总账】【应收款管理】【应付款管理】权限，【供应链】-【存货核算】权限
cn01	徐莲	出纳	拥有【总账】-【凭证】-【出纳签字】权限，【总账】-【出纳】权限，【应收（付）款管理】-【日常处理】-【收（付）款单据处理】权限及【票据管理】权限
cg01	王强	采购员	拥有【供应链】-【采购管理】权限
xs01	李超	销售员	拥有【供应链】-【销售管理】权限
ck01	孟新	库管员	拥有【基本信息】-【公共单据】权限，【供应链】-【库存管理】权限

【任务解析】

本任务要求在满足企业内部控制的前提下，对用户进行财务分工。

【岗位说明】

系统管理员 admin 或者账套主管在【系统管理】中完成功能权限的赋予。

【知识链接】

赋予功能权限，其实质是指定用户对账套数据的处理权限及操作范围，在【系统管理】中由系统管理员 admin 或者账套主管进行操作。admin 可以对所有账套的用户授权，而账套主管只能对自己所管辖账套的用户授权。

【工作指导】

（1）系统管理员 admin 登录【系统管理】，在【用友 U8[系统管理]】窗口，执行【权限】–【权限】命令，打开【操作员权限】窗口。

（2）单击左侧操作员列表中的"zg01 张亚"，已勾选【账套主管】选项，如图 1.2.1 所示。

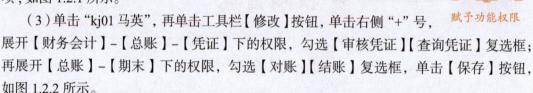

赋予功能权限

（3）单击"kj01 马英"，再单击工具栏【修改】按钮，单击右侧"+"号，展开【财务会计】–【总账】–【凭证】下的权限，勾选【审核凭证】【查询凭证】复选框；再展开【总账】–【期末】下的权限，勾选【对账】【结账】复选框，单击【保存】按钮，如图 1.2.2 所示。

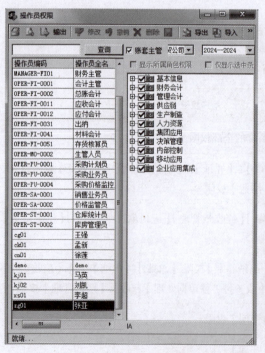

图 1.2.1　用户 zg01 权限

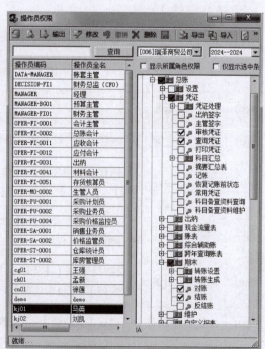

图 1.2.2　用户 kj01 赋权

（4）同理给其他用户赋予功能权限，其中用户 cn01 的授权如图 1.2.3 所示。

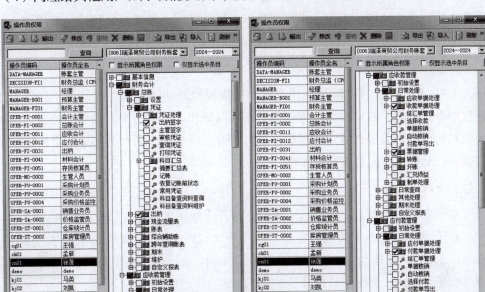

图 1.2.3　用户 cn01 赋权

【注意事项】

1.一个账套可以设定多个账套主管，账套主管自动拥有该账套的所有权限。

2.拥有不同权限的用户进入系统后，所看到的系统界面及可操作的功能是不同的。

3.若存在多个账套，在进行用户授权时首先需要正确选择账套。

【自检自测】

1.一个账套可以设定_____账套主管。

2.功能权限的授予在_____中完成，_____和_____均可以进行授权操作。

【拓展延伸】

企业可以先设定角色，然后分配权限给角色，再进行用户的设置，在设置用户时勾选角色，则该角色拥有的权限会自动传递到该用户。

任务 2：分配数据权限

【任务描述】

取消仓库、工资权限、科目的数据权限控制，为用户"kj02 刘凯"分配用户权限。

【任务解析】

系统对"科目"等字段级业务对象进行了数据权限控制，本任务要求进行数据权限的设置和授权。

【岗位说明】

账套主管在【企业应用平台】中取消数据权限的控制，并给特定用户分配"用户"数据权限。

【知识链接】

用友 ERP-U8V10.1 软件除提供用户对各系统模块的功能权限管理外，还提供了数据和金额权限管理功能。其中数据权限管理可从字段级和记录级两个方面加以控制，如限制用户只能对特定类别业务或特定凭证类别进行处理，而金额权限可为不同用户设定业务金额处理范围，从而使权限管理更加精准。

【工作指导】

（1）双击桌面上【企业应用平台】图标，打开【登录】窗口。

（2）在【登录到】框中录入服务器名称或者"127.0.0.1"，【操作员】框中录入"zg01"，密码为空，【账套】选择"[006]（default）瑞泽商贸公司财务账套"选项，【操作日期】为"2024-03-01"，如图 1.2.4 所示，单击【登录】按钮。

分配数据权限

图 1.2.4　登录【企业应用平台】

（3）在【系统服务】选项卡下，执行【权限】-【数据权限控制设置】命令，打开【数据权限控制设置】窗口，取消"仓库""工资权限""科目"的勾选，单击【确定】按钮。

（4）执行【权限】-【数据权限分配】命令，打开【权限浏览】窗口，单击左侧用户"kj02刘凯"，【业务对象】选择"用户"，单击【授权】按钮。

（5）打开【记录权限设置】窗口，勾选【主管】复选框，如图 1.2.5 所示。

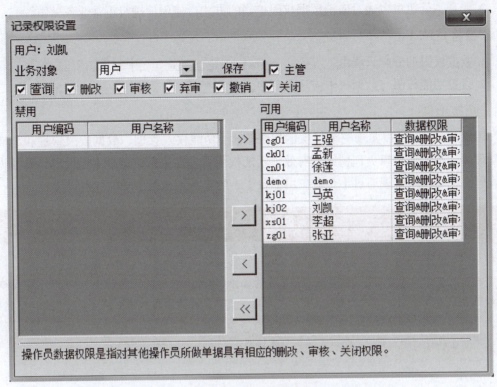

图 1.2.5　记录权限设置

（6）单击【保存】按钮，系统提示"保存成功，重新登录门户，此配置才能生效"，单击【确定】按钮，关闭【记录权限设置】窗口，回到【权限浏览】窗口，完成授权，如图 1.2.6 所示。

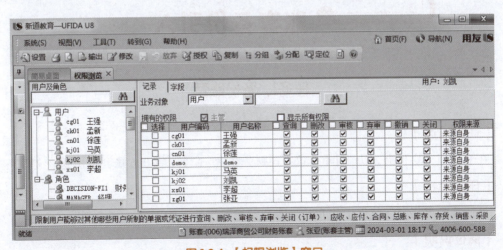

图 1.2.6　【权限浏览】窗口

【注意事项】

1.如果对数据权限进行了控制，必须进行数据权限分配，用户才能拥有相应的权限。

2.账套主管也可以通过取消数据权限控制的方式，使用户进行正常业务操作。

【自检自测】

1.数据权限的分配只能由_____操作，在_____中完成。

2.设置功能权限与数据权限应注意顺序，_____应早于_____。

【拓展延伸】

用友U8软件可以实现三个层次的权限管理：功能权限管理、数据权限管理和金额权限管理，后两者使授权更加精细、有效。功能权限管理在【系统管理】中设置，而数据权限管理和金额权限管理通过【企业应用平台】下的【数据权限】功能加以设置。

★★★德技双修★★★

"各司其职，各安其位，各尽其责"，即每个人应承担自己岗位的职责，做好岗位工作。明确每个岗位的职责和权限，可以清楚地了解工作的责任范围和权限边界，避免职责不清、权限冲突，从而提高工作效率。当问题出现时，更有利于落实责任，推动问题的解决，也促进各岗位之间的协作配合。软件核算环境下，对用户的授权也要遵循内控制度，保证不相容职务分离，使不相容岗位间相互监督、相互制约，形成有效的制衡机制。

子项目1.3

账套备份引入

任务1：备份账套

【任务描述】

在E盘建立文件夹，以"瑞泽商贸公司财务账套"命名，将006账套备份到该文件夹中。

【任务解析】

该任务要求将财务软件中的006号账套备份输出。

【岗位说明】

系统管理员admin在【系统管理】中备份输出账套。

【知识链接】

账套的备份是指对账套数据进行备份输出。定时将企业账套备份出来存储到不同的介质上，有助于确保数据安全。当发生计算机病毒、人为错误操作、自然灾害等不可预知事件时，及时备份账套可以降低企业的财务数据损失。

【工作指导】

（1）在 E 盘建立文件夹，以"瑞泽商贸公司财务账套"命名。

（2）系统管理员 admin 登录【系统管理】，在【用友 U8[系统管理]】窗口，执行【账套】-【输出】命令，打开【账套输出】窗口，【账套号】选择 "[006] 瑞泽商贸公司财务账套"，【输出文件位置】双击打开目标文件夹，如图 1.3.1 所示，单击【确定】按钮。

备份账套

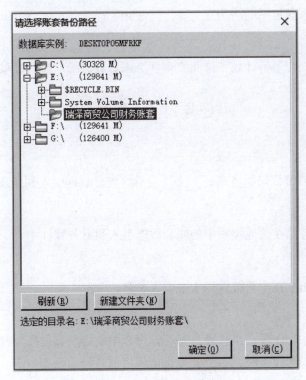

图 1.3.1　选择账套备份路径

（3）回到【账套输出】窗口，如图 1.3.2 所示，单击【确认】按钮。

（4）经过 1~2 分钟等待，系统提示"输出成功"，如图 1.3.3 所示，单击【确定】按钮。

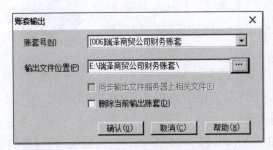

图 1.3.2　账套输出勾选

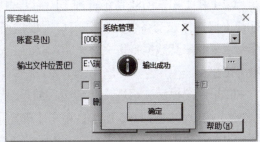

图 1.3.3　账套输出成功

【注意事项】

1. 选择账套备份路径时，要双击文件夹，保证其处于打开状态，此外不要将账套直接输出到 U 盘，应先输出到非系统盘内，再复制到 U 盘。

2. 账套备份成功后，会导出 UFDATA.BAK 和 UfErpAct.Lst 两个文件，缺一不可。

3. 账套在输出时，如果不勾选"删除当前输出账套"复选框，账套在输出完毕后，系统内依然保留该账套。

【自检自测】

1. 账套的备份或删除只能由_____操作完成。

2. 备份出来的账套包括后缀为_____和_____的两个文件。

【拓展延伸】

企业可以设置账套备份计划，进而实现多个账套数据的定期自动备份输出。

任务 2：引入账套

【任务描述】

将 E 盘"瑞泽商贸公司财务账套"文件夹下的账套数据引入到用友软件系统。

【任务解析】

该任务要求将存储在其他媒质中的账套数据引入到财务软件中。

【岗位说明】

系统管理员 admin 在【系统管理】中引入账套。

【知识链接】

账套引入也称账套恢复，是将硬盘等存储媒介中的备份数据恢复到指定路径中。当系统升级改造或发生病毒侵害时，系统管理员可将之前备份的账套数据，使用引入功能恢复到用友 U8 系统中，最大可能地保持业务数据完好，使损失降到最低。

【工作指导】

（1）系统管理员 admin 登录到【系统管理】。

（2）在【用友 U8[系统管理]】窗口，执行【账套】–【引入】命令，打开【请选择账套备份文件】窗口，根据所给信息，选择正确路径，选择要恢复的账套数据备份文件"UfErpAct.Lst"，如图 1.3.4 所示，单击【确定】按钮。

引入账套

（3）系统提示"请选择账套引入的目录，当前默认路径为 C:\U8SOFT\Admin\"，单击【确定】按钮，如图 1.3.5 所示，单击【确定】按钮。

（4）打开【账套引入】窗口，提示"正在引入 [006] 的 [2024–2024] 账套库，请等待"。

（5）经过 1~2 分钟的等待，系统提示"账套 [006] 引入成功"，单击【确定】按钮。

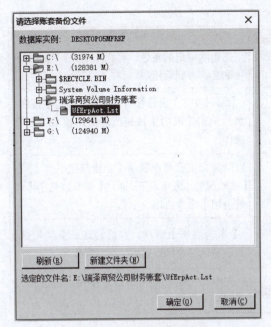

图 1.3.4　选择账套备份文件

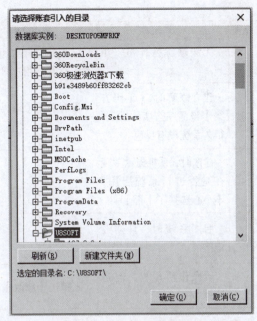

图 1.3.5　选择账套引入目录

【注意事项】

引入账套时，先将账套数据复制到电脑 C 盘之外的逻辑分区中，再从逻辑分区将数据引入，不要直接从 U 盘引入，否则容易导致数据的引入不成功。

【自检自测】

1. 账套的引入由_____在_____中操作完成。

2. 引入账套时应选中后缀名为_____的文件。

【拓展延伸】

当引入账套时，若系统已经存在了相同账套号的账套，直接引入新的账套覆盖原有数据，可能会造成数据的混乱，此时可先将系统中的账套删除，再引入新的账套。若系统中存在的用户编码与预期导入账套中的用户编码相同，建议先删除用户，否则系统会给新导入账套的用户编码添加"$"，注意不要删除系统自带的用户。

常见故障

序号	问题描述	原因分析	解决方案
1	admin 登录时，系统提示"请先选择数据源"或者"数据源错误"	登录服务器错误或者应用服务器配置错误	检查应用服务器设置； 登录界面的【登录到】选择正确的服务器名称

续表

序号	问题描述	原因分析	解决方案
2	无法删除操作员（用户）	已经定义了角色或者系统存在该用户日志	先删除用户的角色，再删除用户；先输出删除账套，再删除用户
3	建立账套时，【编码方案】设置完毕后，等了很久系统没有反应	没有关闭【编码方案】窗口	【编码方案】设置好后，单击【确定】按钮，然后单击【取消】按钮或者关闭窗口，继续操作
4	建账时，系统提示"现在是否进行系统启用"不小心选择了【否】		以账套主管身份登录【企业应用平台】，在【基础设置】选项卡下，通过【基本信息】-【系统启用】命令启用
5	启用系统时，日期设定错误		【系统启用】窗口，取消勾选后重新勾选，若该系统已经操作，删除所有操作
6	给操作员赋权，但是选择不上	未单击【修改】按钮	先单击工具栏的【修改】按钮，再进行选择即可

 总结提升

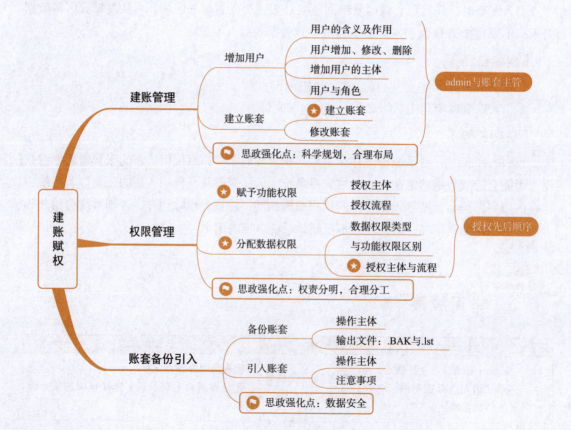

 考核评价

姓名：		学号：		班级：		组别：			

	评价项目	评价标准	评价依据	评价方式		权重	得分	总分
				小组 0.2	教师 0.8			
建账赋权	职业素质	1. 遵守实训管理规定和劳动纪律 2. 实训过程中，保持操作台干净整洁，实训耗材摆放规范；实训结束，垃圾及时清理 3. 及时高效完成实训任务	实训表现			0.1		
	专业能力	1. 准确解读企业会计政策，能正确分析政策选择对后续业务的影响 2. 软件建账、授权流程明晰，理解原理并将其较好运用于任务操作 3. 及时完成并上交任务截图	建账、增加用户、授权等任务操作截图			0.6		
	创新能力	1. 对实训过程中遇到的问题积极思考，主动寻找解决办法 2. 对企业内控设置、岗位分工形成深入思考和积极建议 3. 结合企业财务目标，解读分析会计政策，积极思考在建账环节不同政策选择对业务可能带来的影响	课堂表现参与贡献			0.1		
	学习态度质量	1. 登录智慧职教，观看微课、课件等学习资源，自主开展课前预习 2. 及时完成课前在线测试 3. 积极针对系统管理员、用户、授权等知识点进行讨论、发帖、回帖	在线测试成绩 / 视频浏览时长 / 发帖回帖数量	线上学习数据		0.2		
	教师评语	指导教师签名：			日期：			

项目二

财务软件初始设置

　　"合抱之木，生于毫末；九层之台，起于累土；千里之行，始于足下。"万事万物皆始于基础，复杂与高阶事物背后的逻辑都可以追溯到本源。用友软件的基础档案是各模块均可调用的基础信息资料，是会计信息系统的"毫末""累土"。企业在实施软件核算或者更新软件系统之前，要进行财务、业务等大量数据准备，这也是进行后续业务处理的基础。看似简单的软件初始设置工作要扎实推进，固本强基方能行稳致远。

走进项目

借助财务软件，经济业务处理的速度、质量都发生了质的飞跃，且所提供的财务、业务信息更加全面系统，为精细化管理提供了有力保障。软件能否有效实施在很大程度上取决于基础档案、所启用系统初始设置的优劣。较手工账而言，财务软件初始设置是一项非常重要的内容，这不仅因为财务软件初始设置的工作量相对较大，更因为初始设置的正确、科学与否直接影响着未来经济业务处理以及财务业务信息的质量。

该项目包括基础档案、单据、参数、科目的设置以及各系统期初余额的录入，共计5个子项目，22个任务，涵盖了会计科目增减指定、单据表头表体格式设置方法、制单序时控制、支票控制等参数含义、暂估方式的意义及类型、单到回冲等相关知识点。该项目内容难度相对较低，但是操作琐碎枯燥，需要以专注谨慎的态度及系统的思维开展本项目的学习。

职业目标

目标类型	目标要求	对应子项目
能力目标	能建立企业的部门、职员、存货、仓库等档案	子项目 2.1
	能根据业务需要对常用单据格式和编号方式进行设置	子项目 2.2
	能根据业务发展需要对系统参数进行设置	子项目 2.3
	能对存货核算、往来系统、总账系统的会计科目加以设置	子项目 2.4
	能正确录入各系统期初余额	子项目 2.5
知识目标	掌握企业基础档案设置的顺序及方法	子项目 2.1
	理解单据格式和编号设置的方法及意义	子项目 2.2
	掌握基本参数的含义及对后续业务的影响	子项目 2.3
	掌握总账系统科目设置类型、存货科目及对方科目设置原理	子项目 2.4
	理解总账系统、往来系统期初余额录入的方法及注意事项	子项目 2.5
	掌握采购系统期初余额的类型及录入方法	子项目 2.5
	掌握库存与存货核算期初余额的关系	子项目 2.5
素质目标	培养学生细心谨慎的工作态度	
	培养学生认真高效的工作作风	子项目 2.1–2.5
	培养学生具有长远规划和价值创造的意识	

学习导航

项目	子项目	典型工作任务	学习资源
财务软件初始设置	设置基础档案	建立部门人员档案	
		建立客商档案	
		建立财务档案	
		建立收付结算档案	
		建立存货档案	
		建立业务档案	
	设置单据	设置单据编号	
		设置单据格式	
	设置参数	设置采购参数	
		设置销售参数	
		设置库存参数	智慧职教平台
		设置存货核算参数	微课 201–233
		设置往来核算参数	
		设置总账参数	
	设置科目	设置存货核算科目	
		设置往来管理系统科目	
	录入期初余额	录入采购期初余额	
		录入库存期初余额	
		录入存货核算期初余额	
		录入应收系统期初余额	
		录入应付系统期初余额	
		录入总账系统期初余额	

项目背景

　　日照瑞泽商贸有限责任公司为顺利使用软件核算，需要将企业档案数据整理录入软件系统，并根据业务需要进行系统参数、科目的设置，为日常经济业务处理做好准备。企业相关的档案资料如下。

一、银行开户信息

人民币户：中国工商银行济南路支行　　账号：1617001629200013297
美元户：中国银行威海路支行　　账号：220424008437

二、企业部门及人员设置

　　企业根据经营管理需要，设置了办公室、财务部、采购部、销售部、仓储部5个部门，根据内控规定及企业经营管理需要，企业对所有员工制定了明确的岗位分工，编制了岗位责任书，规定了员工在从事具体职务活动中所享有的权利、义务和责任，实现了业务活动在不同岗位之间、相同岗位不同员工之间的专业分工。

三、企业客商档案信息

　　企业目前有日照凌云商贸公司、济南银锐商贸公司、徐州天盛百货公司等7家客户，以及青岛海大集团有限公司、爱生活集团股份公司、美家集团公司等5家供应商，企业在做好当前客户、供应商维护的基础上，积极拓展调研，开发新的市场。

四、企业财务信息

　　企业的记账本位币为人民币，偶尔发生美元业务，外币核算采用浮动汇率，按照业务发生时汇率换算为人民币进行记账，月末将外币按照月末汇率进行折算，计算汇兑损益。企业执行企业会计准则，根据准则与业务需要设置科目，会计凭证统一使用通用记账凭证。

五、企业其他信息

　　企业收付款项主要使用现金、网银等8种结算方式，其存货包括冰箱、彩电、空调、小家电和其他5类，建立了冰箱库、彩电库、空调库等5个仓库，存货分仓库进行核算，除家用小电器库使用全月平均法核算外，其他仓库均使用先进先出法核算发出存货成本。

子项目 2.1

设置基础档案

任务1：建立部门人员档案

【任务描述】

根据表 2.1.1~ 表 2.1.3 所示信息建立部门档案和人员档案。

表 2.1.1　部门档案信息

部门编码	部门名称	部门属性	部门编码	部门名称	部门属性
1	管理中心	综合管理	2	采购部	采购管理
101	办公室	行政管理	3	销售部	市场营销
102	财务部	财务管理	4	仓储部	仓储物流

表 2.1.2　人员类别信息

分类编码	类别名称	分类编码	类别名称
10101	管理人员	10103	销售人员
10102	采购人员	10104	仓储人员

表 2.1.3　人员档案信息

人员编码	姓名	性别	行政部门	雇用状态	人员类别	是否业务员
jl01	王恒	男	办公室	在职	管理人员	否
zg01	张亚	女	财务部	在职	管理人员	否
kj01	马英	女	财务部	在职	管理人员	否
kj02	刘凯	男	财务部	在职	管理人员	否
cn01	徐莲	女	财务部	在职	管理人员	否
cg01	王强	男	采购部	在职	采购人员	是
xs01	李超	男	销售部	在职	销售人员	是
ck01	孟新	男	仓储部	在职	仓储人员	是

【任务解析】

本任务要求建立或维护企业的部门档案及人员档案。

【岗位说明】

账套主管根据所给信息建立部门档案、人员类别档案，并在此基础上建立人员档案。

【知识链接】

基础档案是用友 ERP-U8V10.1 开展会计核算的基础，各子系统共享基础档案信息。由于基础数据之间存在先后承接关系，因此基础档案的设置应遵循一定的顺序，如建立人员档案需要使用部门和人员类别信息，因此部门档案和人员类别档案应早于人员档案建立。

【工作指导】

一、建立部门档案

（1）用户 zg01 登录【企业应用平台】，【操作日期】为"2024-03-01"。

（2）在【基础设置】选项卡中，执行【基础档案】-【机构人员】-【部门档案】命令，打开【部门档案】窗口。

建立部门档案

（3）单击【增加】按钮，【部门编码】录入"1"，【部门名称】录入"管理中心"，【部门属性】录入"综合管理"，单击【保存】按钮或按 F6 键。

（4）单击【增加】按钮或按 F5 键，继续录入其他部门档案，完成后如图 2.1.1 所示。

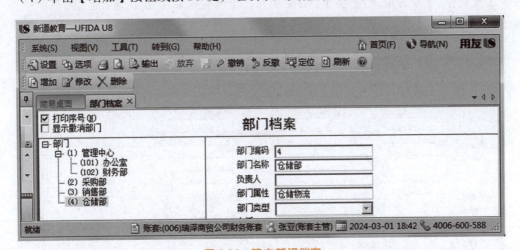

图 2.1.1　建立部门档案

二、建立人员类别

（1）执行【基础档案】-【机构人员】-【人员类别】命令，打开【人员类别】窗口。

建立人员类别

（2）选中左侧人员类别"正式工"，再单击【增加】按钮，打开【增加档案项】窗口，【档案编码】录入"10101"，【档案名称】录入"管理人员"，单击【确定】按钮。

（3）继续增加其他人员类别，全部完成后如图 2.1.2 所示，单击【退出】按钮。

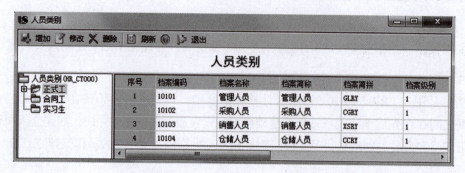

图 2.1.2　建立人员类别

三、建立人员档案

（1）执行【机构人员】-【人员档案】命令，打开【人员列表】窗口。

（2）单击【增加】按钮，打开【人员档案】窗口，录入王恒的人员编码、人员姓名等信息，单击【保存】按钮，如图 2.1.3 所示。

（3）继续建立其他人员档案，注意购销存部门人员，勾选【是否业务员】复选框，【业务或费用部门】自动填充，全部完成后单击【退出】按钮，【人员列表】窗口显示所有人员档案信息。

建立人员档案

图 2.1.3　增加人员档案

【注意事项】

1. 建立人员档案时，若勾选【是否业务员】选项，则【业务或费用部门】自动填充为其所在的行政部门。

2. 系统预置了"正式工""合同工""实习生"三种人员类别，可在此基础上扩充或修改人员类别。本任务中的四类人员均为"正式工"，因此选中"正式工"后再增加类别。

【自检自测】

1. _____和_____要优先于人员档案建立。

2. 建立部门档案时，快捷键_____为保存，_____为新增。

3. 人员档案中的_____信息由系统根据行政部门信息自动生成。

【拓展延伸】

若部门因机构调整而被削减，可将其撤销。撤销时该部门不能存在未注销和在职的职员，其方法是选中待撤销的部门，然后单击工具栏中的【撤销】按钮，即可撤销此部门。

任务 2：建立客商档案

【任务描述】

根据表 2.1.4~ 表 2.1.8 所示信息建立客户档案和供应商档案。

表 2.1.4　地区分类信息

分类编码	分类名称	分类编码	分类名称
01	山东	04	广东
02	江苏	05	北京
03	浙江	06	其他

表 2.1.5　客户分类信息

客户分类编码	客户分类名称	客户分类编码	客户分类名称
01	A 级客户	03	C 级客户
02	B 级客户		

表 2.1.6　客户档案

编码、名称、简称	地区	分类	税号及开户行（默认）信息	地址、电话
编码：001 名称：日照凌云商贸有限公司 简称：日照凌云	01	01	税号：91375542TM73261027 开户行：建行日照东港支行 账号：3710124021005546	日照东港区海曲路 49 号 0633-8280031
编码：002 名称：济南银锐商贸有限公司 简称：济南银锐	01	01	税号：91300212548020035T 开户行：工行济南历下支行 账号：1617155825003545022	济南历下区泉城路 52 号 0531-50229401
编码：003 名称：徐州天盛百货贸易公司 简称：徐州天盛	02	01	税号：93120125QY18200745 开户行：工行徐州牌楼支行 账号：4301036521500044124	徐州夹河东街 18 号 0318-21255850
编码：004 名称：浙江杭州佳美购物中心 简称：杭州佳美	03	01	税号：91330104736215154A 开户行：民生银行杭州分行 账号：0701014170004369	杭州拱墅区石桥路 49 号 0571-28330466
编码：005 名称：广州和润贸易有限公司 简称：广州和润	04	01	税号：914401125566102030 开户行：工商银行南京路支行 账号：6222203400001757488	广州南京南路 78 号 020-86331550
编码：006 名称：北京华客商贸有限公司 简称：北京华客	05	02	税号：91110000446655325W 开户行：工行北京南湖支行 账号：4100204969931864600	北京南湖南路 47 号 010-63792589
编码：007 名称：信克宝德进出口公司 简称：信克宝德	01	02	税号：9137550025832636TU 开户行：建行日照石臼支行 账号：3710124023369944	日照东港区泰安路 48 号 0633-8122666
编码：008 名称/简称：零散客户		03		

表 2.1.7　供应商分类信息

供应商分类编码	供应商分类名称	供应商分类编码	供应商分类名称
01	大型家电	03	混合家电
02	小型家电	04	其他

表 2.1.8 供应商档案

编码、名称、简称	地区	分类	税号及开户行（默认）信息	地址、电话
编码：001 名称：青岛海大集团有限公司 简称：海大	01	01	税号：9612778898TY548030 开户行：建行海大路支行 账号：3710556487921300	青岛崂山区海大工业园 0532-66570031
编码：002 名称：爱生活集团股份公司 简称：爱生活	04	01	税号：9144300725QA022845 开户行：建行惠州江北路支行 账号：4400562134852385	广东惠州爱生活科技大厦 0752-88556667
编码：003 名称：美家集团股份有限公司 简称：美家	04	03	税号：91442003120045TP10 中国银行美家工业园支行 账号：641858993699	广东佛山美家工业城 0757-86377888
编码：004 名称：暖阳股份有限公司 简称：暖阳	01	02	税号：913700221WA3654709 建行济南槐荫支行 3700154878952310	济南槐荫区经十路38 号 0531-66990466
编码：005 名称：柏冠优选集团有限公司 简称：柏冠优选	03	02	税号：9133018965420M456 工行青年路支行 1223136222365478001	浙江大麦屿经济开发区 0576-88210022
编码：006 名称：广东速达物流有限公司 简称：速达物流	04	04	税号：9144560032278WK322 工行佛山平安路支行 2013021309025064789	广州佛山平泰路 12 号 0757-86330056

【任务解析】

本任务要求建立企业的客户档案和供应商档案。

【岗位说明】

账套主管在对客户、供应商及地区进行分类的基础上，完成企业客商档案的建立。

【知识链接】

销售管理、采购管理、往来核算系统会使用客商档案。企业录入销售订单、销售发票，统计销售单位数据时会用到客户档案，而在录入采购订单、采购发票，应付款结算时会用到供应商档案，因此需设置客商档案。若建账时勾选了对客户、供应商进行分类，则必须先分类，否则无法直接建立档案。

【工作指导】

一、建立客户档案

（1）在【基础设置】选项卡中，执行【基础档案】-【客商信息】-【地区分类】命令，打开【地区分类】窗口，单击【增加】按钮，根据表 2.1.4 所示信息进行地区分类。

（2）执行【基础档案】–【客商信息】–【客户分类】命令，打开【客户分类】窗口，单击【增加】按钮，根据表 2.1.5 所示信息进行客户分类。

（3）执行【客商信息】–【客户档案】命令，打开【客户档案】窗口，单击【增加】按钮，打开【增加客户档案】窗口，包括【基本】【联系】【信用】【其它①】四个页签，分别对客户的四类属性进行记录。

建立客户档案

（4）在【基本】页签内录入客户编码、名称、简称、税号信息，选择所属地区、所属分类，如图 2.1.4 所示。

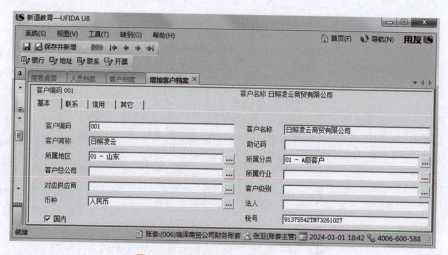

图 2.1.4　客户档案–【基本】页签

（5）单击【联系】页签，录入地址和电话，如图 2.1.5 所示。

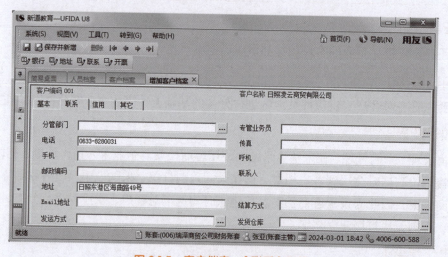

图 2.1.5　客户档案–【联系】页签

（6）单击上方的【银行】标签，打开【客户银行档案】窗口，单击【增加】按钮，录入

---

① 为与软件保持一致，涉及软件的别字不作改动，后面同类问题不再单独说明。

开户银行、银行账号，【默认值】选择"是"，如图2.1.6所示，依次单击【保存】【退出】按钮。

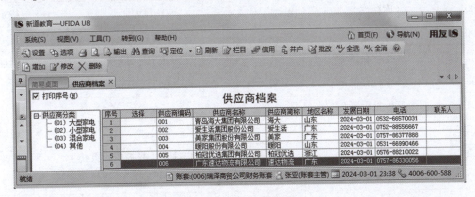

图2.1.6　客户档案

（7）回到【增加客户档案】窗口，单击【保存并新增】按钮，依次建立其他客户档案，全部建立完成后关闭窗口，【客户档案】窗口显示所有客户档案。

二、建立供应商档案

（1）执行【基础档案】–【客商信息】–【供应商分类】命令，打开【供应商分类】窗口，单击【增加】按钮，根据表2.1.7所示信息进行供应商分类。

（2）执行【客商信息】–【供应商档案】命令，打开【供应商档案】窗口，单击【增加】按钮，打开【增加供应商档案】窗口。

（3）在【基本】页签内录入供应商编码、名称、简称、税号信息；单击【联系】页签，录入地址、电话信息；单击上方的【银行】标签，打开【供应商银行档案】窗口，单击【增加】按钮，录入开户银行、银行账号信息，【默认值】选择"是"，保存后退出。

建立供应商档案

（4）单击【保存并新增】按钮，建立其他的供应商档案，全部建立完成后关闭窗口退出，回到【供应商档案】窗口，如图2.1.7所示。

图2.1.7　供应商档案

【注意事项】

1. 建立客户、供应商档案时，应遵循预先设定的分类编码规则。

2. 建立银行档案时，有且只有一个开户行账号能作为默认值。

3. 供应商的银行信息既可以通过【银行】标签录入，也可以在【基本】页签中录入。

【自检自测】

1. 客户档案中的银行信息，应通过＿＿＿＿＿＿＿设置。

2. 若企业在＿＿＿＿＿＿＿勾选了"客户是否分类""供应商是否分类"选项，则建立客商档案前必须先分类，否则无法建立其档案。

【拓展延伸】

客户档案下有"国内""国外""服务"三种属性，一般情况下新增客户档案默认为"国内"，若启用了【出口管理】系统，则默认为"国外"，而"服务"为售后服务业务使用。

任务3：建立财务档案

【任务描述】

请将瑞泽商贸公司会计凭证类别设置为通用记账凭证，并根据表2.1.9所示信息设置企业的外币，根据表2.1.10（★为易错科目）所示信息对会计科目进行增加、修改和指定。

表2.1.9 外币及汇率设置

币符	币名	汇率类型	期初汇率
USD	美元	浮动汇率	7.125 0

表2.1.10 会计科目

科目编码	科目名称	单位／币种	辅助账类型	操作类型
1001	库存现金		日记账	指定
1002	银行存款		银行账 日记账	指定
100201	工行存款		银行账 日记账	增加
100202	中行存款	美元	银行账 日记账	增加
1012	其他货币资金			
101201	支付宝			增加
1121	应收票据		客户往来（受控应收系统）	修改
1122	应收账款			
112201	人民币		客户往来（受控应收系统）	增加
112202	美元	美元	客户往来（受控应收系统）	增加
1123	预付账款		供应商往来（受控应付系统）	修改
1221	其他应收款			
122101	应收个人款		个人往来	增加

续表

科目编码	科目名称	单位／币种	辅助账类型	操作类型
122102	应收单位款			增加
2201	应付票据		供应商往来（受控应付系统）	修改
2202	应付账款			
220201	一般应付账款		供应商往来（受控应付系统）	增加
220202	暂估应付账款		供应商往来（不受控应付系统）★	增加
2203	预收账款		客户往来（不受控应收系统）★	修改
2204	合同负债		类型：负债；余额方向：贷方★	增加
220401	人民币		客户往来（受控应收系统）	增加
220402	美元	美元	客户往来（受控应收系统）	增加
220403	销售定金		客户往来（不受控应收系统）★	增加
2211	应付职工薪酬			
221101	工资			增加
221102	非货币性福利			增加
221103	其他			增加
2221	应交税费			
222101	应交增值税			增加
22210101	进项税额			增加
22210102	销项税额			增加
22210103	转出未交增值税			增加
22210104	进项税额转出			增加
222102	未交增值税			增加
4104	利润分配			
410401	未分配利润			增加
6403	税金及附加			修改
6601	销售费用			
660101	办公费			增加
660102	委托代销手续费			增加
660103	职工薪酬			增加
6602	管理费用			
660201	办公费			增加
660202	职工薪酬			增加
6603	财务费用			

续表

科目编码	科目名称	单位／币种	辅助账类型	操作类型
660301	利息支出			增加
660302	汇兑损益			增加
660303	现金折扣			增加
6702	信用减值损失		类型：损益；性质：支出 ★	增加

【任务解析】

本任务要求建立企业的财务档案。

【岗位说明】

账套主管完成凭证类别、外币的设置，以及会计科目的增加、修改和指定操作。

【知识链接】

设置财务档案是企业进行会计核算的重要基础，尤其是会计科目，对后续经济业务处理、财务数据、财务报表产生直接影响，其设置既要满足当前业务核算需要，又要具有前瞻性。建账时选择了按行业性质预置会计科目，系统会提供与之对应的总账科目，企业可结合管理需要增加明细科目，设置辅助核算类型，并指定会计科目。

【工作指导】

一、设置凭证类别

（1）用户 zg01 登录【企业应用平台】，【操作日期】为"2024-03-01"。

（2）在【基础设置】选项卡中，执行【基础档案】-【财务】-【凭证类别】命令，打开【凭证类别预置】窗口，【分类方式】选择"记账凭证"选项，单击【确定】按钮，打开【凭证类别】窗口，如图 2.1.8 所示，单击【退出】按钮。

设置凭证类别

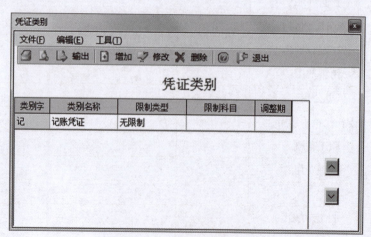

图 2.1.8　凭证类别设置

二、设置外币

（1）执行【基础档案】–【财务】–【外币设置】命令，打开【外币设置】窗口。

设置外币

（2）单击【浮动汇率】选项，【币符】录入"USD"，【币名】录入"美元"，单击【确认】按钮，在 2024.03.01 月的【记账汇率】栏录入"7.125 0"，按"Enter"键，如图 2.1.9 所示，外币设置完成后单击【退出】按钮。

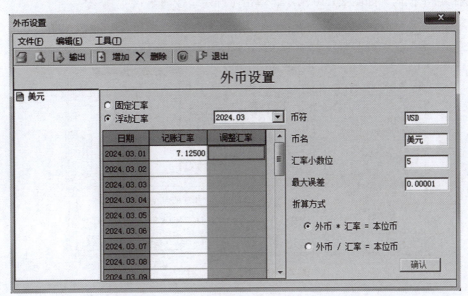

图 2.1.9　外币设置

三、会计科目设置

第一类：增加科目

（1）执行【财务】–【会计科目】命令，打开【会计科目】窗口。

（2）单击【增加】按钮，打开【新增会计科目】窗口，【科目编码】录入"100201"，【科目名称】录入"工行存款"，单击【确定】按钮。

增加科目

（3）根据表 2.1.10 所示信息增加其他会计科目，注意科目类型、科目性质（余额方向）的设置，以及受控系统的选择。

第二类：修改科目

（1）在【会计科目】窗口，单击"1121 应收票据"，再单击工具栏的【修改】按钮，或者双击该科目，打开【会计科目 – 修改】窗口。

（2）单击【修改】按钮，该科目处于修改状态，勾选"客户往来"复选框，【受控系统】自动选择"应收系统"，单击【确定】按钮，关闭该窗口，同理修改"1123 预付账款""2201 应付票据"等会计科目。

修改科目

第三类：指定会计科目

（1）在【会计科目】窗口，执行【编辑】–【指定科目】命令，打开【指定科目】窗口。

（2）单击左侧的【现金科目】选项，在【待选科目】框中选择"1001 库存现金"，单击">"符号，将"1001库存现金"添加到【已选科目】框内。

指定科目

（3）再单击左侧【银行科目】选项，同理将"1002 银行存款"添加到【已选科目】框内，如图2.1.10所示，单击【确定】按钮。

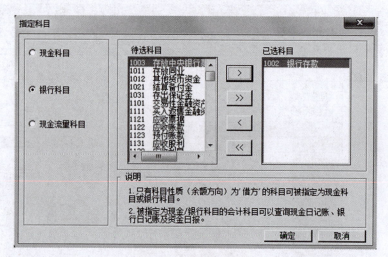

图 2.1.10　指定会计科目

（4）完成会计科目的增加、修改、指定操作后，会计科目表中的资产、负债科目如图2.1.11 和图2.1.12 所示。

级次	科目编码	科目名称	外币币种	辅助核算	银行科目	现金科目	计量单位	余额方向	受控系统	是否封存	银行账	日记账
1	1001	库存现金				Y		借				Y
1	1002	银行存款			Y			借				
2	100201	工行存款			Y			借			Y	Y
2	100202	中行存款	美元		Y			借			Y	Y
1	1003	存放中央银行款项						借				
1	1011	存放同业						借				
1	1012	其他货币资金						借				
2	101201	支付宝						借				
1	1021	结算备付金						借				
1	1031	存出保证金						借				
1	1101	交易性金融资产						借				
1	1111	买入返售金融资产						借				
1	1121	应收票据		客户往来				借	应收系统			
1	1122	应收账款						借				
2	112201	人民币		客户往来				借	应收系统			
2	112202	美元	美元	客户往来				借	应收系统			
1	1123	预付账款		供应商往来				借	应付系统			
1	1131	应收股利						借				
1	1132	应收利息						借				
1	1201	应收代位追偿款						借				
1	1211	应收分保账款						借				
1	1212	应收分保合同准备金						借				
1	1221	其他应收款						借				
2	122101	应收个人款		个人往来				借				

图 2.1.11　会计科目 – 资产

图 2.1.12　会计科目 – 负债

【注意事项】

1. 系统中尚未设置"合同负债""信用减值损失"科目，需予以增加，并注意科目类型、科目性质（余额方向）、受控系统的选择，如新增科目"6702 信用减值损失"的科目类型为"损益"，科目性质为"支出"。

2. 当科目勾选"客户往来"或"供应商往来"复选框，受控系统自动选择"应收系统"或"应付系统"，若该科目不受控于往来系统，需将受控系统调整为空。

3. 指定科目是指定现金、银行存款科目给出纳使用，完成科目指定后，"1001 库存现金"和"1002 银行存款"自动拥有日记账、银行账、现金科目或银行科目属性。如果不进行会计科目的指定，出纳无法执行出纳签字、查询日记账等操作。

【自检自测】

1. 修改会计科目"应收账款""应收票据"的属性，勾选＿＿＿＿＿＿＿＿选项，则会计科目将自动受控于应收款管理系统。

2. "信用减值损失"的科目类型为＿＿＿＿＿＿＿＿，科目性质为＿＿＿＿＿＿＿。

3. 对"预付账款"＿＿＿＿＿＿＿＿、＿＿＿＿＿＿＿＿三个会计科目的属性进行修改，需要勾选"供应商往来"选项，使其受控于应付款管理系统。

【拓展延伸】

若要求货款收取只能在【应收款管理】系统制单，可将"应收账款""应收票据""合同负债"的科目属性设定为受控于【应收款管理】系统，且【总账】系统取消"可以使用应收受控科目"选项的勾选，货款支付业务处理原则相同。

任务4：建立收付结算档案

【任务描述】

根据表 2.1.11~ 表 2.1.13 所示信息建立企业收付结算档案。

表 2.1.11　结算方式

结算方式编号	结算方式名称	票据管理	结算方式编号	结算方式名称	票据管理
1	现金	否	4	商业汇票	否
2	支票	否	5	支付宝	否
201	现金支票	否	6	网银	否
202	转账支票	否	7	电子税务局	否
3	电汇	否	8	其他	否

表 2.1.12　付款条件

付款条件编码	信用天数	优惠天数 1	优惠率 1	优惠天数 2	优惠率 2
01	30	10	2	20	1

表 2.1.13　本单位开户银行

企业开户银行编码	01	02
开户银行	中国工商银行济南路支行	中国银行威海路支行
账号	1617001629200013297	220424008437
币种	人民币	美元
所属银行	01 中国工商银行	00002 中国银行
客户编号 / 机构号 / 联行号		2107/03214/006

【任务解析】

本任务要求建立企业的结算方式、现金折扣条件等收付结算档案。

【岗位说明】

账套主管建立收付结算档案，并在调整工行档案的基础上，设置本单位开户银行信息。

【知识链接】

企业的收付结算信息包括结算方式、付款条件、本单位开户银行等内容。企业在开具发票、处理货款结算等业务时，会使用到收付结算信息，因此需要提前设置。

【工作指导】

一、设置结算方式

（1）用户 zg01 登录【企业应用平台】，【操作日期】为"2024-03-01"。

（2）执行【收付结算】-【结算方式】命令，打开【结算方式】窗口，单击【增加】按钮，【结算方式编码】录入"1"，【结算方式名称】录入"现金"，单击【保存】按钮，同理增加其他结算方式，完成后关闭【结算方式】窗口。

设置结算方式

二、设置付款条件

（1）执行【收付结算】-【付款条件】命令，打开【付款条件】窗口。

（2）单击【增加】按钮，根据表 2.1.12 所示信息，录入付款条件编码、信用天数、优惠天数等信息，单击【保存】按钮，【付款条件名称】栏自动生成"2/10,1/20, n/30"，如图 2.1.13 所示，完成后关闭【付款条件】窗口。

设置付款条件

序号	付款条件编码	付款条件名称	信用天数	优惠天数1	优惠率1	优惠天数2	优惠率2
1	01	2/10, 1/20, n/30	30	10	2.0000	20	1.0000

账套：[006]瑞泽商贸公司财务账套　　操作员：张亚（账套主管）　当前记录数：1 条　　【UFIDA用

图 2.1.13　付款条件

三、设置开户银行

（1）执行【收付结算】-【银行档案】命令，打开【银行档案】窗口，双击"01 中国工商银行"，打开【修改银行档案】窗口，取消"企业账户规则"定长的勾选，保存后退出。

（2）执行【收付结算】-【本单位开户银行】命令，打开【本单位开户银行】窗口，单击【增加】按钮，根据表 2.1.13 所示信息建立企业的开户行，如图 2.1.14 所示，单击【保存】按钮，继续录入中行档案信息，完成后保存退出。

设置开户银行

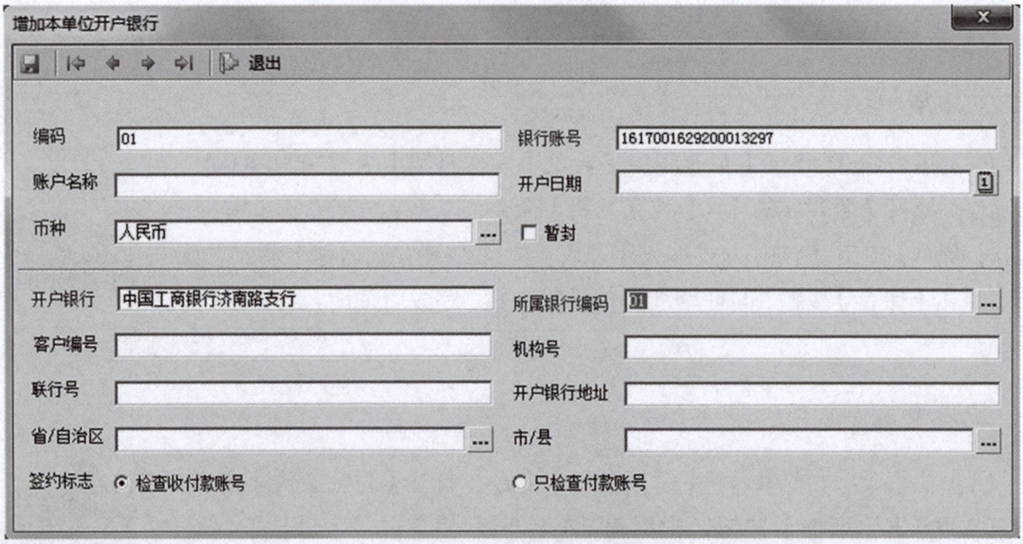

图 2.1.14　本单位开户银行

【注意事项】

若【收付结算】下没有找到【本单位开户行】功能，检查是否启用了【应收款管理】系统或【应付款管理】系统。

【自检自测】

1. 付款条件就是＿＿＿＿＿＿＿＿。
2. 设置本单位开户行时，系统不存在其所属银行，需要先＿＿＿＿＿＿＿＿。

【拓展延伸】

如果不设本单位开户银行，填制发票时，没有银行信息，则发票无法保存。

★★★自立自信★★★

　　1999 年，中国移动与中国工商银行等金融部门合作，在广东等省市开始进行移动支付业务试点，截至 2024 年，经过近三十年的厚积薄发，移动支付从概念到实践，从边缘到主流，如今已深深嵌入亿万百姓的日常生活，成为推动社会进步的重要力量。最广为使用的移动支付工具当属支付宝和微信支付，此外还有银联、财付通等新型移动支付工具，为百姓生活带来了诸多便利。当前我国移动支付普及率高达 86%，居全球第一。

任务5：建立存货档案

【任务描述】

根据表 2.1.14~ 表 2.1.16 所示信息建立企业的存货档案。

表 2.1.14 存货计量单位组

计量单位组			计量单位	
编码	名称	类别	编码	名称
01	自然单位	无换算率	01	台
			02	次
			03	件

表 2.1.15 存货分类

存货分类编号	存货分类名称	存货分类编号	存货分类名称
01	冰箱	04	小家电
02	彩电	05	其他
03	空调		

表 2.1.16 存货档案

类别	编码	存货名称	计量单位组	单位	税率	存货属性
冰箱	1001	海大 572E1	01	台	13%	内销、外销、外购
	1002	海大 642V2	01	台	13%	内销、外销、外购
	1003	海大 758P4	01	台	13%	内销、外销、外购
	1004	海大 931W6	01	台	13%	内销、外销、外购
彩电	2001	MCL655A	01	台	13%	内销、外销、外购
	2002	MCL732F	01	台	13%	内销、外销、外购
	2003	MCL646B	01	台	13%	内销、外销、外购
空调	3001	美家 35GW1.5P	01	台	13%	内销、外销、外购
	3002	美家 26GW2P	01	台	13%	内销、外销、外购
	3003	美家 72LW3P	01	台	13%	内销、外销、外购
小家电	4001	暖阳豆浆机 D08	01	件	13%	内销、外销、外购
	4002	暖阳电磁炉 C22	01	件	13%	内销、外销、外购
	4003	柏冠电饭煲 B40	01	台	13%	内销、外销、外购
其他	5001	运输费	01	次	9%	外购、应税劳务

【任务解析】

本任务要求设置计量单位，建立企业的存货档案。

【岗位说明】

账套主管在设置存货分类、计量单位的基础上，建立存货档案，并正确选择存货属性。

【知识链接】

设置计量单位前需要先设置计量单位组，计量单位组包括无换算、浮动换算和固定换算三种类别，后两种类别下必须设置一个主计量单位。做好了计量单位组的设置，方可增加计量单位。设置存货档案要正确勾选存货属性，如外购材料物资必须勾选"外购"属性，运输费必须勾选"应税劳务"属性，否则后期填制发票时可能找不到目标存货。

【工作指导】

一、设置存货计量单位

（1）用户 zg01 登录【企业应用平台】，【操作日期】为"2024-03-01"。

（2）在【基础设置】选项卡中，执行【基础档案】–【存货】–【计量单位】命令，打开【计量单位–计量单位组】窗口。

设置计量单位

（3）单击【分组】按钮，打开【计量单位组】窗口，单击【增加】按钮，根据表 2.1.14 所示信息录入计量单位组编码、名称，【计量单位组类别】选择"无换算率"，单击【保存】按钮后退出。

（4）单击左侧【（01）自然单位＜无换算率＞】，再单击【单位】按钮，打开【计量单位】窗口，单击【增加】按钮，根据表 2.1.14 所示信息设置计量单位，如图 2.1.15 所示，保存后退出。

图 2.1.15　设置计量单位

二、设置存货档案

（1）执行【存货】–【存货分类】命令，打开【存货分类】窗口，单击【增加】按钮，根据表 2.1.15 所示信息对存货进行分类。

设置存货档案

（2）执行【存货】–【存货档案】命令，打开【存货档案】窗口，单击【增加】按钮，打开【增加存货档案】窗口，根据表 2.1.16 所示信息建立"1001 海大 572E1"的档案。【销项税率％】与【进项税率％】可保持默认值"17"，【存货属性】勾选"内销""外销""外购"复选框，如图 2.1.16 所示。

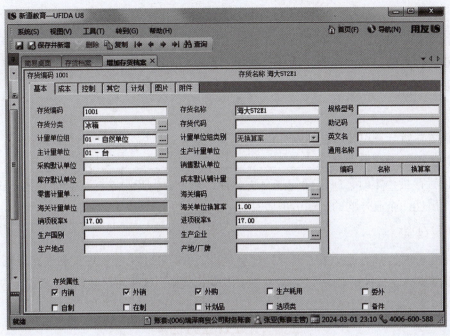

图 2.1.16　增加存货档案

（3）单击【保存并新增】按钮，根据表 2.1.16 所示信息建立前四种类别的存货档案。

（4）关闭【增加存货档案】窗口，回到【存货档案】窗口，单击工具栏【批改】按钮，打开【批改】窗口，【修改项目】选择"销项税率 %"，【修改内容】录入"13"，如图 2.1.17 所示，单击【确定】按钮，系统提示"本次将成批修改 13 条记录，请确信是否按选择的条件进行修改！"单击【是】按钮，完成销项税率的批量替换。

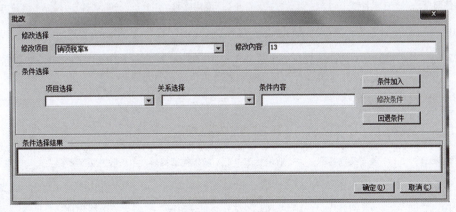

图 2.1.17　批改税率

（5）同理，将"进项税率 %"批量替换为"13"。

（6）根据表 2.1.16 所示信息建立运输费的存货档案，【销项税率 %】与【进项税率 %】更改为"9"，【存货属性】勾选"外购""应税劳务"复选框，单击【保存】按钮。关闭【增加存货档案】窗口，回到【存货档案】窗口，显示全部 14 条存货列表。

【注意事项】

1. 设置存货单位时，必须先设置计量单位组，在此基础上再设置计量单位。

2. 设置存货时，必须正确勾选存货属性，否则后期填制票据时无法选择到该存货。运输费必须具有"应税劳务"属性，否则无法进行运费分摊处理。

【自检自测】

1. 设置存货计量单位时，必须先设置_____，然后才能设置计量单位。

2. 计量单位组的类别有_____、_____、_____三种。

3. 设置存货档案时，应正确勾选存货属性，如企业生产用原材料需具有"外购""生产耗用"属性，企业外购的运输劳务应具有_____、_____属性。

【拓展延伸】

企业建账时，只有选择了"商业"核算类型，并且在【采购管理】和【库存管理】系统中勾选了"有受托代销业务"选项，存货的"受托代销"属性才能被勾选，否则是灰色的。

任务6：建立业务档案

【任务描述】

根据表2.1.17~ 表2.1.20所示信息建立企业的仓库档案、收发类别、购销类型、费用项目等业务档案。

表2.1.17　仓库档案

仓库编码	仓库名称	计价方式	仓库编码	仓库名称	计价方式
01	冰箱库	先进先出法	04	家用小电器库	全月平均法
02	彩电库	先进先出法	05	其他库	先进先出法
03	空调库	先进先出法			

表2.1.18　收发类别

收发类别编码	收发类别名称	收发标志	收发类别编码	收发类别名称	收发标志
1	入库	收	2	出库	发
101	采购入库	收	201	销售出库	发
102	采购退货	收	202	销售退货	发
103	受托代销入库	收	203	委托代销出库	发
104	盘盈入库	收	204	盘亏出库	发
105	直运采购	收	205	直运销售	发
109	其他入库	收	209	其他出库	发

表 2.1.19　购销类型

采购类型编号名称	入库类别	是否默认	销售类型编号名称	出库类别	是否默认
01 正常采购	采购入库	否	01 正常销售	销售出库	否
02 采购退货	采购退货	否	02 销售退货	销售退货	否
03 受托采购	受托代销入库	否	03 委托代销	委托代销出库	否
04 直运采购	直运采购	否	04 直运销售	直运销售	否
05 其他采购	其他入库	否	05 分期收款	销售出库	否
			06 其他销售	其他出库	否

表 2.1.20　费用项目

费用项目编码	费用项目名称	费用项目分类编码	费用项目分类
01	运输费	0	无分类
02	包装费	0	无分类
03	委托代销手续费	0	无分类

【任务解析】

本任务要求建立仓库档案、购销类型等业务档案，为后续购销业务的核算奠定基础。

【岗位说明】

账套主管建立仓库档案，选择仓库计价方式；设置收发类别，在此基础上设置购销类型；进行费用项目分类、在此基础上设置费用项目。

【知识链接】

业务档案是购销存业务单据上经常使用的项目，包括仓库、采购类型、销售类型等。在业务发生之前，预先设置好该类信息，为后期顺利填制业务单据奠定基础，同时也是系统进行分类查询、统计、汇总信息的依据。

【工作指导】

一、建立仓库档案

（1）用户 zg01 登录【企业应用平台】，【操作日期】为"2024-03-01"。

（2）执行【基础档案】-【业务】-【仓库档案】命令，打开【仓库档案】窗口，单击【增加】按钮，打开【增加仓库档案】窗口，根据表2.1.17所示信息，【仓库编码】录入"01"，【仓库名称】录入"冰箱库"，【计价方式】选择"先进先出法"，单击【保存】按钮。

（3）继续建立其他仓库档案，其中家用小电器库的【计价方式】选择"全月平均法"，录入完成后关闭窗口。仓库档案如图2.1.18所示。

建立仓库档案

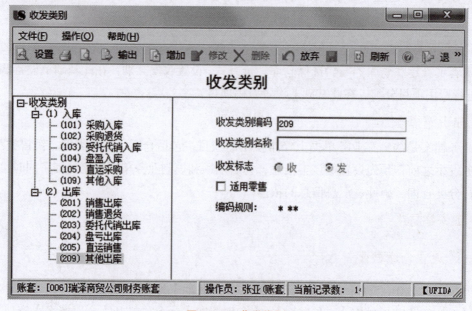

图 2.1.18　仓库档案

二、建立收发类别

（1）执行【业务】–【收发类别】命令，打开【收发类别】窗口。

（2）单击【增加】按钮，根据表2.1.18所示信息，【收发类别编码】录入"1"，【收发类别名称】录入"入库"，【收发标志】选择"收"，保存后继续录入其他收发类别，全部设置完毕后如图2.1.19所示。

建立收发类别

图 2.1.19　收发类别

三、建立采购销售类型

（一）建立采购类型

（1）执行【业务】–【采购类型】命令，打开【采购类型】窗口。

（2）单击【增加】按钮，根据表 2.1.19 所示信息录入采购类型编码、采购类型名称，【入库类别】选择"采购入库"，单击【保存】按钮，继续录入其他采购类型，全部录入完毕后如图 2.1.20 所示。

建立采购类型

序号	采购类型编码	采购类型名称	入库类别	是否默认值	是否委外默认值	是否列入MPS/MRP计划
1	01	正常采购	采购入库	否	否	是
2	02	采购退货	采购退货	否	否	是
3	03	受托采购	受托代销入库	否	否	是
4	04	直运采购	直运采购	否	否	是
5	05	其他采购	其他入库	否	否	是

账套：[006]瑞泽商贸公司财务账套　　操作员：张亚(账套主管)　当前记录数：5 条　　【UFIDA用友

图 2.1.20　采购类型

（二）建立销售类型

（1）执行【业务】–【销售类型】命令，打开【销售类型】窗口。

（2）单击【增加】按钮，根据表 2.1.19 所示信息建立销售类型档案，全部录入完毕后如图 2.1.21 所示。

建立销售类型

序号	销售类型编码	销售类型名称	出库类别	是否默认值	是否列入MPS/MRP计划
1	01	正常销售	销售出库	否	是
2	02	销售退货	销售退货	否	是
3	03	委托代销	委托代销出库	否	是
4	04	直运销售	直运销售	否	是
5	05	分期收款	销售出库	否	是
6	06	其他销售	其他出库	否	是

账套：[006]瑞泽商贸公司财务账套　　操作员：张亚(账套主管)　当前记录数：6 条　　【UFIDA用友

图 2.1.21　销售类型

四、建立费用项目

（1）执行【业务】-【费用项目分类】命令，打开【费用项目分类】窗口，单击【增加】按钮，【分类编码】录入"0"，【分类名称】录入"无分类"，保存后退出。

（2）执行【业务】-【费用项目】命令，打开【费用项目】窗口，单击【增加】按钮，根据表2.1.20所示信息录入费用项目，【费用项目分类】选择"无分类"，单击【保存】按钮，继续录入其他费用项目，完成后如图2.1.22所示。

建立费用项目

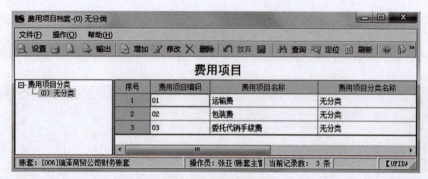

图2.1.22 费用项目

【注意事项】

1. 系统提供了五种计价方式，每个仓库只能选择一种计价方式。

2. 费用项目在设立前必须先进行费用项目的分类，即使没有分类，也需要在【费用项目分类】下进行"无分类"设置。

【自检自测】

1. 每个仓库应选择_____种计价方法，不同仓库的计价方法_____。

2. 采购退货的收发标志应为_____，盘亏出库的收发标志为_____。

【拓展延伸】

企业根据存货管理要求选择仓库属性，若需要对仓库进行货位管理，则勾选仓库档案的"货位属性"，若采购的固定资产需要办理入库手续，则需要勾选"资产仓"属性。

★★★方针政策★★★

1953年，我国制订第一个"五年计划"（"十一五"起改为"五年规划"），为我国工业化奠定了初步基础，此后，"三五"至"五五"计划的实施，为建立比较完整的工业体系和国民经济体系做出巨大贡献。当前我国经济取得的巨大成就无不是党领导全国各族人民拼搏奋斗的成果。基础档案是各模块都能调用的基础资料，是会计信息系统的"毫末""累土"，会计信息系统的正常运行正是基于这些基础档案，基础档案的设置及日常维护工作，难度较低，但是相对烦琐，需要财务人员认真谨慎，不仅要提高操作效率，而且要提升操作的准确率，降低错误和误差，为后续业务处理奠定良好基础。

设置单据

任务1：设置单据编号

【任务描述】

将采购订单、采购普通发票、采购专用发票、销售订单、销售专用发票、销售普通发票、销售零售日报的编号改为"完全手工编号"的方式。

【任务解析】

本任务要求对特定类型单据进行编号方式设置。

【岗位说明】

账套主管通过【单据编号设置】功能将采购发票、销售发票等单据的编号方式调整为手工编号，以便在填制单据时根据业务需要录入编号信息。

【知识链接】

单据设置功能包括"单据格式设置""单据编号设置""单据打印控制"，可以实现对主要单据的屏幕显示界面以及打印格式、编号的设置。实际工作中，根据单据、档案的不同管理需求，由用户设置各种单据外观及编码生成规则。

【工作指导】

（1）用户 zg01 登录【企业应用平台】，【操作日期】为"2024-03-01"。

（2）在【基础设置】选项卡中，执行【单据设置】-【单据编号设置】命令，打开【单据编号设置】窗口。

（3）在左侧单据类型下，执行【采购管理】-【采购订单】命令，选中采购订单，单击【修改】图标，勾选"完全手工编号"选项，如图 2.2.1 所示，单击【保存】按钮。

设置单据编号

（4）同理设置采购发票、销售发票等其他单据的编号方式，设置完成后单击【退出】按钮。

【注意事项】

采购发票、销售发票等原始凭证编号是识别单据的重要标志，为了在系统中体现原始凭证的号码，需要将编号设置为"完全手工编号"或者"手工改动，重号时自动重取"的方式，否则在进行单据录入时，无法修改系统自动生成的单据编号。

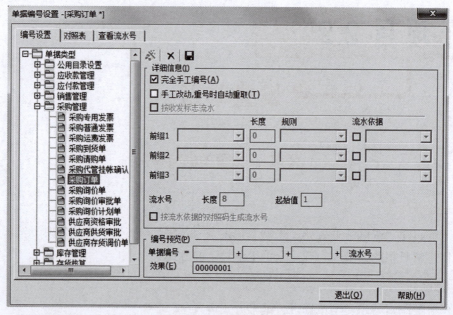

图 2.2.1　单据编号设置

【自检自测】

1. 可以更改单据编号的方式有_____和_____两种。
2. 单据设置在_____选项卡中完成。

【拓展延伸】

单据的编号可以根据业务需要随时设置。实际工作中，常用单据可提前设置好，也可以根据需要于发生业务时进行设置。

任务 2：设置单据格式

【任务描述】

将销售订单、销售普通发票的表头项目【汇率】设置为可编辑状态。

【任务解析】

账套主管根据业务需要对单据表头项目的属性进行修改。

【岗位说明】

账套主管通过【单据格式设置】功能对单据的表头项目、表体项目进行增减，或者对项目属性进行更改。

【知识链接】

在系统预置单据模板的基础上，企业可根据业务需要对单据进行个性化设置，通过单据格式设置，实现预置模板的表头及表体项目的增减、位置调整、属性变更等操作。

【工作指导】

（1）执行【单据设置】-【单据格式设置】命令，打开【单据格式设置】窗口。

（2）在左侧【U8单据目录分类】下，执行【销售管理】-【销售订单】-【显示】-【销售订单显示模板】命令，打开销售订单模板。

设置单据格式

（3）单击工具栏的【表头项目】按钮，打开【表头】窗口，在【定位】左侧栏中录入"汇率"，再单击【定位】按钮，查找到"汇率"项目，将左下方"禁止编辑"的勾选予以取消，如图2.2.2所示，单击【确定】按钮。

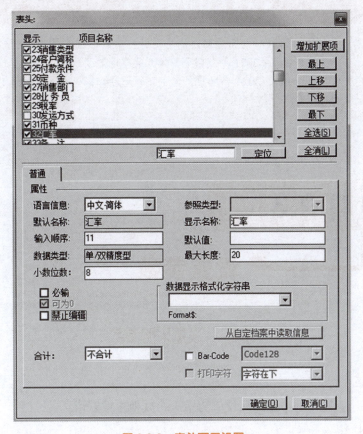

图2.2.2　表头项目设置

（4）回到【单据格式设置】窗口，单击【保存】按钮，完成销售订单模板的设置。

（5）同理对销售普通发票的模板格式进行设置。

【注意事项】

若执行【单据设置】-【单据格式设置】命令后，窗口左边不显示【U8单据目录分类】，可单击工具栏的【模板夹】按钮，使之呈现。

【自检自测】

1.设置单据格式时，可根据项目在单据中的具体位置，选择_____或_____加以设置。

2. 通过＿＿＿＿＿＿＿功能按钮可以迅速找到目标项目。

3. 只有选中的项目才会在单据中加以显示，若勾选了＿＿＿＿＿＿＿选项，单据中的该项目呈现为蓝色字体，否则呈现为黑色字体。

【拓展延伸】

系统提供的票据模板中蓝字属于必填项目，黑字属于选填项目，蓝字项目若不填写，票据将无法保存。通过更改票据模板上项目属性，取消项目"必输"的勾选，便可使其从蓝字调整为黑字。

★★★方针政策★★★

2013 年 12 月，我国开始组织电子发票及电子会计档案综合试点工作，随后持续出台各项政策规范，扩大电子发票的使用；2021 年，部分省市开展全电发票试点；2023 年，我国发布《电子发票全流程电子化管理指南》，2024 年发布《电子凭证会计数据标准（试行版）》，我们将迎来全面数字化电子发票时代！

子项目 2.3

设置参数

任务1：设置采购参数

【任务描述】

【采购管理】系统中的单据默认税率为 13%，其他参数默认。

【任务解析】

该任务要求进行【采购管理】系统参数的设置，即设置该系统的业务处理规则。

【岗位说明】

【采购管理】系统的业务处理规则通过参数设置，账套主管对相关参数加以设置。

【知识链接】

【采购管理】系统包括设置、供应商管理、采购业务、采购报表等内容，通过普通采购、受托代销采购等采购流程对不同的采购业务进行管理和控制，有助于降低企业的采购成本，提高采购效率，本系统的主要功能包括：

设置：录入期初单据并进行期初记账，设置本系统的参数。

供应商管理：对供应商的存货、供货价格、供货质量、到货情况进行管理和分析。

采购业务：对采购业务进行管理，系统提供了请购、采购订货、采购到货、采购入库、采购结算等业务，用户可以根据业务需要选用不同的业务单据和业务流程。

采购报表：可对采购的各种统计报表、账簿进行查询分析。

【采购管理】系统的选项设置包括"业务及权限控制""公共及参照控制""其他业务控制""预算控制"四部分内容，是对企业采购业务模式、业务流程、数据流向的规定。

【工作指导】

（1）用户 zg01 登录【企业应用平台】，【操作日期】为"2024-03-01"。

（2）在【业务工作】选项卡中，执行【供应链】-【采购管理】-【设置】-【采购选项】命令，打开【采购系统选项设置】窗口。

（3）单击【公共及参照控制】页签，将【单据默认税率】更改为"13"，其他参数默认，如图 2.3.1 所示，单击【确定】按钮。

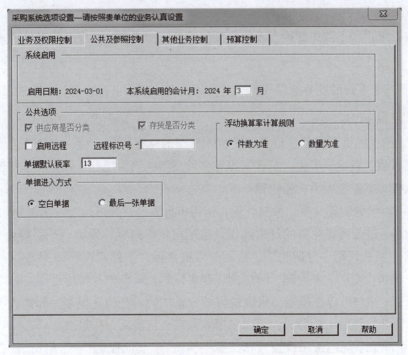

图 2.3.1 【采购管理】系统参数 - 公共及参照控制

【注意事项】

若企业存在受托代销业务，建账时只有将企业类型设置为"商业"，才能在选项中勾选"启用受托代销业务"选项。

【自检自测】

1.打开采购系统相关单据后，显示最后一张单据，或者显示一张_____。

2.根据当前税法，增值税一般纳税人的采购系统单据默认税率可设置为＿＿＿＿＿＿。

【拓展延伸】

采购参数决定该系统业务处理规则，若要求普通采购业务必须有订单，需勾选"普通业务必有订单"选项；若存在超订单到货入库情形，需勾选"允许超订单到货及入库"选项。

任务2：设置销售参数

【任务描述】

【销售管理】系统参数除以下几项外，其他参数均默认，请进行相关设置。

1.有委托代销业务、分期收款业务、零售日报业务、直运销售业务。

2.普通销售必有订单。

3.报价不含税。

4.新增退货单默认：参照订单。

【任务解析】

该任务要求进行【销售管理】系统参数的设置，即设置该系统的业务处理规则。

【岗位说明】

【销售管理】系统的业务处理规则通过参数设置，账套主管对相关参数加以设置。

【知识链接】

【销售管理】提供了报价、订货、发货、开票的完整销售流程，支持普通销售、委托代销、分期收款、直运、零售、销售调拨等多种类型的销售业务，并可对销售价格和信用进行实时监控，本系统主要功能包括：

设置：可以设置销售选项、价格管理、信用审批人等，并可以录入销售期初单据。

销售业务：进行销售业务的日常操作，包括报价、订货、发货、开票等业务；其类型有普通销售、委托代销、分期收款、直运、零售日报、销售调拨等；可以进行现结业务、代垫费用、销售支出的业务处理，可以制订销售计划，对价格和信用进行实时监控。

销售报表：用户可以在报表中查询销售业务常用的一些统计报表，如销售统计表、明细表、销售分析、综合分析等，也可以根据业务需要自定义一些报表。

【销售管理】系统的选项设置包括"业务控制""其他控制""信用控制""可用量控制""价格管理"五部分内容，是对企业销售业务模式、业务流程、数据流向的规定，主要参数包括：

1.委托代销业务：企业将商品委托他人进行销售但商品所有权仍归本企业的销售方式。委托代销商品销售后，受托方与企业进行结算、开具发票、确认销售收入。

2.零售日报业务：企业将商品销售给零售客户的销售方式。本系统通过零售日报的方式接收用户的零售业务原始数据。零售日报不是原始的销售单据，是零售业务数据的日汇总。超市、商场经常发生零售日报业务。

3. 分期收款业务：货物提前发给客户，分期收回货款。该业务的特点是一次性发货，后期根据款项收回分期对收入与成本加以确认。

4. 直运销售业务：指产品无需入库即可完成购销业务，由供应商直接将商品发给企业的客户，并由购销双方分别与企业进行结算。

5. 允许超定量发货：参照订单开发货单、销售发票时可超过订单的数量，即允许累计发货（开票）数＞订单数量，但需要根据存货档案中的发货超额上限进行控制，即累计发货（开票）数≤订单数量（1+ 存货档案的发货超额上限）。

6. 销售生成出库单：【销售管理】系统的发货单、销售发票、零售日报、销售调拨单在审核或复核时，自动生成销售出库单，并传到【库存管理】系统。【库存管理】系统不可修改出库数量，即一次发货一次全部出库。若取消该参数勾选，销售出库单由【库存管理】系统参照销售发货单生成，可以修改本次出库数量，即可以实现一次发货多次出库。

7. 新增退货单默认：设置新增退货单时是否弹出销售订单、销售发货单的参照界面，以方便用户的操作。设置参数后，用户也可取消弹出界面，直接使用工具栏上的【订单】【发货】按钮弹出参照界面。

【工作指导】

（1）执行【供应链】–【销售管理】–【设置】–【销售选项】命令，打开【销售选项】窗口。

（2）根据任务信息，分别在【业务控制】和【其他控制】页签中进行参数的设置，其他参数默认，如图 2.3.2 和图 2.3.3 所示，单击【确定】按钮。

【注意事项】

对于有无委托代销业务，既可以在【销售管理】系统中设置，也可以在【库存管理】中设置，在其中一个系统设置，另一系统的选项设置将自动完成。

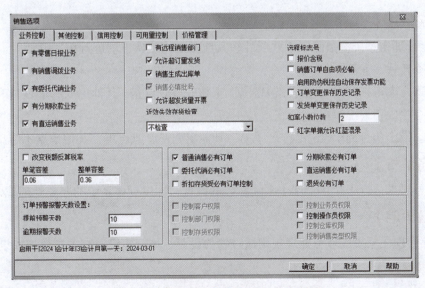

图 2.3.2　【销售管理】系统参数 – 业务控制

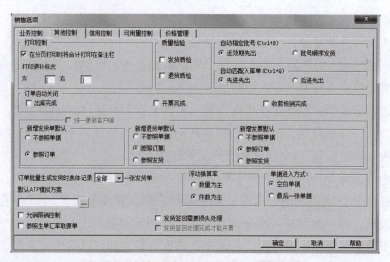

图 2.3.3 【销售管理】系统参数 – 其他控制

【自检自测】

1. 若要求普通销售业务必须签订合同，可勾选＿＿＿＿＿＿选项加以控制。
2. 销售系统的退货单可以手工录入，也可以设置为参照＿＿＿＿＿或者＿＿＿＿＿生成。

【拓展延伸】

　　日常业务处理过程中，可根据管理需要对【销售管理】系统的选项进行调整，如企业新增了零售业务、直运业务，可在选项中勾选"有零售日报业务"和"有直运销售业务"选项，则可处理该类经济业务。

任务3：设置库存参数

【任务描述】

　　【库存管理】系统参数除以下几项外，其他参数均默认，请进行相关设置。

1. 有委托代销业务。
2. 采购入库审核时改现存量，销售出库审核时改现存量，其他出入库审核时改现存量。
3. 库存生成销售出库单。
4. 自动带出单价的单据：销售出库单、其他出库单、盘点单，其他单据不带出单价。

【任务解析】

　　该任务要求进行【库存管理】系统参数的设置，即设置该系统的业务处理规则。

【岗位说明】

　　【库存管理】系统的业务处理规则通过参数设置，账套主管对相关参数加以设置。

【知识链接】

　　【库存管理】系统对出入库业务进行管理，提供仓库货位管理、批次管理、可用量管理等全面的业务应用。【库存管理】系统可以单独使用，也可以与【采购管理】【销售管理】【存货核算】系统集成使用，该系统的主要功能包括：

设置：进行系统选项、期初结存、期初不合格品的设置。

日常业务：进行出入库和库存管理的日常业务操作。

条形码管理：进行条形码规则设置、规则分配、条形码生成等操作。

对账：进行库存与存货数据核对，仓库与货位数据核对。

报表：查询库存账、批次账、货位账、统计表、储备分析报表等账表。

【库存管理】系统选项包括"通用设置""专用设置""预计可用量控制""预计可用量设置""其它设置"五部分内容，在进行库存选项修改前，应确定系统相关功能是否已经使用，否则系统可能提示警告信息。该系统主要参数包括：

1. 采购入库审核时改现存量：采购入库单审核后更新现存量。

2. 库存生成销售出库单：销售出库单在【库存管理】系统参照单据生成，该单据不可手工填制；在参照生单时，可以修改本次出库数量，即可以一次发货多次出库；生成销售出库单后不可修改出库存货、出库数量。

【工作指导】

（1）执行【供应链】-【库存管理】-【初始设置】-【选项】命令，打开【库存选项设置】窗口。

（2）根据任务描述，分别在【通用设置】与【专用设置】页签下进行参数的勾选，其他参数默认，如图 2.3.4 和图 2.3.5 所示。

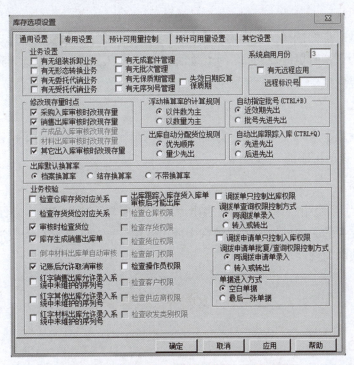

图 2.3.4 【库存管理】系统参数 – 通用设置

图 2.3.5 【库存管理】系统参数 – 专用设置

【注意事项】

　　修改现存量时点的选择，会影响现存量、可用量、预计入库量和预计出库量。本业务勾选的选项均为审核时更改现存量，所以如果忘记审核入库单，可能会导致该存货销售时出现库存量不足现象。

【自检自测】

　　若【库存管理】系统中勾选了"库存生成销售出库单"选项，则【销售管理】系统中的＿＿＿＿＿＿选项将取消勾选。

【拓展延伸】

　　【库存管理】系统中"库存生成销售出库单"选项与【销售管理】系统中的"销售生成出库单"是互斥的，如果勾选了"销售生成出库单"选项，系统自动取消"库存生成销售出库单"选项的勾选。

任务4：设置存货核算参数

【任务描述】

　　【存货核算】系统参数除以下几项外，其他参数均默认，请进行相关设置。

1. 核算方式：按仓库核算；

2. 销售成本核算方式：销售发票；

3. 委托代销成本核算方式：按发出商品核算；

4. 暂估方式：单到回冲。

【任务解析】

该任务要求进行【存货核算】系统参数的设置，即设置该系统的业务处理规则。

【岗位说明】

【存货核算】系统的业务处理规则通过参数设置，账套主管对相关参数加以设置。

【知识链接】

【存货核算】系统从资金角度管理存货的出入库业务，主要核算企业的入库成本、出库成本、结余成本，反映和监督存货资金的占用情况，促进企业提高资金使用效率。该系统的主要功能包括：

设置：设置系统参数，设置存货科目、存货对方科目、税金科目等，录入期初数据。

业务核算：进行单据记账、发出商品记账、直运销售记账，计算差异率、平均单价，处理结算成本、产品成本分配等业务。

财务核算：选择单据生成凭证，与【总账】系统针对存货科目和差异科目进行金额和数量的核对，将【存货核算】系统的发出商品科目与【总账】的发出商品科目进行对账。

账表：自动记录用户查询的账表，输出存货的总分类账；提供先进先出法、个别计价法核算的入库结余数量、金额，以便用户查账和对账；对特定期间已记账单据的收发存数量、金额进行统计汇总；选择不同统计口径查询存货的收发结存情况。

【存货核算】系统选项包括"核算方式""控制方式""最高最低控制"三部分，主要参数包括：

1. 核算方式：建账套时，可以选择按仓库、按部门、按存货三种核算方式。若按仓库核算，需在仓库档案中分别设置计价方式，每个仓库单独核算出库成本。

2. 委托代销成本核算方式：可以选择按发出商品核算，或者按照普通销售方式核算。若选择按发出商品核算，根据发货单和发票记账；若选择按普通销售方式核算，则根据系统选项中销售成本核算方式所选择的销售发票或销售出库单进行记账。

3. 暂估方式：包括月初回冲、单到回冲、单到补差三种。月初回冲是指系统在月初自动生成红字回冲单，报销处理时，系统自动根据报销金额生成采购报销入库单；单到回冲是指报销处理时，系统自动生成红字回冲单，并生成采购报销入库单；单到补差是指报销处理时，系统自动生成调整单，调整金额为实际金额与暂估金额的差额。

【工作指导】

（1）执行【供应链】-【存货核算】-【初始设置】-【选项】-【选项录入】命令，打开【选项录入】窗口。

（2）在【核算方式】页签下设置核算方式、暂估方式等参数，如图2.3.6所示。

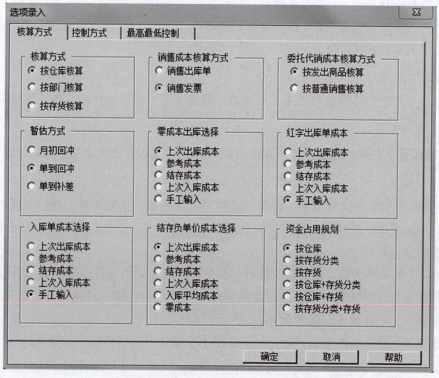

图2.3.6 【存货核算】系统参数

【**注意事项**】

1. 本系统与【采购管理】系统集成使用时，如果明细账中有暂估业务未报销或者本期未进行期末处理，此时暂估方式将不允许修改。

2. 委托代销成本核算方式的设置：如果发货单全部生成销售发票或销售出库单，而且对应的销售发票或销售出库全部记账，则可修改选项；如果发货单对应的销售出库单或发票全部未记账也可修改选项。

【**自检自测**】

1. 对于上期货到单未到采购业务，若月初自动生成红字回冲单，说明【存货核算】系统暂估方式选择的是_____。

2. 销售成本核算方式包括依据_____或者_____两种。

【**拓展延伸**】

核算方式有三种选择，如果选择按仓库核算，则以仓库档案中设置的计价方式核算商品的出库成本；若选择按部门核算，则以部门为单位核算其所属各仓库商品的出库成本；若按存货核算，首先需要在存货档案中设置好计价方式，并以此核算。核算方式选定并进行了单据记账后，该选项无法修改。

任务 5：设置往来核算参数

【任务描述】

日照瑞泽商贸公司往来管理系统的参数如表 2.3.1 所示，请进行相关参数设置。

表 2.3.1　往来核算系统参数

【应收款管理】系统参数	【应付款管理】系统参数
1. 单据审核日期依据：业务日期 2. 坏账处理方式：应收余额百分比法 3. 自动计算现金折扣 4. 受控科目制单方式：明细到单据 5. 核销生成凭证 6. 其他默认	1. 单据审核日期依据：业务日期 2. 自动计算现金折扣 3. 受控科目制单方式：明细到单据 4. 核销生成凭证 5. 其他默认

【任务解析】

该任务要求设置【应收款管理】系统与【应付款管理】系统的业务处理规则。

【岗位说明】

往来管理系统的业务处理规则通过参数设置，账套主管对相关参数加以设置。

【知识链接】

往来管理系统主要用于核算客户或供应商的往来款，通过销售发票、采购发票、其他应收单、收款单等单据的录入，对企业的往来款进行综合管理，提供客户及供应商的往来款余额资料。两个系统功能相似，均包括参数设置、日常处理、单据与账表查询等功能。

设置：根据企业管理需要设置参数，为各类应收、应付款业务的日常处理及统计分析奠定基础，提供会计科目设置、期初余额录入功能，以保障数据的连续性和完整性。

日常处理：提供应收单据、应付单据、收款单、付款单的录入，审核，核销，转账，汇兑损益，制单等业务处理。

账表管理：提供总账、明细账、余额表等多种账表查询功能，以及应收账款、应付账款、收付款账龄统计分析功能。

其他处理：提供远程数据传递功能，以及对核销、转账等处理的恢复功能。

【应收款管理】系统的参数包括"常规""凭证""权限与预警""核销设置"四部分，【应付款管理】系统的参数与之类似，增加了"收付款控制"。两个系统的主要参数包括：

1. 单据审核日期依据：系统提供"单据日期"和"业务日期"两种方式作为单据审核日期的依据，若选择后者，在进行单据审核时，操作日期即为单据的审核日期。

2. 坏账处理方式：有直接转销法和备抵法两大类。备抵法又包括应收余额百分比法、销售收入百分比法、账龄分析法。应收余额百分比法是以应收账款余额为基础，来估计可能发生的坏账损失的方法，是比较常用的方法。

3. 受控科目制单方式：系统提供了"明细到供应商（客户）""明细到单据"两种方式。若选择"明细到单据"，对于一个供应商或客户的多笔业务合并生成一张凭证时，系统会将每一笔业务形成一条分录，以便在【总账】系统中能查看到每个供应商、客户每笔业务的详细情况。

4. 自动计算现金折扣：系统提供了"自动计算现金折扣"和"不自动计算现金折扣"两种方式，若勾选此选项，当供应商提供了现金折扣的优惠政策或者为客户提供现金折扣，进行核销处理时，系统会显示"可享受折扣"和"本次折扣"，自动计算可享受的折扣。

5. 核销生成凭证：核销可以单独或者与收款单、付款单合并生成会计凭证。

【工作指导】

一、设置【应收款管理】系统参数

（1）执行【财务会计】–【应收款管理】–【设置】–【选项】命令，打开【账套参数设置】窗口。

（2）单击【编辑】按钮，系统提示"选项修改需要重新登录才能生效"，单击【确定】按钮，根据表 2.3.1 所示信息，在【常规】页签中设置参数，如图 2.3.7 所示。

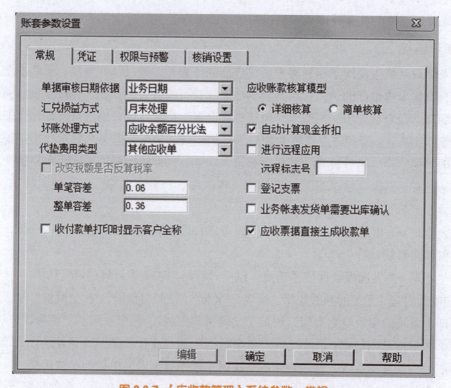

图 2.3.7 【应收款管理】系统参数 – 常规

（3）单击【凭证】页签，根据表 2.3.1 所示信息设置参数，如图 2.3.8 所示，全部设置完毕后，单击【确定】按钮，保存并退出。

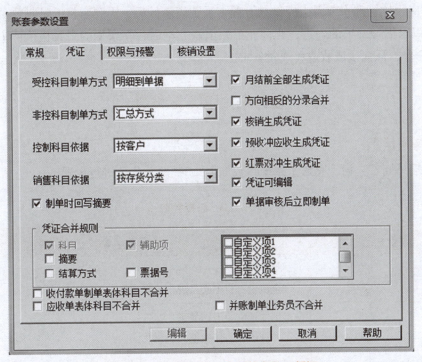

图 2.3.8 【应收款管理】系统参数 – 凭证

二、设置【应付款管理】系统参数

（1）执行【应付款管理】–【设置】–【选项】命令，打开【账套参数设置】窗口。

（2）单击【编辑】按钮，根据表 2.3.1 所示资料，分别在【常规】【凭证】页签中设置【应付款管理】系统参数，完成后单击【确定】按钮，保存并退出。

【注意事项】

1. 如果坏账处理方式为直接转销法，后续将无法对坏账准备进行初始设置。

2. 只有【受控科目制单方式】选择"明细到单据"选项，客户或供应商的多笔业务合并生成凭证时，系统才会将每一笔业务形成一条分录，这种方式有助于在总账系统中查看到客商每笔业务的详细情况，且只有勾选了该选项，红票对冲、收款核销、付款核销等业务才能生成凭证。

【自检自测】

1. 备抵法包括＿＿＿＿＿、销售收入百分比法、账龄分析法。

2. 若【应付款管理】系统【受控科目制单方式】选择＿＿＿＿＿选项时，则同一个供应商的多笔业务合并生成一张凭证时，系统会将每一笔业务形成一条分录。

【拓展延伸】

　　系统默认"应收票据直接生成收款单"和"应付票据直接生成付款单"选项，故商业汇票在【应收款管理】或者【应付款管理】系统填制好后，需要审核的是收款单或者付款单；也可以取消该选项的勾选，当商业汇票填制完毕后，在票据的工具栏执行【收款】或【付款】命令，从而生成收款单或付款单。

任务 6：设置总账参数

【任务描述】

　　日照瑞泽商贸公司【总账】系统参数如表 2.3.2 所示，请进行设置。

表 2.3.2　总账参数

选项卡	参数设置
凭证	制单不序时 现金流量科目不必录现金流量项目
权限	出纳凭证需经出纳签字 不允许修改、作废他人填制凭证
其他	浮动汇率 其他采用系统默认的参数

【任务解析】

　　该任务要求进行【总账】系统参数的设置，即设置该系统的业务处理规则。

【岗位说明】

　　【总账】系统的业务处理规则通过参数设置，账套主管对相关参数加以设置。

【知识链接】

　　【总账】系统又称账务处理系统，是会计信息系统的核心，该系统可完成凭证的填制、审核、记账、账簿查询等账务处理工作。该系统与其他子系统间存在着大量的数据传递，其他子系统生成的凭证会自动传递到【总账】系统，并在该系统完成数据的进一步汇总加工工作。该系统的主要功能包括：

　　设置：录入【总账】系统期初余额，进行试算平衡，设置【总账】系统参数。

　　凭证管理：进行凭证的填制、出纳签字、审核、查询、记账、汇总打印等工作。填制凭证是日常处理的起点，也是查询数据最主要的来源。

　　货币资金管理：为出纳提供集成办公环境，查询现金、银行存款日记账，提供支票登记簿、资金日报表管理功能，并进行银行对账工作。

　　账表查询：查询凭证、会计科目表、总账、明细账及辅助账信息。

期末处理：自定义转账、对应结转、汇兑损益、期间损益等结转业务的定义与凭证生成，进行期末对账、结账，生成月末工作报告。

【总账】系统参数设置包括"凭证""账簿""凭证打印""预算控制""权限""会计日历""其他""自定义项核算"八部分内容。新的账套建立后，因具体业务需要或后期业务变更，可以进行【总账】参数的设置或者修改。本系统主要参数包括：

1. 制单序时控制：此项和"系统编号"选项联用，制单时凭证编号必须按日期顺序排列，如果有特殊需要可以取消该选项的勾选。

2. 出纳凭证必须经由出纳签字：现金、银行科目凭证必须由出纳核对签字后才能记账。

3. 外币核算：若企业有外币业务，应选择汇率方式。我国采用有管理的浮动汇率制度，即制单时，汇率不是固定不变的，可以手工修改为期初或业务发生时汇率，期末再将外币按照期末汇率进行调整，并确认汇兑损益。

【工作指导】

（1）执行【总账】–【设置】–【选项】命令，打开【选项】窗口。

（2）单击【编辑】按钮，根据表 2.3.2 所示资料，在【凭证】页签取消"制单序时控制""现金流量科目必录现金流量项目"选项的勾选，如图 2.3.9 所示。

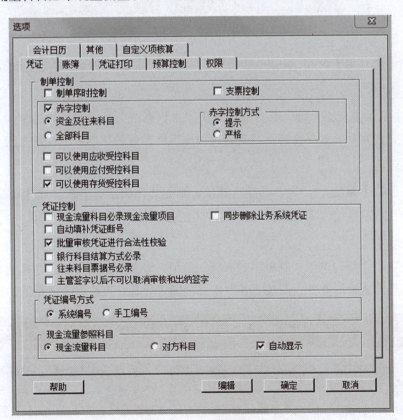

图 2.3.9　【总账】系统参数 – 凭证

（3）单击【权限】页签，根据表 2.3.2 所示资料设置参数，如图 2.3.10 所示。

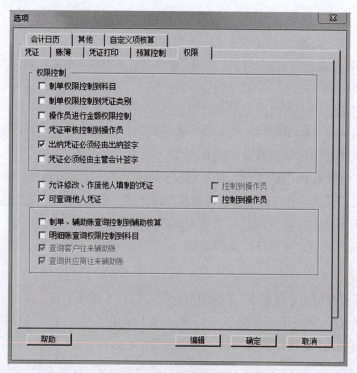

图 2.3.10 【总账】系统参数 – 权限

（4）单击【其他】页签，设置外币核算汇率方式，完成后单击【确定】按钮。

【注意事项】

【总账】系统是核心系统，其参数设置决定了该系统凭证填制、数据流向、输出打印格式等内容，设定后一般不允许随意变更，因此需要做好各项参数的设置规划。

【自检自测】

1. 若【总账】系统＿＿＿＿＿＿选项，则无法在该系统填制收付货款的凭证。

2. 若不允许修改他人填制的凭证，应取消＿＿＿＿＿＿选项的勾选。

【拓展延伸】

若【总账】系统勾选了"制单序时控制"选项，业务凭证的填制或者生成应按照时间顺序进行。若出现遗漏业务，需按业务发生日期插入凭证，可取消该选项的勾选。

★★★古智启思★★★

《孟子·离娄上》中记载："不以规矩，不能成方圆。"它揭示了做任何事情都必须知道并遵守准则、守规矩。财务软件中每个子系统的"业务处理规矩"是通过参数设置实现的，开展业务处理前，在遵循法律、法规的前提下，根据企业业务管理的需要进行参数设置。以【制单序时控制】选项为例，如果勾选了这个选项，那么凭证就要严格按照时间顺序填制，否则将无法保存。作为一名财务人员也有自己的规矩：诚信高效、不做假账。守好自己的规矩，是开展财务工作的基础。

子项目 2.4

设置科目

任务1：设置存货核算科目

【任务描述】

日照瑞泽商贸公司业务核算使用的存货科目、存货对方科目如表 2.4.1 和表 2.4.2 所示，请进行相关设置。

表 2.4.1　存货科目

仓库	存货科目	发出商品	直运科目
01 冰箱库	1405 库存商品	1406 发出商品	1402 在途物资
02 彩电库	1405 库存商品	1406 发出商品	1402 在途物资
03 空调库	1405 库存商品	1406 发出商品	1402 在途物资
04 家用小电器库	1405 库存商品	1406 发出商品	1402 在途物资

表 2.4.2　存货对方科目

收发类别	对方科目	收发类别	对方科目
101 采购入库	1402 在途物资	201 销售出库	6401 主营业务成本
	暂估科目：220202 暂估应付账款	202 销售退货	6401 主营业务成本
102 采购退货	1402 在途物资	203 委托代销出库	6401 主营业务成本
104 盘盈入库	1901 待处理财产损溢	204 盘亏出库	1901 待处理财产损溢
105 直运采购	1402 在途物资	205 直运销售	6401 主营业务成本

【任务解析】

本任务要求进行【存货核算】系统存货科目及对方科目、暂估科目的设置。

【岗位说明】

账套主管根据仓库设置存货科目，根据收发类别设置对方科目和暂估科目。

【知识链接】

当启用供应链系统后，存货收发变动的凭证通过【存货核算】系统生成，预先设置好存货科目及存货对方科目，可减少该系统制单的工作量，保证凭证生成工作的完整、高效。

【工作指导】

一、设置存货科目

（1）在【业务工作】选项卡中，执行【供应链】–【存货核算】–【初始设置】–【科目设置】–【存货科目】命令，打开【存货科目】窗口。

设置存货科目

（2）单击【增加】按钮，【仓库编码】录入"01"，【存货科目编码】录入"1405"，【分期收款发出商品科目编码】和【委托代销发出商品科目编码】均录入"1406"，【直运科目编码】录入"1402"。

（3）单击【增加】按钮，根据表2.4.1所示信息继续录入其他仓库的存货科目，全部录入完毕后，单击【保存】按钮，如图2.4.1所示。

仓库编码	仓库名称	存货科目编码	存货科目名称	分期收款发出商品科目编码	分期收款发出商品科目名称	委托代销发出商品科目编码	委托代销发出商品科目名称	直运科目编码	直运科目名称
01	冰箱库	1405	库存商品	1406	发出商品	1406	发出商品	1402	在途物资
02	彩电库	1405	库存商品	1406	发出商品	1406	发出商品	1402	在途物资
03	空调库	1405	库存商品	1406	发出商品	1406	发出商品	1402	在途物资
04	家用小电器库	1405	库存商品	1406	发出商品	1406	发出商品	1402	在途物资

图 2.4.1 【存货核算】系统会计科目

二、设置存货对方科目

（1）执行【供应链】–【存货核算】–【初始设置】–【科目设置】–【对方科目】命令，打开【对方科目】窗口，单击【增加】按钮，【收发类别编码】录入"101"，【对方科目编码】录入"1402"，【暂估科目编码】录入"220202"。

设置存货对方科目

（2）单击【增加】按钮，根据表2.4.2所示信息继续录入其他收发类别对应的存货对方科目，完成后单击【保存】按钮，如图2.4.2所示。

收发类别编码	收发类别名称	存货分类编码	存货分类名称	项目编码	项目名称	对方科目编码	对方科目名称	暂估科目编码	暂估科目名称
101	采购入库					1402	在途物资	220202	暂估应付账款
102	采购退货					1402	在途物资		
104	盘盈入库					1901	待处理财产损溢		
105	直运采购					1402	在途物资		
201	销售出库					6401	主营业务成本		
202	销售退货					6401	主营业务成本		
203	委托代销出库					6401	主营业务成本		
204	盘亏出库					1901	待处理财产损溢		
205	直运销售					6401	主营业务成本		

图 2.4.2 【存货核算】系统对方科目

【注意事项】

1. 存货科目根据仓库设置，材料库的存货科目为"1403"，商品库的存货科目为"1405"，若设置了明细科目，不同仓库的存货科目为对应的明细会计科目。

2. 设置对方科目时，应录入或者参照选择科目表中已设置的末级科目，但不能录入受控于其他系统的科目，这类会计科目参照时不会显示。

3. 生成凭证时，系统能够根据业务类型将科目自动带出；若未进行设置，则需要手工录入会计科目。

【自检自测】

1.【存货核算】系统的存货科目根据_____设置。

2. 存货盘盈入库、盘盈出库的对方科目均为_____。

【拓展延伸】

当企业有直运销售业务、委托代销业务、分期收款发出商品业务时，期初需要设置直运科目、委托代销发出商品科目和分期收款发出商品科目。

任务 2：设置往来管理系统科目

【任务描述】

日照瑞泽商贸有限公司往来核算使用的科目如表 2.4.3 和表 2.4.4 所示，请进行往来系统科目的设置。

表 2.4.3　应收/应付系统科目设置

科目类别	【应收款管理】系统设置	【应付款管理】系统设置
基本科目设置	应收科目 112201 预收科目 220401 商业承兑科目 1121 银行承兑科目 1121 税金科目 22210102 销售收入科目 6001 销售退回科目 6001 现金折扣科目 660303 销售定金科目 220403	应付科目 220201 预付科目 1123 采购科目 1402 税金科目 22210101 商业承兑科目 2201 银行承兑科目 2201 现金折扣科目 660303
控制科目设置	信克宝德： 应收科目 112202　预收科目：220402	
结算方式科目设置	现金　人民币　1001；★支付宝　人民币 101201 其他方式（不含电子税务局）人民币 100201　　账号：16170016292000133297	

表 2.4.4　坏账准备初始设置

计提比例	坏账准备期初余额	坏账准备的科目	对方科目
5%	11 949.75	1231 坏账准备	6702 信用减值损失

【任务解析】

本任务要求在往来核算系统完成科目的初始设置。

【岗位说明】

账套主管在【应收款管理】系统设置基本科目、控制科目、结算科目和坏账准备，在【应付款管理】系统设置基本科目和结算科目。

【知识链接】

【应收款管理】系统与【销售管理】系统集成使用时，销售发票自动传递到【应收款管理】系统，在该系统完成发票审核和制单；同理【应付款管理】系统与【采购管理】系统集成使用时，采购发票自动传递到【应付款管理】系统，在该系统完成审核制单。此外这两个系统还处理货款的收付、转账等业务，业务类型和凭证类型比较固定，为了简化制单工作，可预先做好常用科目设置，业务发生时，系统依据制单规则自动带入相关科目。

【工作指导】

一、设置【应收款管理】系统科目

第一类：设置基本科目

（1）执行【应收款管理】–【设置】–【初始设置】命令，打开【初始设置】窗口。

（2）单击左侧【基本科目设置】选项，再单击【增加】按钮，双击【基础科目种类】，第一行选择"应收科目"，【科目】录入或参照选择"112201"，按"Enter"键，【币种】显示为"人民币"。

设置应收
基本科目

（3）根据表 2.4.3 所示信息，逐行增加预收科目、商业承兑科目等基本科目，设置完成后如图 2.4.3 所示。

第二类：设置控制科目

单击左侧【控制科目设置】选项，信克宝德的【应收科目】录入"112202"，【预收科目】录入"220402"，如图 2.4.4 所示。

第三类：设置结算科目

（1）单击左侧【结算方式科目设置】选项，双击【结算方式】，第一行选择"现金"，【币种】选择"人民币"，【科目】录入"1001"。

设置应收
控制科目

（2）根据表 2.4.3 所示信息，双击选择其他结算方式、币种、账号、科目信息，支付宝结算的科目为"101201"，其他结算方式为"100201"，设置完成后如图 2.4.5 所示。

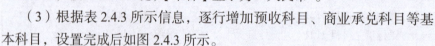

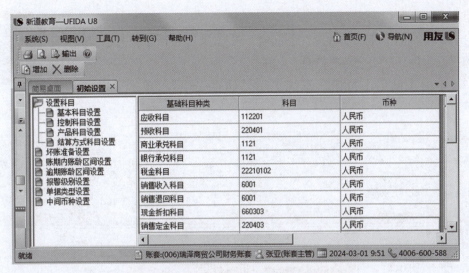

图 2.4.3 【应收款管理】系统基本科目设置

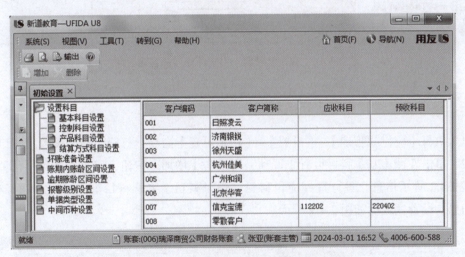

图 2.4.4 【应收款管理】系统控制科目设置

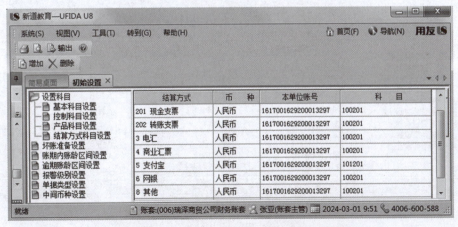

图 2.4.5 【应收款管理】系统结算科目设置

第四类：设置坏账准备

（1）单击左侧【坏账准备设置】选项，根据表2.4.4所示信息，录入坏账的提取比例、期初余额等信息，如图2.4.6所示。

（2）单击【确定】按钮，系统提示"储存完毕"，单击【确定】按钮。

设置坏账准备

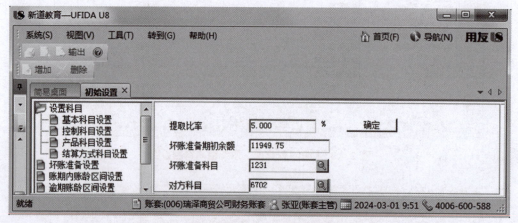

图2.4.6 【应收款管理】系统坏账准备初始设置

二、设置【应付款管理】系统科目

（1）执行【应付款管理】-【设置】-【初始设置】命令，打开【初始设置】窗口。

（2）单击左侧【基本科目设置】选项，再单击【增加】按钮，双击【基础科目种类】，根据表2.4.3所示信息，逐行选择应付科目、预付科目、采购科目等，录入或选择科目、币种信息，设置完成后如图2.4.7所示。

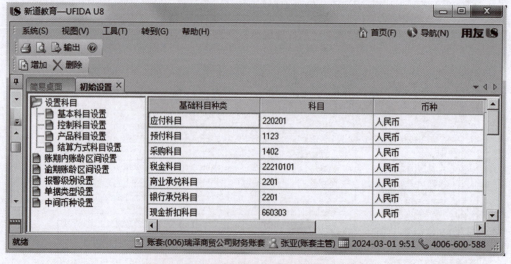

图2.4.7 【应付款管理】系统基本科目设置

（3）单击左侧【结算方式科目设置】选项，根据表 2.4.3 所示信息，双击选择结算方式、币种及对应的会计科目，方法与【应收款管理】系统结算方式科目设置相同。

【注意事项】

1. 应收科目"112201 应收账款 – 人民币"、预收科目"220401 合同负债 – 人民币"及商业承兑科目、银行承兑科目"1121 应收票据"，应受控于【应收款管理】系统，而"220403 合同负债 – 销售定金"不得受控于【应收款管理】系统。

2. 即使坏账准备期初余额为零，也要进行坏账准备初始设置，期初余额处录入"0"。

【自检自测】

1.【应付款管理】系统设置基本科目时，应付科目、预付科目、商业承兑科目、银行承兑科目所设置的会计科目必须受控于＿＿＿＿＿＿，且必须为末级科目。

2. 若【应收款管理】系统初始设置中未出现坏账准备设置，说明该系统选项中的坏账处理方式选择的是＿＿＿＿＿＿。

【拓展延伸】

【应收款管理】系统坏账准备的期初余额与【总账】系统中坏账准备期初余额相同，但是系统没有坏账准备的自动对账功能，所以只能通过人工核对。

子项目 2.5

录入期初余额

任务1：录入采购期初余额

【任务描述】

日照瑞泽商贸公司 2024 年 3 月初存在一笔上月尚未完成的采购业务：2024 年 2 月 15 日，采购部王强从青岛海大购入 572E1 冰箱 5 台，不含税价格 3 200.00 元/台，已验收入库，但尚未取得采购发票。

【任务解析】

上月商品虽然已经入库，但是企业未能取得采购发票，因此无法进行采购结算，采购尚未完成。本任务要求在【采购管理】系统录入采购期初数据。

【岗位说明】

账套主管在【采购管理】系统录入期初入库单，并进行期初记账。

【知识链接】

　　【采购管理】系统期初余额是指期初未完成采购结算的业务，即企业只取得入库单，未取得采购发票，或者只取得采购发票，而存货尚未入库。为了保证采购业务的连续性，需要在【采购管理】系统录入期初余额，并执行期初记账工作。

【工作指导】

一、录入期初采购入库单

　　（1）用户 zg01 登录【企业应用平台】，【操作日期】为"2024-03-01"。

　　（2）单击【业务工作】选项卡，执行【供应链】-【采购管理】-【采购入库】-【采购入库单】命令，打开【期初采购入库单】窗口。

　　（3）单击【增加】按钮，【入库日期】修改为"2024-02-15"，【仓库】选择"冰箱库"，【供货单位】选择"001 青岛海大集团有限公司"，【业务员】选择"王强"，【采购类型】选择"正常采购"。

采购期初余额

　　（4）双击表体第一行的【存货编码】，录入或者参照选择"1001"，【数量】录入"5"，【本币单价】录入"3 200.00"，单击【保存】按钮，如图 2.5.1 所示。

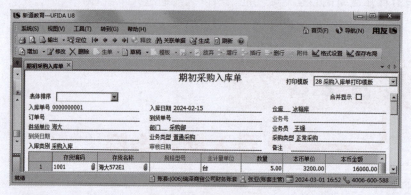

图 2.5.1　期初采购入库单

二、采购系统期初记账

　　执行【供应链】-【采购管理】-【设置】-【采购期初记账】命令，打开【期初记账】窗口，如图 2.5.2 所示，单击【记账】按钮，系统提示"期初记账完毕"。

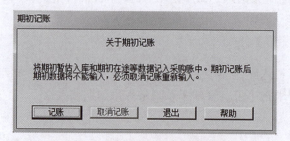

图 2.5.2　【采购管理】系统期初记账

【注意事项】

1.【采购管理】系统期初余额录入和期初记账有先后顺序，如果存在期初余额，必须先录入期初余额，而后才能记账。若该系统没有期初余额，直接执行采购期初记账。

2.如果【采购管理】系统记账后需要修改期初余额信息，必须先取消期初记账，方可修改或删除期初余额信息。

【自检自测】

1.【采购管理】系统期初余额包括_____和_____两种。

2.【采购管理】系统执行_____后，该系统的期初余额不能再修改。

【拓展延伸】

1.【采购管理】系统的期初余额有两种形式，期初货到单未到和期初单到货未到，第一种情况录入期初入库单，第二种情况录入期初采购发票。在执行期初记账前，该系统所显示的发票是期初状态，当执行采购期初记账后，发票才转变为正常状态。

2.期初入库单在【采购管理】系统录入，采购期初记账完成后，采购入库单应该在【库存管理】系统中录入或参照生成。

任务 2：录入库存期初余额

【任务描述】

日照瑞泽商贸公司 2024 年 3 月初的存货如表 2.5.1 所示，请根据表中信息录入【库存管理】系统期初余额。

表 2.5.1　存货期初数据

仓库	编码	存货名称	单位组	单位	数量	单价 / 元	金额 / 元
冰箱库	1001	海大 572E1	01	台	50	3 200.00	160 000.00
	1002	海大 642V2	01	台	45	6 700.00	301 500.00
	1003	海大 758P4	01	台	36	9 800.00	352 800.00
彩电库	2001	MCL655A	01	台	52	3 750.00	195 000.00
	2002	MCL732F	01	台	36	5 700.00	205 200.00
	2003	MCL646B	01	台	20	8 250.00	165 000.00
空调库	3001	美家 35GW1.5P	01	台	25	2 600.00	65 000.00
	3002	美家 26GW2P	01	台	36	4 300.00	154 800.00
	3003	美家 72LW3P	01	台	65	7 700.00	500 500.00
小电器库	4001	暖阳豆浆机 D08	01	件	20	500.00	10 000.00
	4002	暖阳电磁炉 C22	01	件	84	380.00	31 920.00
	4003	柏冠电饭煲 B40	01	台	60	2 200.00	132 000.00
合计					529		2 273 720.00

【任务解析】

该任务要求完成【库存管理】系统期初余额的录入。

【岗位说明】

账套主管在【库存管理】系统分仓库录入存货期初余额，并进行批审。

【知识链接】

【库存管理】系统启用的第一年或者重新初始化的年度才需要录入期初余额。不进行批次、保质期管理的存货，只需录入各存货期初结存的数量；而进行批次管理、保质期管理、出库跟踪入库管理的存货，需录入批号、生产日期、失效日期、入库单号等详细信息。

【工作指导】

（1）执行【供应链】–【库存管理】–【初始设置】–【期初结存】命令，打开【库存期初数据录入】窗口。

（2）【仓库】选择"（01）冰箱库"，单击【修改】按钮，双击表体第一行的【存货编码】，通过右侧参照按钮或按 F2 键，打开【库存存货参照】窗口，勾选前三项存货的复选框，单击【确定】按钮，再根据表

库存期初余额

2.5.1 所示信息录入存货的数量和单价，完成后依次单击【保存】【批审】按钮，如图 2.5.3 所示。

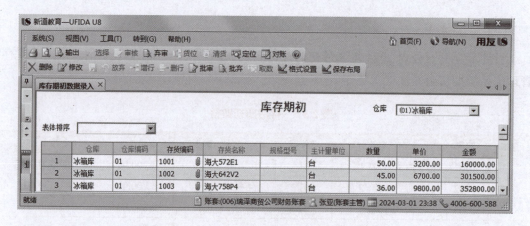

图 2.5.3 【库存管理】– 冰箱库期初余额

（3）同理将【仓库】依次更换为"（02）彩电库""（03）空调库""（04）家用小电器库"，根据表 2.5.1 所示信息分别录入不同仓库的存货信息，每次录入完毕后，依次单击【保存】【批审】按钮，逐一完成后如图 2.5.4~ 图 2.5.6 所示。

【注意事项】

【库存管理】系统的期初数据需要分仓库录入，该系统期初余额录入完毕后，必须分仓库进行审核。注意【审核】只能对选中条目执行审核命令，而【批审】可以对当前仓库的所有存货执行审核命令。

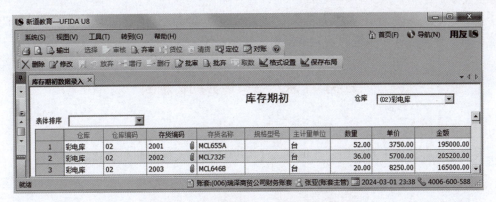

图 2.5.4 【库存管理】– 彩电库期初余额

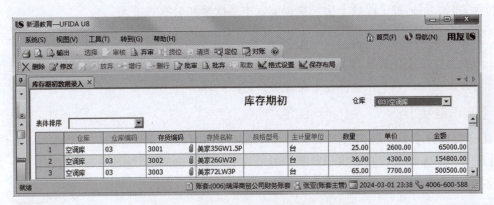

图 2.5.5 【库存管理】– 空调库期初余额

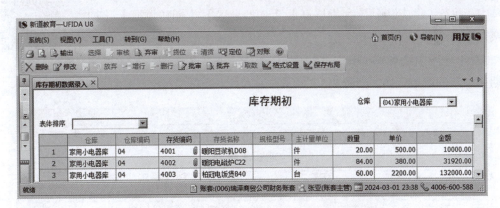

图 2.5.6 【库存管理】– 家用小电器库期初余额

【自检自测】

1.【库存管理】系统期初余额必须分_____录入或引入。

2.完成【库存管理】系统期初余额录入后，单击_____按钮，是对当前行数据的审核，只有单击_____按钮，才是对本仓库全部数据的审核。

【拓展延伸】

【库存管理】系统和【存货核算】系统可以相互取数。如果先在【存货核算】系统录入了期初数据，则【库存管理】系统的期初余额可通过选择仓库、执行【修改】【取数】功能，将【存货核算】系统的期初数据引入到本系统。

任务3：录入存货核算期初余额

【任务描述】

根据【库存管理】系统期初数据录入【存货核算】系统的期初余额。

【任务解析】

本任务要求录入【存货核算】系统期初余额，因【库存管理】与【存货核算】系统数据相互关联，可通过【取数】功能快速实现本系统期初余额的录入。

【岗位说明】

账套主管在【存货核算】系统分仓库从【库存管理】系统取数，并对两个系统进行对账，对账无误后，对【存货核算】系统进行记账处理。

【知识链接】

【存货核算】系统期初余额用于录入本系统启用前各存货的期初结存数据。该系统可与【库存管理】系统相互取数和对账，通过其中一个系统期初数据的录入，实现另一个系统期初数据的引入。

【工作指导】

（1）执行【供应链】-【存货核算】-【初始设置】-【期初数据】-【期初余额】命令，打开【期初余额】窗口。

（2）【仓库】选择"（01）冰箱库"，单击【取数】按钮，完成冰箱库期初余额的取数工作，如图2.5.7所示。

存货核算
期初余额

期初余额

年度 2024 仓库 01 冰箱库 计价方式：先进先出法 排列方式

存货编码	存货名称	规格型号	计量单位	数量	单价	金额	售价	售价金额	存货科目编码	存货科目
1001	海大572E1		台	50.00	3,200.00	160,000.00			1405	库存商品
1002	海大642V2		台	45.00	6,700.00	301,500.00			1405	库存商品
1003	海大758P4		台	36.00	9,800.00	352,800.00			1405	库存商品
合计：				131.00		814,300.00				

图2.5.7 【存货核算】-冰箱库期初余额

（3）将【仓库】更换为"（02）彩电库"，单击【取数】按钮，对彩电库进行期初取数，继续更换仓库，分仓库完成其他仓库期初余额的取数工作。

（4）单击工具栏【对账】按钮，打开【库存与存货期初对账查询条件】窗口，如图2.5.8

所示，单击【确定】按钮，系统提示"对账成功"，如图 2.5.9 所示，单击【确定】按钮。

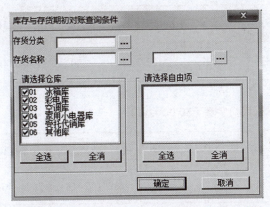

图 2.5.8　【存货核算】与【库存管理】期初对账

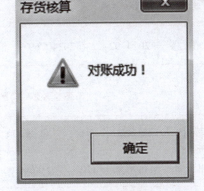

图 2.5.9　对账成功

（5）单击【记账】按钮，系统提示"期初记账成功"，单击【确定】按钮，原【记账】按钮显示为【恢复】功能。

【注意事项】

1. 供应链各系统的期初记账有先后顺序，只有【采购管理】系统期初记账完成后，才能执行【存货核算】系统的记账命令。

2.【存货核算】系统期初尚未记账时，该系统的计价及核算方式可修改，期初记账完成后则无法修改，若需要修改期初数据，通过【恢复】功能来取消该系统的期初记账。

【自检自测】

1. 只有先将_____系统记账，才能对【存货核算】系统记账。

2. 若【库存管理】系统已经录入完成期初余额，则【存货核算】系统利用_____功能，可以直接将【库存管理】系统期初数据引入，否则需要分仓库手工录入期初余额。

【拓展延伸】

若不存在期初差异，完成【存货核算】系统期初余额录入工作后，可立即执行期初记账；若存在期初差异，录入完毕期初余额后先保存退出，再进入差异录入界面，录入完毕差异后，再对【存货核算】期初数据进行记账处理。

任务 4：录入应收系统期初余额

【任务描述】

2024 年 3 月初，日照瑞泽商贸有限责任公司【应收款管理】系统受控科目的期初余额如表 2.5.2~ 表 2.5.4 所示，请在【应收款管理】系统录入相关科目的期初余额。

表 2.5.2　应收账款期初余额（238 995.00）

票据类型	开票日期	发票号	客户	税率	存货名称	数量	无税单价
专用发票	2024-02-22	20240269	杭州佳美	13%	MCL732F	30	7 050.00 元

表 2.5.3　应收票据期初余额（50 000.00）

开票单位	票据类型	科目	票据面值	票据编号	承兑银行	签发（收到）日	到期日
广州和润	银行承兑	1121	50 000.00	14567890	工商银行	2023-12-18	2024-06-17

表 2.5.4　合同负债期初余额（20 000.00）

日期	客户	结算方式	金额	票据号	业务员	科目
2024-02-27	北京华客	网银	20 000.00	36925800	李超	220401

【任务解析】

本任务要求录入应收账款、应收票据、合同负债的期初余额。

【岗位说明】

账套主管在【应收款管理】系统分别录入该系统受控科目的期初余额。

【知识链接】

为了保证数据的连续性，企业首次启用【应收款管理】系统时，对于系统启用前已经存在的应收账款、应收票据、合同负债，应作为期初数据录入系统。而当企业启用了该系统后次年进入时，系统会自动将上年度未完成的单据转为本年度的期初数据，在该年度的第一个会计期间，可对期初余额进行调整。

【工作指导】

一、应收账款期初余额

（1）用户 zg01 登录【企业应用平台】，【操作日期】为"2024-03-01"。

（2）执行【财务会计】-【应收款管理】-【设置】-【期初余额】命令，打开【期初余额-查询】窗口，单击【确定】按钮，显示【期初余额明细表】界面。

应收期初余额

（3）单击【增加】按钮，打开【单据类别】窗口，【单据名称】选择"销售发票"，【单据类型】选择"销售专用发票"，【方向】选择"正向"，单击【确定】按钮。

（4）打开【期初销售发票】窗口，单击【增加】按钮，根据表 2.5.2 所示信息修改开票日期，录入销售专用发票信息，单击【保存】按钮，如图2.5.10所示。

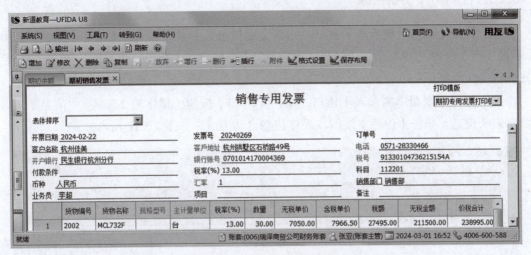

图 2.5.10　应收账款期初余额

二、应收票据期初余额

（1）关闭【期初销售发票】窗口，回到【期初余额】窗口，单击【增加】按钮，打开【单据类别】窗口，【单据名称】选择"应收票据"，【单据类型】选择"银行承兑汇票"，单击【确定】按钮，打开【期初单据录入】窗口。

（2）单击【增加】按钮，根据表2.5.3所示信息录入应收票据期初余额，表头【科目】选择"1121"，单击【保存】按钮，如图2.5.11所示。

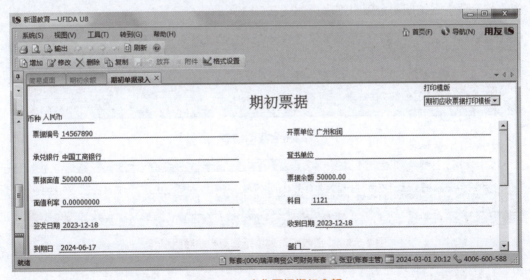

图 2.5.11　应收票据期初余额

三、合同负债期初余额

（1）关闭【期初单据录入】窗口，回到【期初余额】窗口，单击【增加】按钮，打开【单据类别】窗口，【单据名称】选择"预收款"，【单据类型】选择"收款单"，单击【确定】按钮。

（2）打开【期初单据录入】窗口，单击【增加】按钮，根据表 2.5.4 所示信息录入收款单表头信息，单击【保存】按钮，表体信息自动生成，如图 2.5.12 所示。

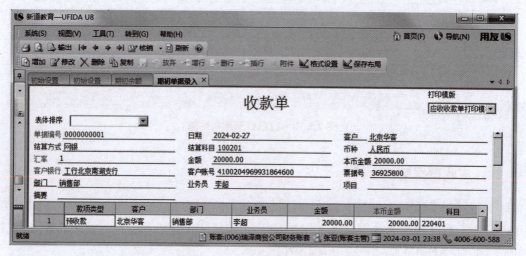

图 2.5.12　合同负债期初余额

（3）关闭【期初单据录入】窗口，显示【期初余额】窗口，单击【刷新】按钮，显示【应收款管理】系统期初余额明细表，如图 2.5.13 所示。

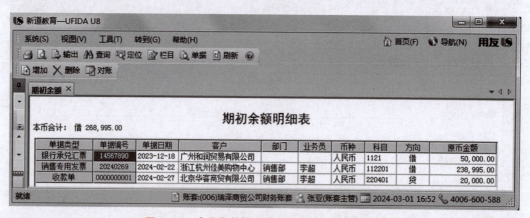

图 2.5.13　【应收款管理】系统期初余额明细表

【注意事项】

1. 单据中的科目信息应正确录入，否则无法实现【总账】系统期初数据的引入。
2. 【应收款管理】系统和【总账】系统启用时间应一致，否则无法取数和对账。

【自检自测】

1.录入商业票据期初余额时,科目应选择＿＿＿＿＿＿,否则将与【总账】系统对账不平衡。

2需要在【应收款管理】系统录入期初余额的科目应为应收系统受控科目,如合同负债、＿＿＿＿＿、＿＿＿＿＿。

【拓展延伸】

在【应收款管理】系统中录入应收账款、合同负债和应收票据的期初余额后,【总账】系统利用【引入】功能可从【应收款管理】系统中取数,提高了数据录入的效率。

任务5：录入应付系统期初余额

【任务描述】

2024年3月初,日照瑞泽商贸有限责任公司应付账款的期初余额如表2.5.5所示,请在【应付款管理】系统录入相关科目的期初余额。

表2.5.5　应付账款期初余额（58 760.00）

票据类型	开票日期	发票号	供应商	业务员	存货名称	数量	原币单价
专用发票	2024-02-26	04501231	美家	王强	35GW1.5P 空调	20	2 600.00

【任务解析】

本任务要求录入应付账款的期初余额。

【岗位说明】

账套主管在【应付款管理】系统录入该系统受控科目的期初余额。

【知识链接】

企业首次启用【应付款管理】系统时,对于系统启用前已经存在的应付账款、预付账款及应付票据,应作为期初数据录入到该系统中。【应付款管理】系统与【应收款管理】系统受控科目期初余额的录入方法相同。

【工作指导】

（1）执行【应付款管理】–【设置】–【期初余额】命令,打开【期初余额 – 查询】窗口,单击【确定】按钮,打开【期初余额明细表】界面。

（2）单击【增加】按钮,打开【单据类别】窗口,单据名称、单据类型、方向均默认,单击【确定】按钮。

（3）打开【采购发票】窗口,单击【增加】按钮,根据表2.5.5所示信息更改开票日期,录入应付账款期初余额,完成后保存单据,如图2.5.14所示。

应付期初余额

（4）关闭【采购发票】窗口，显示【期初余额明细表】界面，单击【刷新】按钮，显示【应付款管理】系统期初余额明细列表，如图 2.5.15 所示。

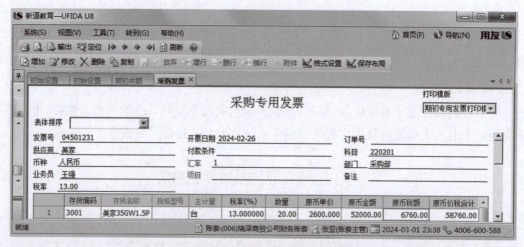

图 2.5.14　应付账款期初余额

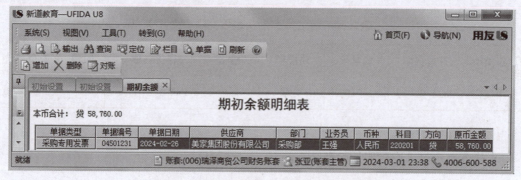

图 2.5.15　【应付款管理】系统期初余额明细表

【注意事项】

采购专用发票的表头会计科目要正确录入，否则在【总账】系统期初余额录入时将无法实现数据的引入。

【自检自测】

1. 可以在【应付款管理】系统录入期初余额的科目包括、_____、_____、_____，均为应付系统受控科目。

2.【应付款管理】系统期初余额录入完毕后，通过_____功能按钮，可以实现本系统与【总账】系统的对账。

【拓展延伸】

若【应付款管理】系统中采购发票无法进行人工编号或者格式不满足管理需要，可以通过【基础设置】-【单据设置】完成单据格式及编号的设置。

任务6：录入总账系统期初余额

【任务描述】

2024年3月初，日照瑞泽商贸有限责任公司【总账】系统期初余额如表2.5.6所示，暂估应付账款的详细信息如表2.5.7所示，请录入该系统期初余额。

表2.5.6　总账期初余额

科目编码	科目名称	币别	方向	年初余额	累计借方	累计贷方	期初余额
1001	库存现金		借	4 427.70	26 077.95	22 505.65	8 000.00
1002	银行存款		借	940 145.60	124 650.00	83 220.00	981 575.60
100201	工行存款		借	726 395.60	124 650.00	83 220.00	767 825.60
100202	中行存款		借	213 750.00			213 750.00
		美元	借	30 000.00			30 000.00
1121	应收票据		借	280 000.00		230 000.00	50 000.00
1122	应收账款		借	48 955.00	363 860.00	173 820.00	238 995.00
112201	人民币		借	48 955.00	363 860.00	173 820.00	238 995.00
1231	坏账准备		贷	2 447.75		9 502.00	11 949.75
1405	库存商品		借	1 866 020.00	856 000.00	448 300.00	2 273 720.00
1601	固定资产		借	983 000.00			983 000.00
1602	累计折旧		贷	162 350.00		13 250.00	175 600.00
2202	应付账款		贷	29 276.00	401 036.00	446 520.00	74 760.00
220201	一般应付账款		贷	29 276.00	401 036.00	430 520.00	58 760.00
220202	暂估应付账款		贷			16 000.00	16 000.00
2204	合同负债		贷		30 000.00	50 000.00	20 000.00
220401	人民币		贷		30 000.00	50 000.00	20 000.00
4001	实收资本		贷	2 400 000.00			2 400 000.00
4104	利润分配		贷	1 528 474.55		324 506.30	1 852 980.85
410401	未分配利润		贷	1 528 474.55		324 506.30	1 852 980.85

表 2.5.7　应付账款 – 暂估应付款期初余额

日期	供应商简称	业务信息	方向	金额
2024–02–15	海大	摘要：购入海大冰箱	贷	16 000.00

【任务解析】

本任务要求录入【总账】系统期初余额，并进行试算平衡。

【岗位说明】

账套主管在【总账】系统录入或者引入明细科目的期初余额，录入累计借方发生额和累计贷方发生额，由系统自动生成总账科目余额及年初余额，并试算平衡。

【知识链接】

【总账】系统期初余额录入界面有三种颜色显示的会计科目，白色、浅灰色和浅黄色，分别代表着三种不同的录入方式：白色科目金额可直接录入；浅灰色科目金额由所属的下级科目汇总计算，或者根据数据勾稽关系自动计算；浅黄色的会计科目具有辅助核算属性，需要进入辅助核算录入界面来录入金额。

【工作指导】

（1）执行【财务会计】–【总账】–【设置】–【期初余额】命令，打开【期初余额】窗口，根据表 2.5.6 所示信息，直接录入"库存现金"等白色区域会计科目金额。

（2）往来系统受控科目采用引入的方式，以"1121 应收票据"为例：双击该科目的黄色区域，打开【辅助期初余额】窗口，再单击【往来明细】按钮，打开【期初往来明细】窗口，单击【引入】按钮，系统提示"确定要引入期初吗？"，单击【是】按钮，将往来核算系统受控科目的期初余额引入到【总账】系统，如图 2.5.16 所示。

总账期初余额

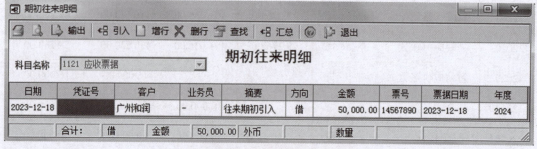

图 2.5.16　应收票据期初往来明细

（3）单击【退出】按钮，回到【辅助期初余额】窗口，根据表 2.5.6 所示信息录入【累计借方金额】和【累计贷方金额】，如图 2.5.17 所示。

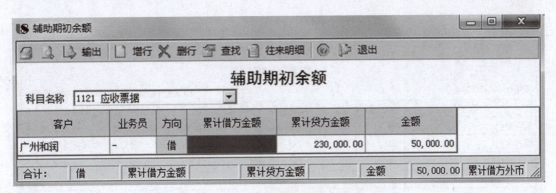

图 2.5.17　应收票据辅助期初余额

（4）单击【退出】按钮，回到【期初余额】界面，应收票据的【贷方累计】和【期初余额】录入完成，【年初余额】自动计算显示"280 000.00"。

（5）112201、220201、220401均属于往来系统受控科目，期初余额录入方法同上。

（6）"220202 应付账款 - 暂估应付账款"不属于往来系统受控科目，期初余额录入方法如下：双击该科目的黄色区域，打开【辅助期初余额】窗口，再单击【往来明细】按钮，打开【期初往来明细】窗口，单击【增行】按钮，根据表 2.5.7 所示信息录入暂估应付账款期初余额，如图 2.5.18 所示。

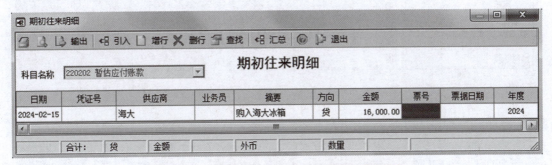

图 2.5.18　应付账款 - 暂估应付账款期初往来明细

（7）单击【汇总】按钮，系统提示"完成了往来明细到辅助期初表的汇总"，单击【确定】按钮，再单击【退出】按钮。

（8）回到【辅助期初余额】窗口，在【累计贷方金额】栏录入"16 000.00"，单击【退出】按钮，回到【期初余额】界面，完成"暂估应付账款"科目期初余额的录入。

（9）期初余额全部录入完毕后，部分科目余额如图 2.5.19 所示。

（10）单击【试算】按钮，打开【期初试算平衡表】窗口，如图 2.5.20 所示。

【注意事项】

"应收账款""应付账款"等往来受控科目，已经在往来系统录入期初余额，因此可以进入【期初往来明细】窗口，通过数据的【引入】功能，将期初余额引入到【总账】系统，然后再手工录入【累计借方金额】和【累计贷方金额】，由系统自动计算生成【年初余额】。

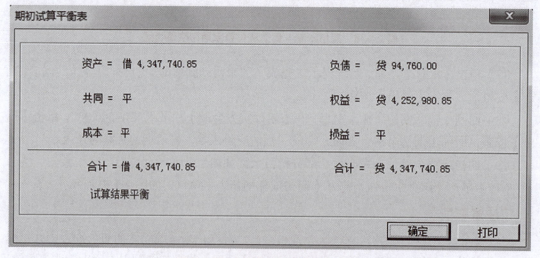

图 2.5.19　期初余额

科目名称	方向	币别/计量	年初余额	累计借方	累计贷方	期初余额
库存现金	借		4,427.70	26,077.95	22,505.65	8,000.00
银行存款	借		940,145.60	124,650.00	83,220.00	981,575.60
工行存款	借		726,395.60	124,650.00	83,220.00	767,825.60
中行存款	借		213,750.00			213,750.00
	借	美元	30,000.00			30,000.00
存放中央银行款项	借					
存放同业	借					
其他货币资金	借					
支付宝	借					
结算备付金	借					
存出保证金	借					
交易性金融资产	借					
买入返售金融资产	借					
应收票据	借		280,000.00		230,000.00	50,000.00
应收账款	借		48,955.00	363,860.00	173,820.00	238,995.00
人民币	借		48,955.00	363,860.00	173,820.00	238,995.00
美元	借					
	借	美元				
预付账款	借					

图 2.5.20　【期初试算平衡表】窗口

【自检自测】

1.【总账】系统期初余额录入界面中_____色会计科目的余额由所属下级科目汇总自动计算，无需录入。

2.【总账】系统中往来系统受控科目通过_____功能，将【应付款管理】系统、【应收款管理】系统的期初余额引入到【总账】系统中。

【拓展延伸】

【总账】系统若于年初建账，只有【期初余额】一个栏目，若于年中建账，则包括【年初余额】【累计借方】【累计贷方】【期初余额】四个栏目，其中【累计借方】是指从年初到本月月初该科目的累计借方发生额，【累计贷方】是指从年初到本月月初该科目的累计贷方发生额。【期初余额】是指建账当月的月初余额，【年初余额】无需录入，其他项目录入完成后，该栏目金额由系统自动计算得出。

★★★自立自信★★★

中华民族具有五千多年连续不断的文明历史，创造了博大精深的中华文化，其中蕴含着丰富的哲学思想、价值理念、道德规范及政治智慧等文化精髓。在全面建设社会主义现代化国家的新征程中，中华优秀传统文化和文明需要代代相传与守护，守住中华民族的"根"和"魂"，增强实现中华民族伟大复兴的精神力量。企业以财务软件处理经济业务，通过在系统中录入期初余额，可以确保经济业务的连续性和完整性。

常见故障

序号	问题描述	原因分析	解决方案
1	【基础档案】项目不全	未启用【总账】系统	执行【基本信息】-【系统启用】命令，启用【总账】系统
2	无法增加人员类别	在【人员类别】下直接增加类别	选中【人员类别】下的【正式工】，再单击【增加】按钮
3	建立档案时，系统提示"编码长度与分配原则不符"	编码规则有误	在【基础设置】选项卡，执行【基本信息】-【编码方案】命令，修改编码规则
4	无法进行外币设置	建账时，没有选择"有外币核算"	以账套主管身份修改账套信息，选择"有外币核算"

序号	问题描述	原因分析	解决方案
5	修改或增加会计科目时，系统提示"科目编码不唯一"	科目编码已经存在	不能重复增加会计科目
6	建立销售类型时，没有参照选择的出库类型	出库类型的"收发标志"错误	正确选择出库类型为"发"
7	无法进行单据编号类型的勾选	未单击修改图标	先单击修改图标，再选择单据编号类型
8	参数设置时，无法选择相应的复选框	没有点击【编辑】按钮	单击【编辑】按钮，再进行参数的勾选或者取消
9	【应收款管理】系统初始设置时，增加会计科目，系统提示："本科目应为应收受控科目"。	应收账款、合同负债、应收票据的会计科目应受控于应收系统	执行【基础设置】-【基础档案】-【财务】-【会计科目】，修改应收账款、合同负债、应收票据的会计科目属性为【客户往来】辅助核算，并受控于应收系统
10	应收账款初始设置时，没有出现【坏账准备设置】	没有更改【选项】中坏账准备的处理方式	在【选项】中将坏账的处理方式从"直接转销法"改为"应收款余额百分比法"等备抵法
11	在以发票形式录入应付账款期初余额时，系统提示"存货录入不正确或已停用，请检查！"	存货属性错误，如用于外购的存货属性没有选择【外购】属性	执行【基础设置】-【基础档案】-【存货】-【存货档案】，检查存货属性，选择存货的【外购】属性
12	采购系统期初余额录入完成后发现错误，无法修改	采购系统已经期初记账	取消采购系统期初记账，再修改期初单据
13	录入【库存管理】系统期初余额，表体无法录入或修改	未单击【修改】按钮	选择仓库后，先单击【修改】按钮，才能录入或引入表体数据
14	【存货核算】系统无法期初记账	【采购管理】系统未期初记账	先执行【采购管理】系统期初记账，再对【存货核算】系统记账

总结提升

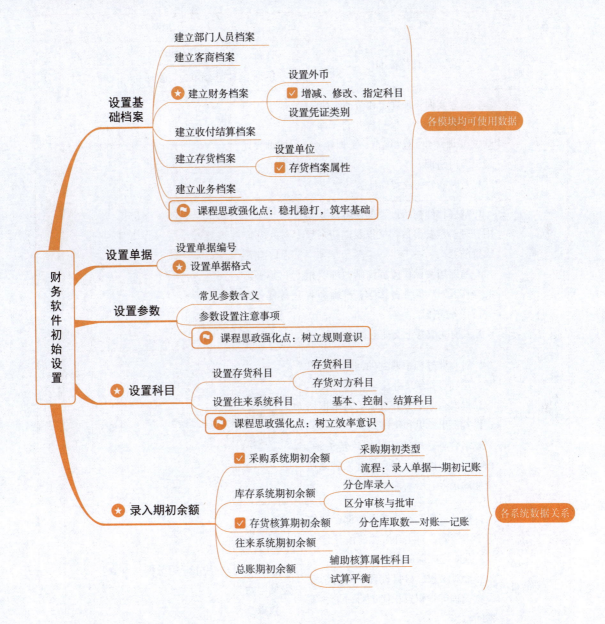

 考核评价

姓名：		学号：		班级：		组别：			
	评价项目	评价标准	评价依据	评价方式		权重	得分	总分
				小组 0.2	教师 0.8			
财务软件初始设置	职业素质	1. 遵守实训管理规定和劳动纪律 2. 实训过程中，保持操作台干净整洁，实训耗材摆放规范；实训结束，垃圾及时清理 3. 及时高效完成实训任务	实训表现			0.1		
	专业能力	1. 掌握软件初始设置的内容及其作用，理解重要参数含义以及期初余额设置的意义 2. 基础档案操作流程清晰，理解相关操作及对后续业务影响，准确高效进行任务操作 3. 及时完成并上交任务截图	财务档案、存货档案、试算平衡等任务操作截图			0.6		
	创新能力	1. 对实训过程中遇到的问题积极思考，主动寻找解决办法 2. 根据企业业务处理需要对单据格式设置提出意见和建议 3. 结合各系统之间数据流转关系，积极思考，能多途径完成各系统期初余额的录入、引入工作	课堂表现参与贡献			0.1		
	学习态度质量	1. 登录智慧职教，观看微课、课件等学习资源，自主开展课前预习 2. 及时完成课前在线测试 3. 针对参数、科目设置、期初余额设置流程等知识点积极进行讨论、发帖回帖	在线测试成绩／视频浏览时长／发帖回帖数量	线上学习数据		0.2		
	教师评语	指导教师签名：　　　　　　　　　　　日期：						

项目三

采购业务

"千淘万漉虽辛苦，吹尽狂沙始到金。"只有经过千辛万苦、反复筛选，方可获取有价值之物。采购不仅是企业运营的基础保障，也是企业降低成本、提高竞争力和应对市场变化的重要手段。细心、精心、用心地做好采购管理，将为企业创造更多价值。党的二十大报告中提出加强预算管理、扶持中小企业、推动绿色发展以及服务重大项目等，这些要求将有助于企业提升采购工作的质量和效率，推动经济社会的持续健康发展。

走进项目

采购作为供应链的端口和起点，是供应链管理中非常重要的一个环节。采购的速度、效率、订单执行情况会直接影响客户的服务水平。该系统针对采购成本、供应商等进行管理。开展有效的采购管理，有利于降低采购成本、发挥采购效能。采购成本的降低不仅意味着企业利润的提高，还利于企业增强市场竞争力，提高整个供应链的最终获利水平。

该项目包括普通采购业务和特殊采购业务2个子项目，共计13个任务，涵盖了赊购、现付采购、运费采购等常规采购业务，以及采购损耗、暂估采购、采购退货等特殊采购业务，包括采购流程、采购成本、采购结算、运费分摊等相关知识点。该项目为企业管理运营、组织生产销售提供基础和保障。

职业目标

目标类型	目标要求	对应子项目
能力目标	能解读采购业务的原始凭证、绘制业务流程图	子项目3.1
	能处理赊购、现付采购等常规采购业务	子项目3.1
	能处理运费分摊采购业务	子项目3.1
	能处理附带付款条件的付款核销业务	子项目3.1
	能处理预付款业务并完成预付冲应付	子项目3.1
	能处理本月货单未同时到达的采购业务	子项目3.1、3.2
	能处理采购过程中出现的合理、非合理损耗业务	子项目3.2
	能处理采购退货业务	子项目3.2
知识目标	理解采购业务涉及原始凭证的含义、熟悉业务流程	子项目3.1
	理解采购结算的含义及作用	子项目3.1
	掌握采购、库存管理、存货核算及应付款管理系统关系	子项目3.1
	掌握合理损耗与非合理损耗对采购成本的影响	子项目3.2
	理解采购退货的类型及红票对冲的作用	子项目3.2
素质目标	培养学生及时处理业务、高效的工作作风	子项目3.1-3.2
	培养学生团队合作、服务大局的意识	
	培养学生控制采购成本、降低采购风险的工作态度	
	培养学生严格遵守内控流程、提高采购效率的工作态度	

 学习导航

项目	子项目	典型工作任务	学习资源
采购业务	普通采购业务	赊购	
		现付采购	
		付款核销	
		运费分摊	
		预付款采购	
		货到单未到	
		单到货未到	
	特殊采购业务	暂估采购	智慧职教平台 微课 301-313
		合理损耗	
		非合理损耗	
		现金折扣采购	
		商业汇票背书	
		采购退货	

 项目背景

　　企业启用财务软件后，采购部相继与海大、美家等供应商签订系列采购合同，开展商品采购活动，本月的采购业务包括赊购、现付、负担运费采购等常规采购业务，也包括合理损耗、非合理损耗、因商品质量问题发生的采购退货等非常规采购业务。业务部门及财务部门的相关人员根据业务职责，完成单据的录入审核及会计凭证的生成处理。

子项目3.1

普通采购业务

任务1：赊购

【任务描述】

2024年3月1日，采购部王强与青岛海大签订采购合同，购入海大642V2冰箱50台，海大931W6冰箱60台，货物当天到达，取得海大公司开具的增值税专用发票，货款未付。

【原始凭证】

购销合同[①]、入库单、采购发票，如图3.1.1~图3.1.3所示。

购销合同

合同编号：CG001

甲方（卖方）：青岛海大集团有限公司

乙方（买方）：日照瑞泽商贸有限责任公司

甲乙双方在平等自愿的基础上就商品购销事宜达成一致，现根据《中华人民共和国民法典》中合同的有关规定，签订如下条款，共同遵守。

一、货物的名称、数量及金额

货物名称	单位	数量	单价(不含税)	金额(不含税)	税率	税额
海大642V2	台	50	6,700.00	335,000.00	13%	43,550.00
海大931W6	台	60	12,000.00	720,000.00	13%	93,600.00
合　计				￥1,055,000.00		￥137,150.00

二、合同总金额：人民币壹佰壹拾玖万贰仟壹佰伍拾元整（￥1,192,150.00）。

三、结算方式：电汇；付款时间：2024年4月30日。

四、交货地点：日照瑞泽商贸有限责任公司。

五、发运方式及运费负担：甲方于合同签订日发出全部商品并负担运费。

甲方(签章)：青岛海大集团有限公司　　乙方(签章)：日照瑞泽商贸有限责任公司

授权代表：陈华杰　　　　　　　　　　授权代表：王强

日　　期：2024年03月01日　　　　　日　　期：2024年03月01日

图3.1.1　购销合同

---

① 购销合同不属于原始凭证，但可帮助理解业务内涵，后面同类问题不再单独说明。

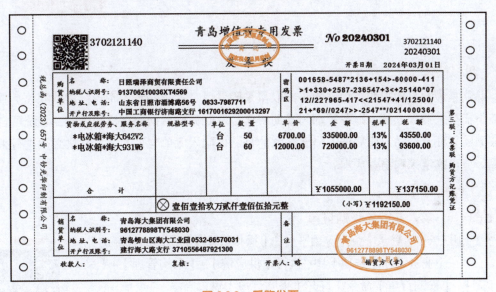

入 库 单

2024 年 03 月 01 日

交货单位	青岛海大集团有限公司				验收仓库	冰箱库	
商品编号	商品名称及规格	单位	数量			价格	
			交库	实收		单价	金额
1002	海大冰箱642V2	台	50	50			
1004	海大冰箱931W6	台	60	60			
	合　　计		110	110			

经理部门：略　　　　　会计：略　　　　　仓库：略　　　　　经办人：略

图 3.1.2　入库单

图 3.1.3　采购发票

【任务解析】

本业务中购买方取得采购发票，货物验收入库，货款暂未支付，属于赊购业务。

【岗位说明】

1. 采购员 cg01 在【采购管理】系统录入并审核采购订单、到货单。

2. 库管员 ck01 在【库存管理】系统参照生成并审核入库单。

3. 采购员 cg01 在【采购管理】系统参照生成采购发票，进行采购结算。

4. 会计 kj02 在【应付款管理】系统对采购发票进行审核，生成采购凭证；在【存货核算】系统对入库单进行记账，生成存货入库凭证。

【业务流程】

该业务的流程如图 3.1.4 所示。

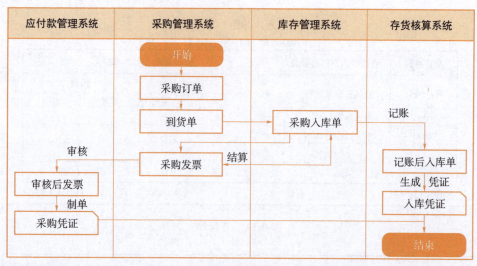

图 3.1.4　赊购流程

【知识链接】

赊购是最常见的采购类型，购买方取得采购发票、货物验收入库，但货款赊欠。软件环境下需要采购、仓储、财务等部门互助协作，及时完成单据的审核和传递，系统可自动生成采购凭证及产品入库凭证。需要注意的是，采购入库单与采购相关发票必须进行采购结算，方可确定采购物资成本。

【工作指导】

第一步：录入并审核采购订单

（1）用户 cg01 登录【企业应用平台】，【操作日期】为"2024-03-01"。

（2）在【业务工作】选项卡中，执行【供应链】-【采购管理】-【采购订货】-【采购订单】命令，打开【采购订单】窗口。

（3）单击【增加】按钮，根据合同录入或选择订单编号、供货商等表头项目，以及存货编码、数量、原币单价等表体项目，依次单击【保存】【审核】按钮，如图 3.1.5 所示。

赊购

图 3.1.5　采购订单

第二步：参照生成并审核到货单

（1）单击右侧【快捷命令】下的"到货单"，或者执行【采购管理】–【采购到货】–【到货单】命令，打开【到货单】窗口。

（2）单击【增加】按钮，再单击【生单】右侧倒三角下拉菜单中的"采购订单"按钮，打开【查询条件选择 – 采购订单列表过滤】窗口，默认过滤设置，单击【确定】按钮，打开【拷贝并执行】窗口，单击【全选】按钮，如图 3.1.6 所示，再单击【确定】按钮。

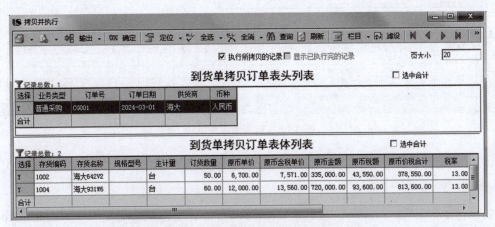

图 3.1.6　参照采购订单生成到货单

（3）参照采购订单生成到货单，依次单击【保存】【审核】按钮，如图 3.1.7 所示。

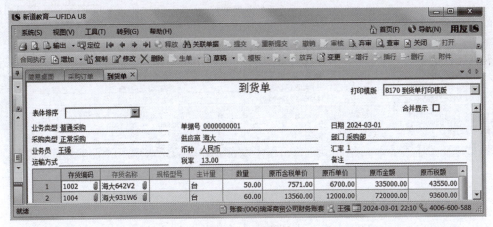

图 3.1.7　到货单

第三步：参照生成并审核采购入库单

（1）更换用户 ck01 登录【企业应用平台】，【操作日期】为"2024–03–01"。

（2）执行【供应链】–【库存管理】–【入库业务】–【采购入库单】命令，打开【采购入库单】窗口。

（3）单击【生单】右侧倒三角下拉菜单中的"采购到货单（蓝字）"按钮，打开【查询条件选择 – 采购到货单列表】窗口，单击【确定】按钮，打开【到货单生单列表】窗口。

（4）单击【全选】按钮，如图3.1.8所示，再单击【确定】按钮。

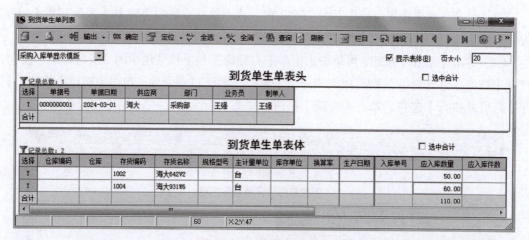

图 3.1.8　到货单生单列表

（5）系统参照到货单生成采购入库单，【仓库】选择"冰箱库"，依次单击【保存】【审核】按钮，如图3.1.9所示。

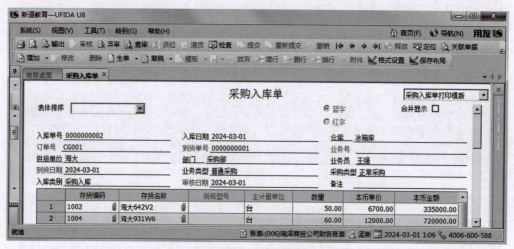

图 3.1.9　采购入库单

第四步：参照生成采购发票并进行结算

（1）更换用户cg01登录【企业应用平台】，【操作日期】为"2024-03-01"。

（2）执行【供应链】-【采购管理】-【采购发票】-【专用采购发票】命令，打开【专用发票】窗口。

（3）单击【增加】按钮，再单击【生单】右侧倒三角下拉菜单中的"入库单"按钮，打开【查询条件选择-采购入库单列表过滤】窗口，单击【确定】按钮，打开【拷贝并执行】窗口，双击选中"2024-03-01"的入库单，如图3.1.10所示，单击【确定】按钮。

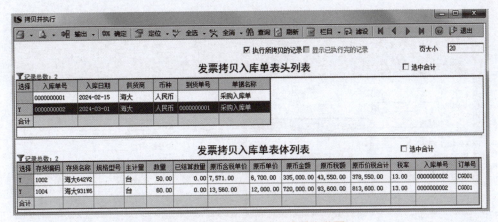

图 3.1.10　参照入库单生成采购发票

（4）回到【专用发票】窗口，【发票号】录入"20240301"，依次单击【保存】【结算】按钮，专用发票左上角显示"已结算"字样，如图 3.1.11 所示。

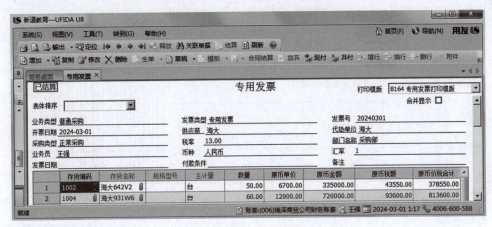

图 3.1.11　采购发票

第五步：审核发票并制单

（1）更换用户 kj02 登录【企业应用平台】，【操作日期】为"2024-03-01"。

（2）执行【财务会计】-【应付款管理】-【应付单据处理】-【应付单据审核】命令，打开【应付单查询条件】窗口，单击【确定】按钮。

（3）打开【单据处理】窗口，双击打开专用发票，单击工具栏【审核】按钮，系统提示"是否立即制单？"，如图 3.1.12 所示。

（4）单击【是】按钮，生成存货采购凭证，单击【保存】按钮，如图 3.1.13 所示。

第六步：记账并生成入库凭证

（1）执行【供应链】-【存货核算】-【业务核算】-【正常单据记账】命令，打开【查询条件选择】窗口，单击【确定】按钮。

（2）打开【未记账单据一览表】窗口，显示单据列表，依次单击【全选】【记账】按钮，系统提示"记账成功"，如图 3.1.14 所示，单击【确定】按钮，关闭该窗口。

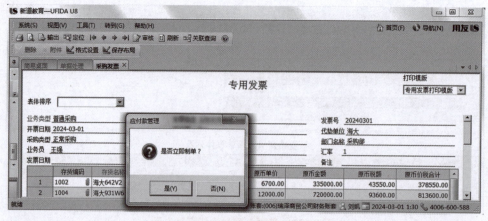

图 3.1.12　审核发票

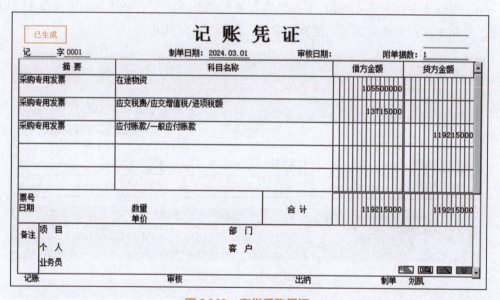

图 3.1.13　存货采购凭证

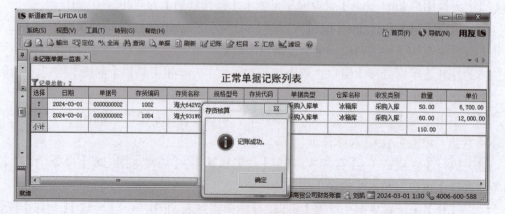

图 3.1.14　正常单据记账列表

（3）执行【存货核算】–【财务核算】–【生成凭证】命令，打开【生成凭证】窗口，单击【选择】按钮，打开【查询条件】窗口，如图 3.1.15 所示。

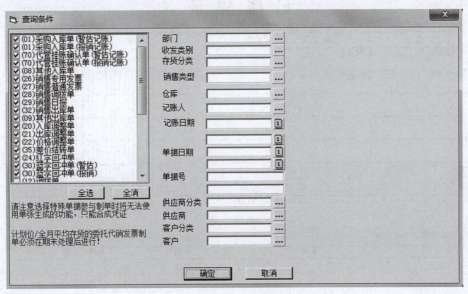

图 3.1.15　查询条件

（4）单击【确定】按钮，打开【选择单据】窗口，显示未生成凭证单据一览表，单击【全选】按钮选中单据，如图 3.1.16 所示，单击【确定】按钮。

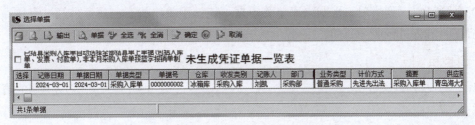

图 3.1.16　未生成凭证单据一览表

（5）打开【生成凭证】窗口，如图 3.1.17 所示。

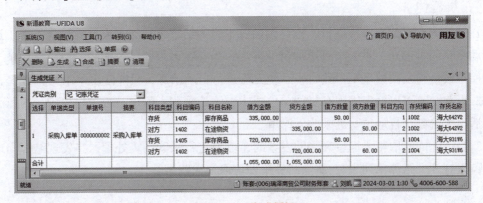

图 3.1.17　生成凭证

（6）单击【生成】按钮，生成存货入库凭证，单击【保存】按钮，如图 3.1.18 所示。

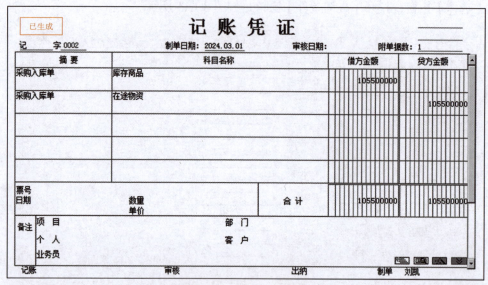

图 3.1.18　存货入库凭证

【注意事项】

1. 如果采购订单、采购发票的编号无法修改，需要通过【基础设置】-【单据设置】-【单据编号设置】命令，对单据编号方式进行修改。

2. 采购订单、到货单、采购入库单等单据不能处于关闭状态，并且需经过审核，才能传递到下一流程进行业务处理。

【自检自测】

1. 赊购业务在_____、_____、_____、_____四个系统中完成单据的流转和凭证的生成。

2. 当采购同时取得发票和入库单时，需要在【采购管理】系统进行_____处理，以确定采购成本。

【拓展延伸】

1. 结算可在发票上直接进行，也可以通过【采购结算】功能完成。结算包括手工结算和自动结算两种形式，手工结算更加精准灵活。当存在多笔同一企业的发票与入库单，或者入库单数量与发票数量不一致时，系统无法进行自动结算，只能使用手工结算方式。

2. 采购结算可以确定入库存货的单位成本，无论采购入库单是否带出单价，执行采购结算后，单价都会自动填写进采购入库单。

3. 当企业同时取得入库单和采购发票时，需要进行采购结算处理，当发现结算出现错误，可以打开"结算单列表"，删除结算单即可取消采购结算。

★★★管理增效★★★

在国内大循环为主体、国内国际双循环相互促进的新发展格局中，供应商关系发生了根本性变化，供应商从单纯的货物、服务的提供者转变为买方的战略性商业合作伙伴。毫无疑问，战略供应商关系管理是驱动竞争策略、提高供应商关系管理优势的重要手段之一。发挥关键合作伙伴的最大效能同样重要。战略供应商关系管理是一项复杂的功能，涉及高级评估和后续行动计划，旨在不断优化长期战略供应商关系。战略供应商关系管理有多种模式，企业应结合自身管理需要，探索科学的战略供应商管理模式。

任务2：现付采购

【任务描述】

2024年3月2日，采购部王强与爱生活公司签订采购合同，购入MCL655A电视100台，3月4日取得爱生活公司开具的增值税专用发票，货款通过网银支付。

【原始凭证】

购销合同、采购发票、入库单、网银电子回单，如图3.1.19~图3.1.22所示。

购销合同

合同编号：CG002

甲方（卖方）：爱生活集团股份公司

乙方（买方）：日照瑞泽商贸有限责任公司

甲乙双方在平等自愿的基础上就商品购销事宜达成一致，现根据《中华人民共和国民法典》中合同的有关规定，签订如下条款，共同遵守。

一、货物的名称、数量及金额

货物名称	单位	数量	单价(不含税)	金额(不含税)	税率	税 额
MCL电视655A	台	100	3,750.00	375,000.00	13%	48,750.00
合 计				￥375,000.00		￥48,750.00

二、合同总金额：人民币肆拾贰万叁仟柒佰伍拾元整（￥423,750.00）。

三、结算方式：网上银行；付款时间：2024年03月04日。

四、交货地点：日照瑞泽商贸有限责任公司。

五、发送方式及运费负担：甲方于2024年03月04日发出全部商品并负担运费。

甲方(签章)：爱生活集团股份公司　　　　　乙方(签章)：日照瑞泽商贸有限责任公司

授权代表：蔡婉琳　　　　　　　　　　　　授权代表：王强

日　　期：2024年03月02日　　　　　　　日　　期：2024年03月02日

图3.1.19　购销合同

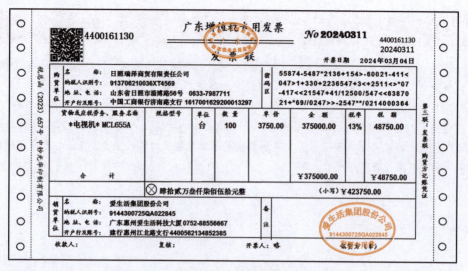

图 3.1.20　采购发票

入 库 单

2024 年 03 月 04 日

交货单位	爱生活集团股份公司		验收仓库	彩电库	
商品编号	商品名称及规格	单位	数量		价格
			交库	实收	单价　金额
2001	MCL电视655A	台	100	100	
合　计			100	100	

经理部门：略　　　会计：略　　　仓库：略　　　经办人：略

图 3.1.21　入库单

中国工商银行　网上银行电子回单

电子回单号码：00138567

收款人	户　名	爱生活集团股份公司	付款人	户　名	日照瑞泽商贸有限责任公司
	卡(账)号	4400562134852385		卡(账)号	1617001629200013297
	开户银行	建行惠州江北路支行		开户银行	中国工商银行济南路支行
金　额	￥423750.00		金额（大写）	肆拾贰万叁仟柒佰伍拾元整	
摘　要	货款		业务(产品)种类	转账	
用　途					
交易流水号	122124		时间戳	2024-03-04-15.38.17.250134	

备注：购买电视机MCL655A

验证码：E210Q154021047

记账网点	00021	记账柜员	00207	记账日期	2024年03月04日

图 3.1.22　网银电子回单

【任务解析】

该业务属于货单同到，货款随发票支付的业务，相比于赊购业务，该任务要求在采购发票上进行现付处理，其他流程与赊购相同。

【岗位说明】

1. 采购员 cg01 在【采购管理】系统录入采购订单，参照生成到货单。
2. 库管员 ck01 在【库存管理】系统参照生成入库单。
3. 采购员 cg01 在【采购管理】系统参照生成采购发票，执行现付和采购结算。
4. 会计 kj02 在【应付款管理】系统对采购发票进行审核，生成采购凭证；在【存货核算】系统对入库单进行记账，生成存货入库凭证。

【业务流程】

该业务的流程如图 3.1.23 所示。

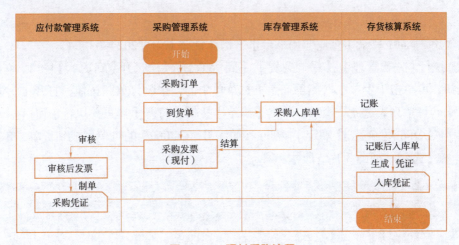

图 3.1.23 现付采购流程

【知识链接】

企业采购物资，若取得采购发票的同一天支付了货款，可使用财务软件提供的【现付】功能，在采购发票上进行现付处理，并在【应付款管理】系统审核发票，生成货币资金结算的物资采购凭证。

【工作指导】

第一步：录入并审核采购订单

（1）用户 cg01 登录【企业应用平台】，【操作日期】为"2024-03-02"。

（2）执行【供应链】-【采购管理】-【采购订货】-【采购订单】命令，打开【采购订单】窗口。

（3）单击【增加】按钮，录入订单的表头及表体项目，将表体的【计划到货日期】更改为"2024-03-04"，单击【保存】【审核】按钮，如

现付采购

图 3.1.24 所示。

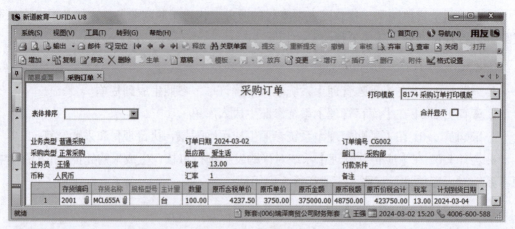

图 3.1.24　采购订单

第二步：参照生成并审核到货单

（1）用户 cg01 登录【企业应用平台】，【操作日期】为"2024-03-04"。

（2）执行【采购管理】-【采购到货】-【到货单】命令，打开【到货单】窗口，单击【增加】按钮，再单击【生单】右侧倒三角下拉菜单中的"采购订单"按钮，打开【查询条件选择 – 采购订单列表过滤】窗口，单击【确定】按钮，打开【拷贝并执行】窗口。

（3）依次单击【全选】【确定】按钮，参照编号"CG002"的订单生成到货单，单击【保存】【审核】按钮，如图 3.1.25 所示。

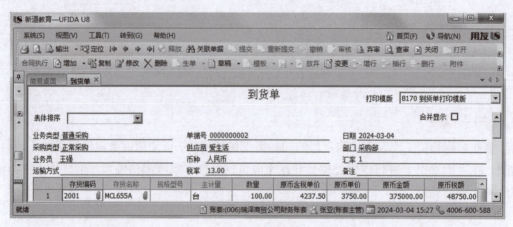

图 3.1.25　到货单

第三步：参照生成并审核入库单

（1）更换用户 ck01 登录【企业应用平台】，【操作日期】为"2024-03-04"。

（2）执行【供应链】-【库存管理】-【入库业务】-【采购入库单】命令，打开【采购入库单】窗口。

（3）单击【生单】右侧倒三角下拉菜单中的"采购到货单（蓝字）"按钮，参照生成采购入库单,【仓库】选择"彩电库",单击【保存】【审核】按钮,如图 3.1.26 所示。

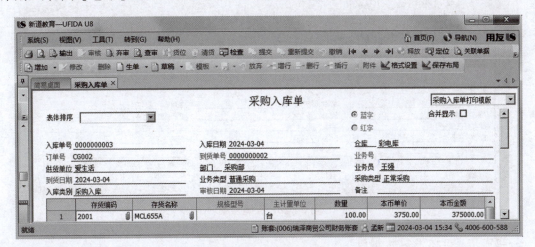

图 3.1.26　采购入库单

第四步:参照生成采购发票并进行现付与结算

(1)更换用户 cg01 登录【企业应用平台】,【操作日期】为"2024-03-04"。

(2)执行【供应链】-【采购管理】-【采购发票】-【专用采购发票】命令,打开【专用发票】窗口。

(3)单击【增加】按钮,再单击【生单】右侧倒三角下拉菜单中的"入库单"按钮,参照"2024-03-04"的入库单生成专用发票,【发票号】录入"20240311",单击【保存】按钮。

(4)单击工具栏【现付】按钮,打开【采购现付】窗口,【结算方式】选择"网银",录入原币金额、票据号信息,如图 3.1.27 所示,单击【确定】按钮。

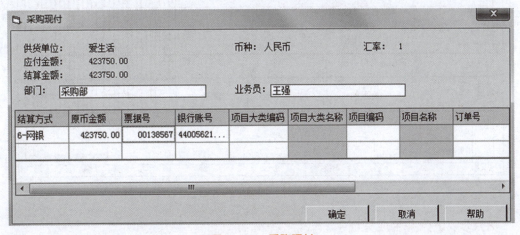

图 3.1.27　采购现付

(5)回到【专用发票】窗口,发票左上角显示"已现付",再单击工具栏的【结算】按钮,发票显示"已结算",如图 3.1.28 所示。

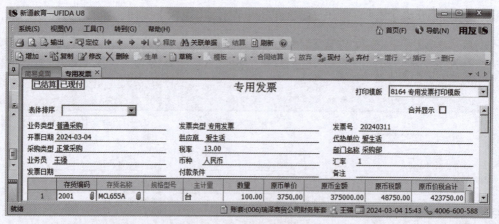

图 3.1.28　采购发票

第五步：审核发票并制单

（1）更换用户 kj02 登录【企业应用平台】，【操作日期】为"2024-03-04"。

（2）执行【财务会计】-【应付款管理】-【应付单据处理】-【应付单据审核】命令，打开【应付单查询条件】窗口，勾选"包含已现结发票"复选框，单击【确定】按钮。

（3）打开【单据处理】窗口，双击打开发票，单击【审核】按钮，系统提示"是否立即制单"，单击【是】按钮，生成物资采购凭证，如图 3.1.29 所示。

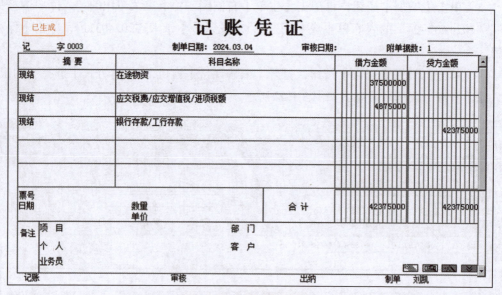

图 3.1.29　现结采购凭证

第六步：记账并生成凭证

（1）执行【供应链】-【存货核算】-【业务核算】-【正常单据记账】命令，打开【查询条件选择】窗口，单击【确定】按钮。

（2）打开【未记账单据一览表】窗口，单击【全选】按钮或者双击选中单据，再单击

【记账】按钮，系统提示"记账成功"，单击【确定】按钮，关闭该窗口。

（3）执行【存货核算】–【财务核算】–【生成凭证】命令，打开【生成凭证】窗口，单击【选择】按钮，打开【查询条件】窗口，单击【确定】按钮。

（4）打开【选择单据】窗口，显示未生成凭证的单据，依次单击【全选】【确定】按钮，打开【生成凭证】窗口，单击【生成】按钮，生成入库凭证，保存后如图 3.1.30 所示。

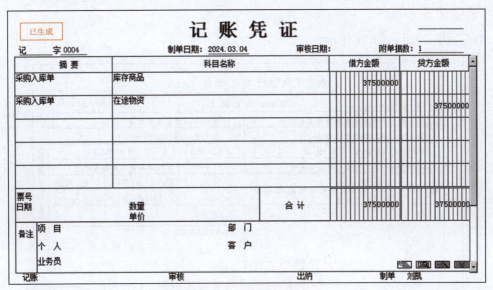

图 3.1.30　存货入库凭证

【注意事项】

1. 企业购买存货物资取得发票的同时支付了货款，属于现付采购，应在发票上进行现付处理，在【应付款管理】系统审核发票时，需勾选"包含已现结发票"复选框。

2. 若通过【制单处理】功能制单，应勾选"现结制单"复选框生成采购凭证。

【自检自测】

1. 企业采购物资取得采购发票并支付货款时，可在_____上进行现付处理。

2. 采购发票进行现付处理后，传递到【应付款管理】系统进行审核，在【应付单查询条件】窗口应勾选_____复选框，否则无法查询到该发票。

【拓展延伸】

在供应链系统启用的前提下，采购发票在【采购管理】系统填制或参照生成，在【应付款管理】系统完成审核、制单工作。若取得采购发票的同时支付了货款，应在发票上执行【现付】处理，该业务生成的采购凭证贷记库存现金或银行存款。若企业只启用了往来核算系统，则采购发票的填制、审核、制单均在【应付款管理】系统完成，即使取得发票的同时支付了货款，也需要分为采购和付款核销两笔业务进行处理。

任务3：付款核销

【任务描述】

2024年3月4日，财务部支付前欠美家集团的货款。

【原始凭证】

电汇回单，如图3.1.31所示。

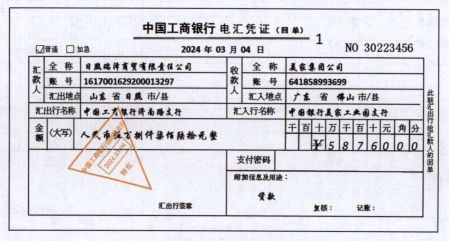

图 3.1.31　电汇回单

【任务解析】

该业务是偿还前欠货款，要求付款处理并进行核销。

【岗位说明】

1. 出纳 cn01 在【应付款管理】系统录入付款单。

2. 会计 kj02 在【应付款管理】系统审核付款单，进行核销并生成凭证。

【业务流程】

该业务的流程如图3.1.32所示。

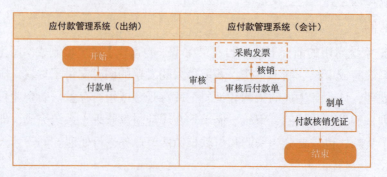

图 3.1.32　付款核销流程

【知识链接】

为了加强往来款项管理，付款单需要与发票、应付单进行核销勾对。【应付款管理】系统提供手工核销和自动核销两种方式。手工核销是指由用户手工确定付款单及与其对应的应付单据，然后进行核销处理，该方法灵活便利，适用于任何条件下的核销处理。

【工作指导】

第一步：录入付款单

（1）用户 cn01 登录【企业应用平台】，【操作日期】为"2024-03-04"。

（2）执行【财务会计】-【应付款管理】-【付款单据处理】-【付款单据录入】命令，打开【收付款单录入】窗口。

（3）单击【增加】按钮，根据电汇回单录入付款单表头项目，单击【保存】按钮，表体内容自动生成，如图 3.1.33 所示。

付款核销

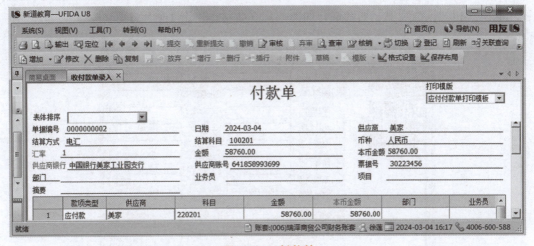

图 3.1.33　付款单

第二步：审核付款单

（1）更换用户 kj02 登录【企业应用平台】，【操作日期】为"2024-03-04"。

（2）执行【财务会计】-【应付款管理】-【付款单据处理】-【付款单据审核】命令，打开【付款单查询条件】窗口，单击【确定】按钮。

（3）打开【收付款单列表】窗口，依次单击【全选】【审核】按钮，系统提示"本次审核成功单据 [1] 张"，单击【确定】按钮，关闭【收付款单列表】窗口。

第三步：单据核销

（1）执行【应付款管理】-【核销处理】-【手工核销】命令，打开【核销条件】窗口，【供应商】选择"美家集团股份有限公司"，单击【确定】按钮。

（2）打开【单据核销】窗口，双击下行的采购发票，【本次结算】栏金额自动显示"58 760.00"，或者在下方的【本次结算】栏录入"58 760.00"，如图 3.1.34 所示，单击【保存】按钮，完成核销，关闭【单据核销】窗口。

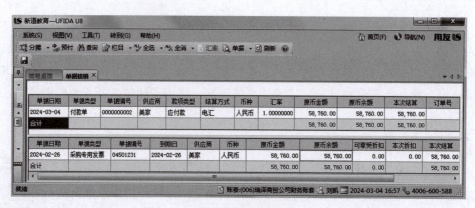

图 3.1.34　单据核销

第四步：付款核销制单

（1）执行【应付款管理】-【制单处理】命令，打开【制单查询】窗口，勾选"收付款单制单"和"核销制单"复选框，如图 3.1.35 所示，单击【确定】按钮。

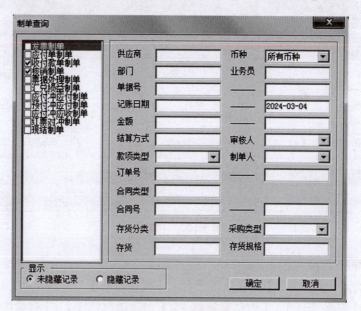

图 3.1.35　制单查询

（2）打开【制单】窗口，单击【合并】按钮，【选择标志】栏均显示"1"，如图 3.1.36 所示，单击【制单】按钮。

（3）生成付款核销凭证，单击【保存】按钮，如图 3.1.37 所示。

【注意事项】

1. 付款单可以与所对应的应付单、采购发票、收款单进行冲销，付款核销后，该笔往来业务结清，以便更加精确、有效地管理企业的应付账款。

2. 除现金折扣外，核销不产生数据，可以通过【应付款管理】系统中的【选项】设置核销是否生成凭证，核销可以与付款单进行合并制单。

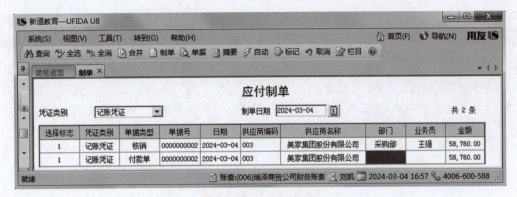

图 3.1.36　应付制单

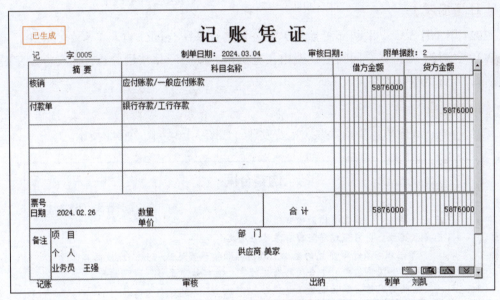

图 3.1.37　付款核销凭证

【自检自测】

1. 进行付款核销前，付款单需要进行_____，否则核销时无法查询到该单据。

2. 核销包括_____和_____两种方式，其中_____更加灵活。

【拓展延伸】

1. 付款单表体中的款项类型包括"应付款""预付款"和"其他费用"三类，企业应根据付款业务的性质选择相应的款项类型。

2. 通过【切换】按钮可实现红蓝付款单的转换，当发生采购退款时，打开一张空白的付款单，单击【切换】按钮，则蓝字付款单切换为红字付款单，即收款单。

3. 如果核销错误或者需要对付款单进行修改或删除，首先删除所生成的凭证，然后通过【其他处理】-【取消操作】，取消核销的操作。

★★★管理增效★★★

"人无信不立，业无信不兴"。资金是企业的血液，充足的资金对企业固然重要，然而诚信，作为社会主义核心价值体系的有机组成，于个人而言，是财富；于社会而言，是生产力；于企业而言，是持久竞争力。面对复杂多变的国内外经济环境，企业守信履约、相互信任，形成良好的信用链条，是维系错综复杂的市场交换关系和正常有序的市场秩序的必要条件。

任务4：运费分摊

【任务描述】

2024年3月5日，采购部王强与美家公司签订采购合同，购入美家26GW2P、美家72LW3P空调各50台，合同约定运费由买方负担，按照产品数量分摊，由卖方发货时暂时垫付，当日货物到达并验收入库。

【原始凭证】

购销合同、入库单、采购发票、运费发票，如图3.1.38~图3.1.41所示。

购销合同

合同编号：CG003

甲方（卖方）：美家集团股份有限公司
乙方（买方）：日照瑞泽商贸有限责任公司

　　甲乙双方在平等自愿的基础上就商品购销事宜达成一致，现根据《中华人民共和国民法典》中合同的有关规定，签订如下条款，共同遵守。

一、货物的名称、数量及金额

货物名称	单位	数量	单价(不含税)	金额(不含税)	税率	税　额
美家空调26GW2P	台	50	4,300.00	215,000.00	13%	27,950.00
美家空调72LW3P	台	50	7,700.00	385,000.00	13%	50,050.00
合　计				￥600,000.00		￥78,000.00

二、合同总金额：人民币陆拾柒万捌仟元整（￥678,000.00）。

三、结算方式：网上银行；付款时间：2024年04月05日。

四、交货地点：日照瑞泽商贸有限责任公司。

五、发运方式及运费负担：甲方于合同签订日发出商品，乙方负担运费。

甲方(签章)：美家集团股份有限公司　乙方(签章)：日照瑞泽商贸有限责任公司
授权代表：郭丽　　　　　　　　　　　授权代表：王强
日　　期：2024年03月05日　　　　　日　　期：2024年03月05日

图3.1.38　购销合同

入　库　单

2024 年 03 月 05 日

交货单位	美家集团股份有限公司			验收仓库	空调库	
商品编号	商品名称及规格	单位	数量		价格	
			交库	实收	单价	金额
3002	美家空调26GW2P	台	50	50		
3003	美家空调72LW3P	台	50	50		
	合　计		100	100		

经理部门：略　　　会计：略　　　仓库：略　　　经办人：略

图 3.1.39　入库单

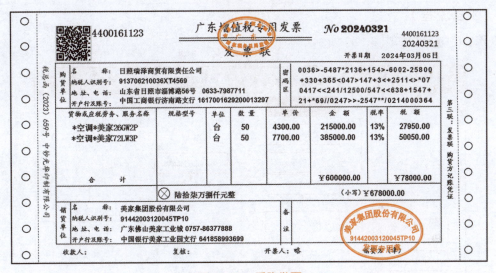

图 3.1.40　采购发票

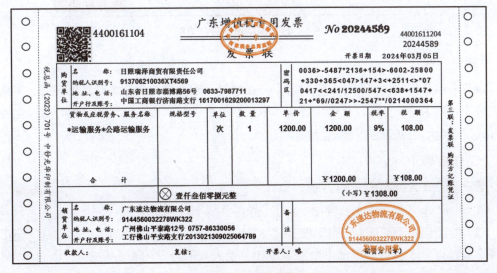

图 3.1.41　运费发票

【任务解析】

该业务是买方负担运费的采购业务，采购发票与入库单进行结算前，需要将采购运费分摊到采购成本中，增加采购单位成本，其他操作与赊购业务流程一致。

【岗位说明】

1. 采购员 cg01 在【采购管理】系统录入并审核采购订单、到货单。

2. 库管员 ck01 在【库存管理】系统参照生成并审核入库单。

3. 采购员 cg01 在【采购管理】系统参照生成采购发票，录入运费发票，进行运费分摊，完成采购结算。

4. 会计 kj02 在【应付款管理】系统对采购发票、运费发票进行审核，生成采购凭证；在【存货核算】系统对入库单进行记账，生成存货入库凭证。

【业务流程】

该业务的流程如图 3.1.42 所示。

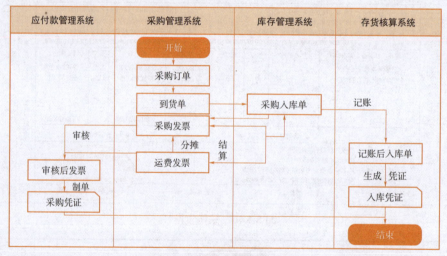

图 3.1.42　采购运费分摊流程

【知识链接】

企业采购负担的运费应计入采购成本，在进行采购发票与入库单结算处理前，采购运费通过【分摊】功能分摊到所购物资成本中。系统提供了"按金额"和"按数量"两种分摊方式，企业可根据业务需要进行选择。

【工作指导】

第一步：录入并审核采购订单

（1）用户 cg01 登录【企业应用平台】，【操作日期】为"2024-03-05"。

（2）执行【供应链】-【采购管理】-【采购订货】-【采购订单】命令，打开【采购订单】窗口，单击【增加】按钮，录入采购订单的表头和表体信息，单击【审核】按钮，如图 3.1.43 所示。

运费分摊

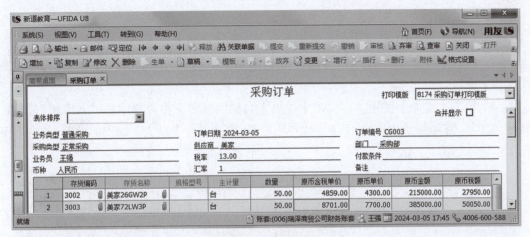

图 3.1.43　采购订单

第二步：参照生成并审核到货单

（1）单击右侧【快捷命令】下的"到货单"，打开【到货单】窗口。

（2）单击【增加】按钮，利用【生单】功能参照采购订单生成到货单，保存并审核。

第三步：参照生成并审核采购入库单

（1）更换用户 ck01 登录【企业应用平台】，【操作日期】为"2024-03-05"。

（2）执行【供应链】–【库存管理】–【入库业务】–【采购入库单】命令，打开【采购入库单】窗口。

（3）单击【生单】右侧倒三角下拉菜单中的"采购到货单（蓝字）"按钮，打开【查询条件选择–采购到货单列表】窗口，单击【确定】按钮，打开【到货单生单列表】窗口，依次单击【全选】【确定】按钮。

（4）参照到货单生成采购入库单，【仓库】选择"空调库"，依次单击【保存】【审核】按钮，如图 3.1.44 所示。

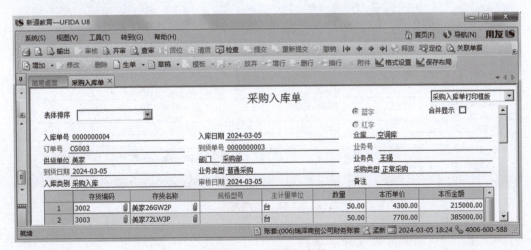

图 3.1.44　采购入库单

第四步：参照生成采购发票、录入运费发票

（1）更换用户 cg01 登录【企业应用平台】，【操作日期】为"2024-03-05"。

（2）执行【供应链】-【采购管理】-【采购发票】-【专用采购发票】命令，打开【专用发票】窗口。

（3）单击【增加】按钮，再单击【生单】右侧倒三角下拉菜单中的"入库单"按钮，参照"2024-03-05"的采购入库单生成专用发票，【发票号】录入"20240321"，单击【保存】按钮，如图 3.1.45 所示。

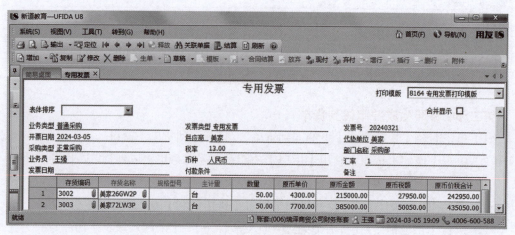

图 3.1.45　采购发票

（4）单击【增加】按钮，打开一张空白的专用发票，【发票号】录入"20244589"，【供应商】选择"速达物流"，【代垫单位】更改为"美家"，【税率】更改为"9"，录入发票的其他信息，单击【保存】按钮，如图 3.1.46 所示。

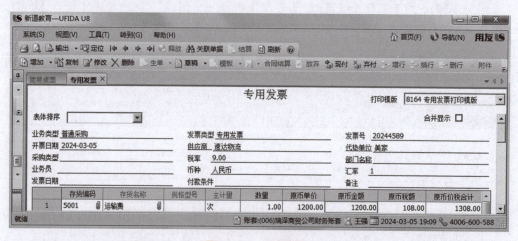

图 3.1.46　运费发票

第五步：进行运费分摊及采购结算

（1）执行【采购管理】-【采购结算】-【手工结算】命令，打开【结算】窗口。

（2）单击【选单】按钮，打开【结算选单】窗口，单击【查询】按钮，打开【查询条件选择 – 采购手工结算】窗口，单击【确定】按钮，回到【结算选单】窗口，系统过滤出尚未结算的所有发票及入库单。

（3）单击【全选】按钮，选中所有发票、入库单，再取消海大入库单的勾选，如图 3.1.47 所示。

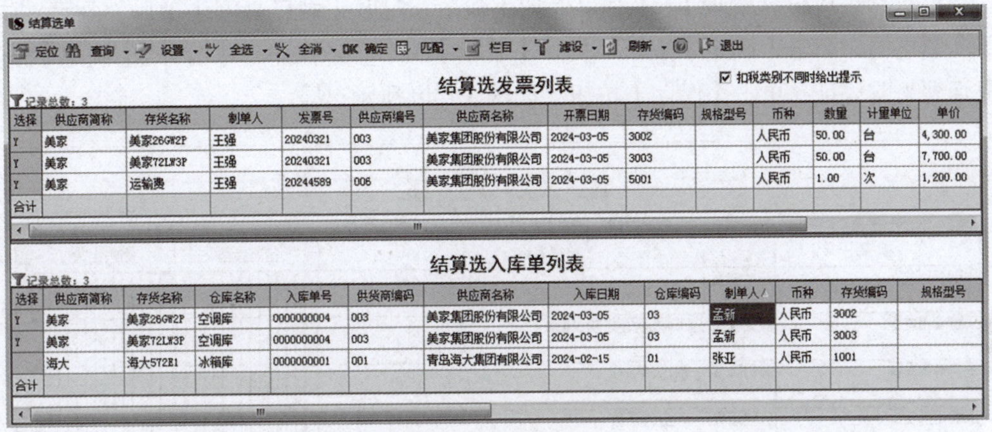

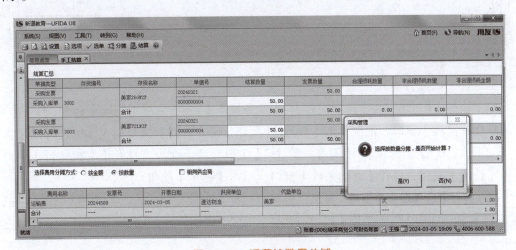

图 3.1.47　结算选单

（4）单击【OK 确定】按钮，打开【手工结算】窗口，【选择费用分摊方式】为"按数量"，单击【分摊】按钮，系统提示"选择按数量分摊，是否开始计算？"，如图 3.1.48 所示。

图 3.1.48　运费按数量分摊

（5）单击【是】按钮，系统提示"费用分摊（按数量）完毕，请检查"，单击【确定】按钮。

（6）单击【结算】按钮，系统提示"费用列表中有折扣或费用属性的存货信息，在结算前请确认是否进行了分摊，是否继续？"，单击【是】按钮，完成采购结算。

第六步：审核发票并制单

（1）更换用户 kj02 登录【企业应用平台】，【操作日期】"2024-03-05"。

（2）执行【财务会计】–【应付款管理】–【应付单据处理】–【应付单据审核】命令，打开【应付单查询条件】窗口，单击【确定】按钮，打开【单据处理】窗口，依次单击【全选】【审核】按钮，系统提示"本次审核成功单据[2]张"，单击【是】按钮。

（3）执行【应付款管理】–【制单处理】命令，打开【制单查询】窗口，勾选"发票制单"复选框，单击【确定】按钮，打开【制单】窗口，依次单击【合并】【制单】按钮，生成运费采购凭证，单击【保存】按钮，如图 3.1.49 所示。

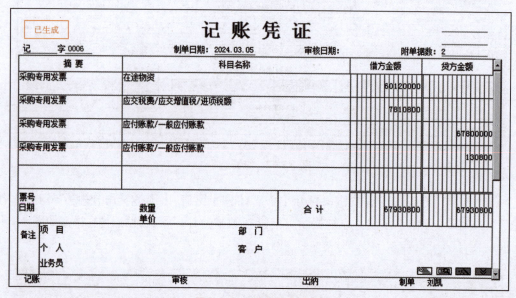

图 3.1.49　运费采购凭证

第七步：记账并生成凭证

（1）执行【供应链】–【存货核算】–【业务核算】–【正常单据记账】命令，打开【未记账单据一览表】窗口，依次单击【全选】【记账】命令，对美家公司入库单进行记账。

（2）执行【存货核算】–【财务核算】–【生成凭证】命令，打开【生成凭证】窗口，单击【选择】按钮，打开【查询条件】窗口，单击【确定】按钮。

（3）打开【选择单据】窗口，显示已经记账但尚未生成凭证的入库单，依次单击【全选】【确定】按钮，打开【生成凭证】窗口，单击【生成】按钮，生成存货入库凭证，如图 3.1.50 所示。

【注意事项】

1. 企业购买存货取得发票的同时还负担运费或其他费用，在进行采购结算前，需要进行费用分摊，费用分摊包括"按金额"和"按数量"两种分摊方式。

2. 在【应付款管理】系统生成凭证时，可以进行合并制单，也可以根据采购发票和运费发票分别制单。

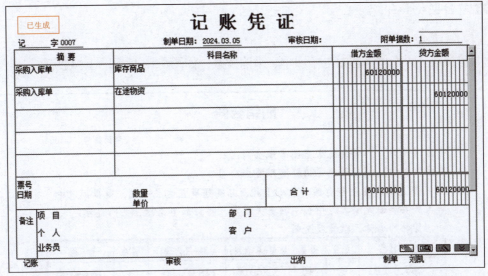

图 3.1.50　存货入库凭证

【自检自测】

1. 采购企业负担的采购运费在进行采购结算时，通过_____功能计入采购成本。

2. 采购分摊包括_____和_____两种方式，若运费分摊错误，可先进行采购结算，然后再删除结算单，便可重新进行运费分摊及采购结算。

【拓展延伸】

将采购取得的运费分摊至采购存货中，存货的总成本、单位成本会发生变化，可通过"费用结算单"查看分摊后的存货成本。

★★★管理增效★★★

近十年，我国物流服务能力显著提升，社会物流总额由 2014 年的 213.5 万亿元增长到 2023 年的 352 万亿元。其中，工业品物流总额占社会物流总额的九成左右，支撑我国连续 14 年居世界第一制造业大国。国家先后出台减税降费、补短强基、互联互通等一系列政策措施，引导实体经济，降低物流成本水平。同时，物联网、云计算等新一代信息技术与传统物流融合，对物流产业升级的带动作用持续增强。数字货运、数字园区、数字仓库等新基建将更好地服务企业，提升购销效率，推动新发展格局的构建。

任务 5：预付款采购

【任务描述】

2024 年 3 月 6 日，采购部王强与青岛海大签订采购合同，购入海大 572E1 冰箱 40 台，758P4 冰箱 30 台，财务部当日预先支付货款 50 000.00 元。3 月 9 日取得采购发票，并将该批货物验收入库。

【原始凭证】

购销合同、入库单、网银电子回单、采购发票，如图3.1.51~图3.1.54所示。

购销合同

合同编号：CG004

甲方（卖方）：青岛海大集团有限公司

乙方（买方）：日照瑞泽商贸有限责任公司

甲乙双方在平等自愿的基础上就商品购销事宜达成一致，现根据《中华人民共和国民法典》中合同的有关规定，签订如下条款，共同遵守。

一、货物的名称、数量及金额

货物名称	单位	数量	单价(不含税)	金额(不含税)	税率	税额
海大572E1	台	40	3,200.00	128,000.00	13%	16,640.00
海大758P4	台	30	9,800.00	294,000.00	13%	38,220.00
合　计				￥422,000.00		￥54,860.00

二、合同总金额：人民币肆拾柒万陆仟捌佰陆拾元整（￥476,860.00）。

三、结算方式：网银；付款时间：2024年3月06日支付50,000.00元，剩余货款于2024年06月06日前结清。

四、交货地点：日照瑞泽商贸有限责任公司。

五、发运方式及运费负担：甲方于2024年03月09日发出全部商品并负担运费。

甲方(签章)：青岛海大集团有限公司　　乙方(签章)：日照瑞泽商贸有限责任公司

授权代表：陈华杰　　　　　　　　　　授权代表：王强

日　　期：2024年03月06日　　　　　日　　期：2024年03月06日

图 3.1.51　购销合同

入 库 单

2024 年 03 月 09 日

交货单位	青岛海大集团有限公司			验收仓库		冰箱库	
商品编号	商品名称及规格	单位	数量		价格		
			交库	实收	单价	金额	
1001	海大冰箱572E1	台	40	40			
1003	海大冰箱758P4	台	30	30			
合　　计			70	70			

经理部门：略　　　　会计：略　　　　仓库：略　　　　经办人：略

图 3.1.52　入库单

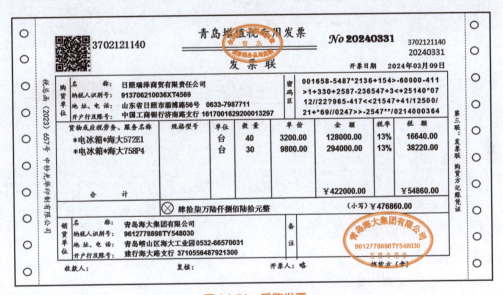

图 3.1.53　网银电子回单

图 3.1.54　采购发票

【任务解析】

该业务是预付货款采购，货款预付后取得采购发票，按照采购业务流程处理，后续通过"预付冲应付"转账处理，实现对同一供应商的债权和债务的抵销。

【岗位说明】

1.采购员 cg01 在【采购管理】系统录入采购订单。

2.出纳 cn01 在【应付款管理】系统录入预付款单，会计 kj02 在【应付款管理】系统中审核付款单，生成预付款凭证。

3. 采购员 cg01 在【采购管理】系统参照生成并审核到货单。

4. 库管员 ck01 在【库存管理】系统参照生成并审核入库单。

5. 采购员 cg01 在【采购管理】系统参照生成采购发票，进行采购结算。

6. 会计 kj02 在【应付款管理】系统审核采购发票，生成采购凭证，进行"预付冲应付"处理；在【存货核算】系统对入库单进行记账，生成存货入库凭证。

【业务流程】

该业务的流程如图 3.1.55 所示。

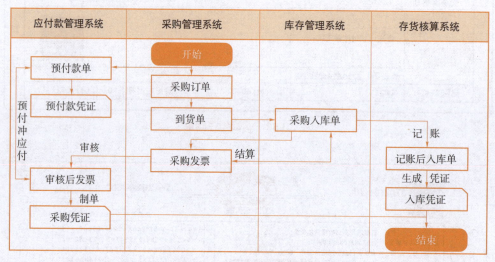

图 3.1.55　预付款采购流程

【知识链接】

企业签订采购合同并按合同约定预付货款后，需要在【应付款管理】系统填制预付款单，后期企业取得采购发票，确认应付账款后，需要与前期的预付账款进行转账冲销处理，以加强企业与供应商间债权债务的管理。

【工作指导】

第一步：录入采购订单

（1）用户 cg01 登录【企业应用平台】，【操作日期】为"2024-03-06"。

（2）执行【供应链】-【采购管理】-【采购订货】-【采购订单】命令，打开【采购订单】窗口，单击【增加】按钮，根据购销合同录入采购订单表头、表体项目，将【计划到货日期】更改为"2024-03-09"，保存并审核订单，如图 3.1.56 所示。

预付款采购

第二步：录入预付款单

（1）更换用户 cn01 登录【企业应用平台】，【操作日期】为"2024-03-06"。

（2）执行【财务会计】-【应付款管理】-【付款单据处理】-【付款单据录入】命令，打开【付款单】窗口。

（3）单击【增加】按钮，根据网银电子回单录入付款单表头信息，单击表体第一行，表体信息自动生成，将【款项类型】更改为"预付款"，单击【保存】按钮，如图3.1.57所示。

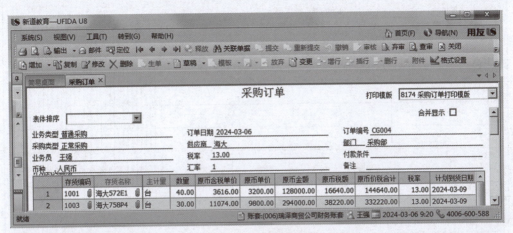

图 3.1.56　采购订单

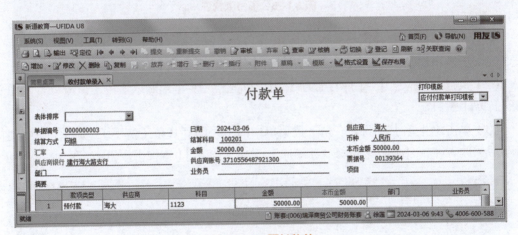

图 3.1.57　预付款单

第三步：审核预付款单并制单

（1）更换用户 kj02 登录【企业应用平台】，【操作日期】为"2024-03-06"。

（2）执行【财务会计】-【应付款管理】-【付款单据处理】-【付款单据审核】命令，打开【付款单查询条件】窗口，单击【确定】按钮。

（3）打开【收付款单列表】窗口，双击打开单据，单击【审核】按钮，系统提示"是否立即制单"，单击【是】按钮，生成预付款凭证，如图3.1.58所示。

第四步：参照生成并审核到货单

（1）用户 cg01 登录【企业应用平台】，【操作日期】为"2024-03-09"。

（2）执行【供应链】-【采购管理】-【采购到货】-【到货单】命令，打开【到货单】窗口，单击【增加】按钮，再单击【生单】右侧倒三角下拉菜单中的"采购订单"按钮，利用【生单】功能，参照采购订单生成到货单并进行审核。

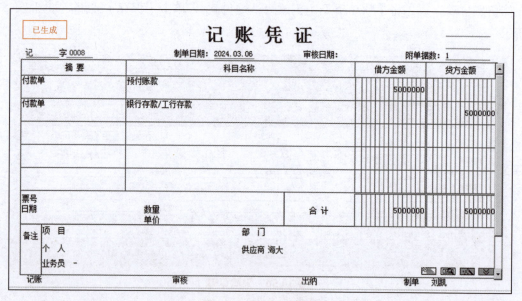

图 3.1.58　预付款凭证

第五步：参照生成并审核采购入库单

（1）更换用户 ck01 登录【企业应用平台】，【操作日期】为"2024-03-09"。

（2）执行【供应链】-【库存管理】-【入库业务】-【采购入库单】命令，打开【采购入库单】窗口。

（3）单击【生单】右侧倒三角下拉菜单中的"采购到货单（蓝字）"按钮，参照到货单生成采购入库单，【仓库】选择"冰箱库"，单击【保存】【审核】按钮，如图 3.1.59 所示。

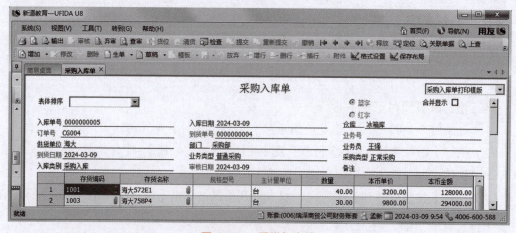

图 3.1.59　采购入库单

第六步：参照生成采购发票并进行采购结算

（1）更换用户 cg01 登录【企业应用平台】，【操作日期】为"2024-03-09"。

（2）执行【供应链】–【采购管理】–【采购发票】–【专用采购发票】命令，打开【专用发票】窗口。

（3）单击【增加】按钮，再单击【生单】右侧倒三角下拉菜单中的"入库单"按钮，参照"2024-03-09"的入库单生成采购发票，【发票号】录入"20240331"，依次单击【保存】【结算】按钮，发票显示"已结算"字样，如图 3.1.60 所示。

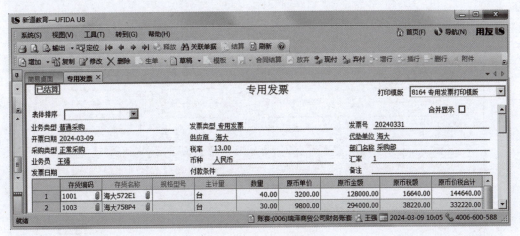

图 3.1.60　采购发票

第七步：审核发票并制单

（1）更换用户 kj02 登录【企业应用平台】，【操作日期】为"2024-03-09"。

（2）执行【财务会计】–【应付款管理】–【应付单据处理】–【应付单据审核】命令，打开【单据处理】窗口，双击打开青岛海大的采购发票，单击【审核】按钮，对发票进行审核并制单，生成采购凭证，如图 3.1.61 所示。

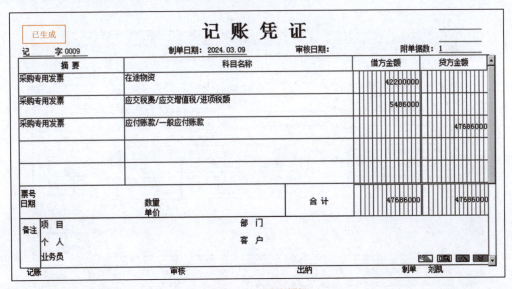

图 3.1.61　采购凭证

第八步：预付冲应付

（1）执行【应付款管理】–【转账】–【预付冲应付】命令，打开【预付冲应付】窗口。

（2）在【预付款】页签下，【供应商】选择"001青岛海大集团公司"，单击右侧的【过滤】按钮，过滤出本企业对青岛海大的全部预付款项，在【转账金额】栏录入"50 000.00"，如图3.1.62所示。

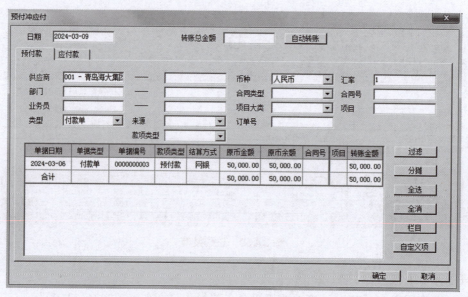

图3.1.62　【预付冲应付】–【预付款】页签

（3）单击【应付款】页签，再单击【过滤】按钮，过滤出本企业对青岛海大的全部应付账款，在"2024–03–09"采购专用发票的【转账金额】栏录入"50 000.00"，如图3.1.63所示。

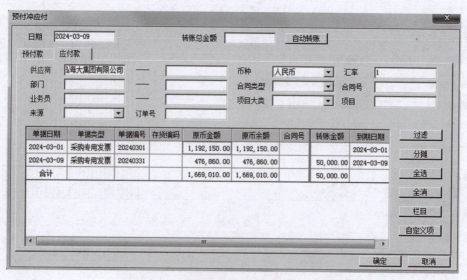

图3.1.63　【预付冲应付】–【应付款】页签

（4）单击【确定】按钮，系统提示"是否立即制单？"，单击【是】按钮，生成预付冲应付凭证并保存，其中预付账款显示为借方红字 50 000.00，如图 3.1.64 所示。

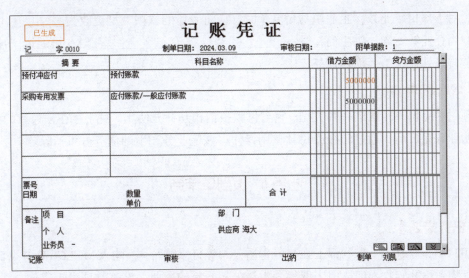

图 3.1.64　预付冲应付凭证

第九步：记账并生成入库凭证

（1）执行【供应链】-【存货核算】-【业务核算】-【正常单据记账】命令，打开【未记账单据一览表】窗口，依次单击【全选】【记账】按钮，对海大冰箱入库单记账。

（2）执行【存货核算】-【财务核算】-【生成凭证】命令，生成采购入库凭证，如图 3.1.65 所示。

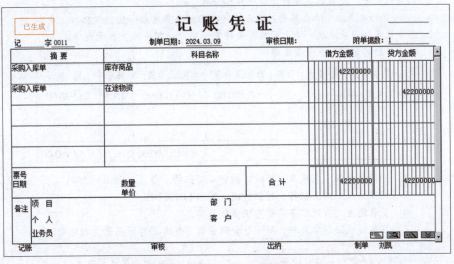

图 3.1.65　存货入库凭证

【注意事项】

如果预付冲应付操作有误，首先应删除所生成的会计凭证，再执行【其他处理】-【取消操作】命令，将预付冲应付取消，则系统回到转账前状态。

【自检自测】

1. 对于预付款业务，企业填写付款单时，应将表体的款项类型更改为_____。

2. 当企业针对同一供应商，既有_____，又有_____时，可通过"预付冲应付"转账处理冲销其债权债务。

【拓展延伸】

预付冲应付是转账的一种类型，它与付款核销相互补充使用，对于存在预付款的业务，在采购业务完成后，通过转账或付款核销操作，该笔业务产生的债务方可消除。

任务 6：货到单未到

【任务描述】

2024年3月10日，采购部王强与爱生活公司签订采购合同，购入 MCL646B 电视 50 台，当日货物到达并验收入库，但未取得爱生活公司开具的发票，该笔款项尚未支付。

【原始凭证】

购销合同、入库单，如图 3.1.66、图 3.1.67 所示。

购销合同

合同编号：CG005

甲方（卖方）：爱生活集团股份公司
乙方（买方）：日照瑞泽商贸有限责任公司

甲乙双方在平等自愿的基础上就商品购销事宜达成一致，现根据《中华人民共和国民法典》中合同的有关规定，签订如下条款，共同遵守。

一、货物的名称、数量及金额

货物名称	单位	数量	单价(不含税)	金额(不含税)	税率	税额
MCL电视646B	台	50	8,300.00	415,000.00	13%	53,950.00
合 计				¥415,000.00		¥53,950.00

二、合同总金额：人民币肆拾陆万捌仟玖佰伍拾元整（¥468,950.00）。

三、结算方式：网上银行；付款时间：2024年04月10日。

四、交货地点：日照瑞泽商贸有限责任公司。

五、发运方式及运费负担：甲方于合同签订日发出全部商品并负担运费。

甲方(签章)：爱生活集团股份公司　　乙方(签章)：日照瑞泽商贸有限责任公司
授权代表：蔡晓林　　　　　　　　　授权代表：王强
日　　期：2024年03月10日　　　　日　　期：2024年03月10日

图 3.1.66　购销合同

入　库　单

2024 年 03 月 10 日

交货单位	爱生活集团股份公司		验收仓库		彩电库	
商品编号	商品名称及规格	单位	数量		价格	
			交库	实收	单价	金额
2003	MCL电视646B	台	50	50		
合　计			50	50		

经理部门：略　　　　会计：略　　　　仓库：略　　　　经办人：略

图 3.1.67　入库单

【任务解析】

该业务属于当月采购货到单未到业务，若月底仍未取得采购发票，则无法进行采购结算，月末需要进行暂估成本录入，进行记账并生成暂估采购凭证。

【岗位说明】

1. 采购员 cg01 在【采购管理】系统录入并审核采购订单、到货单。

2. 库管员 ck01 在【库存管理】系统参照生成入库单并审核。

3. 月末，若企业仍未收到采购发票，会计 kj02 在【存货核算】系统对入库单进行暂估成本录入、正常单据记账，生成采购暂估凭证。

【业务流程】

该业务的流程如图 3.1.68 所示。

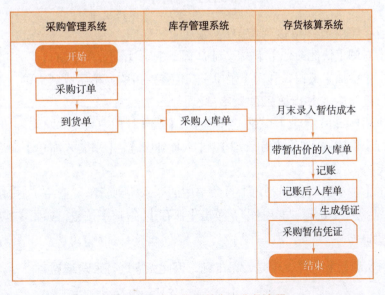

图 3.1.68　本月货到单未到业务流程

【知识链接】

若本月商品采购未取得发票，则无法进行采购结算、确定采购商品成本。在【库存管理】系统参照到货单生成采购入库单后，需要等待发票。若月底前取得采购发票，按照普通采购业务进行后续处理；若月底仍未取得采购发票，需要录入暂估成本并记账，生成暂估采购凭证。

【工作指导】

第一步：录入审核采购订单

（1）用户 cg01 登录【企业应用平台】，【操作日期】为"2024-03-10"。

（2）执行【供应链】-【采购管理】-【采购订货】-【采购订单】命令，打开【采购订单】窗口，单击【增加】按钮，录入采购订单并进行审核，如图 3.1.69 所示。

货到单未到

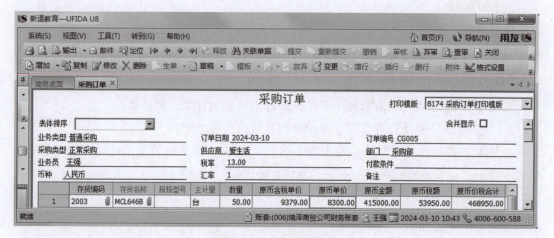

图 3.1.69　采购订单

第二步：参照生成并审核到货单

（1）单击右侧【快捷命令】下的"到货单"，打开【到货单】窗口。

（2）单击【增加】按钮，利用【生单】功能参照采购订单生成到货单，并进行审核。

第三步：参照生成并审核采购入库单

（1）更换用户 ck01 登录【企业应用平台】，【操作日期】为"2024-03-10"。

（2）执行【供应链】-【库存管理】-【入库业务】-【采购入库单】命令，打开【采购入库单】窗口。

（3）单击【生单】右侧倒三角下拉菜单中的"采购到货单（蓝字）"按钮，参照生成采购入库单，【仓库】选择"彩电库"，单击【保存】【审核】按钮，如图 3.1.70 所示。

【注意事项】

因为本月货物验收入库，但是发票未到，因此无需进行采购结算。

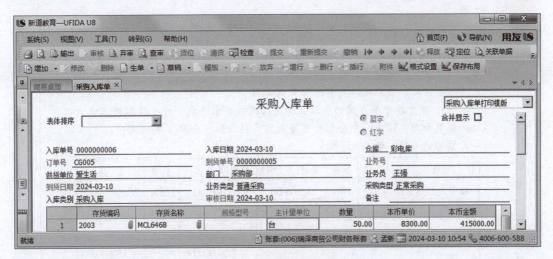

图 3.1.70　采购入库单

【自检自测】

本月货到单未到业务，无需在【应付款管理】系统生成_____凭证，月末在【存货核算】系统生成暂估凭证。

【拓展延伸】

若月底采购发票仍未收到，则需要对入库单进行暂估成本录入，然后执行正常单据记账，生成采购暂估凭证，待次月再将暂估凭证予以冲回，具体冲回方式取决于【存货核算】系统暂估方式参数的勾选。

任务 7：单到货未到

【任务描述】

2024 年 3 月 12 日，采购部王强与柏冠优选签订采购合同，购入柏冠 B40 电饭煲 100 台，双方约定 2024 年 4 月 12 日发货，当日财务部取得柏冠优选公司开具的发票。

【原始凭证】

购销合同、采购发票，如图 3.1.71、图 3.1.72 所示。

【任务解析】

该业务本月取得采购发票，但货物尚未到达，因此无需进行采购结算，直接审核发票制单，待下月商品入库，再进行采购结算，生成商品入库凭证。

【岗位说明】

1. 采购员 cg01 在【采购管理】系统录入审核采购订单、参照生成采购发票。

2. 会计 kj02 在【应付款管理】系统对采购发票进行审核，生成采购凭证。

购销合同

合同编号：CG006

甲方（卖方）：柏冠优选集团有限公司

乙方（买方）：日照瑞泽商贸有限责任公司

　　甲乙双方在平等自愿的基础上就商品购销事宜达成一致，现根据《中华人民共和国民法典》中合同的有关规定，签订如下条款，共同遵守。

一、货物的名称、数量及金额

货物名称	单位	数量	单价(不含税)	金额(不含税)	税率	税额
柏冠电饭煲B40	台	100	2,200.00	220,000.00	13%	28,600.00
合　计				￥220,000.00		￥28,600.00

二、合同总金额：人民币贰拾肆万捌仟陆佰元整（￥248,600.00）。

三、结算方式：网上银行；付款时间：2024年05月12日。

四、交货地点：日照瑞泽商贸有限责任公司。

五、发运方式及运费负担：甲方于2024年04月12日发出全部商品并负担运费。

甲方(签章):柏冠优选集团有限公司　　　乙方(签章):日照瑞泽商贸有限责任公司

授权代表：张宏　　　　　　　　　　　　授权代表：王强

日　　期：2024年03月12日　　　　　　日　　期：2024年03月12日

图 3.1.71　购销合同

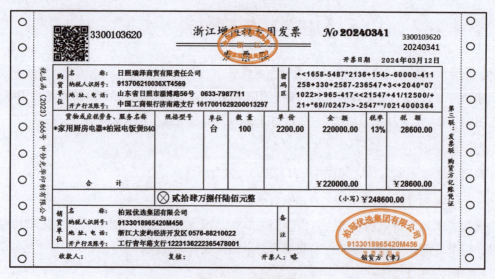

图 3.1.72　采购发票

【业务流程】

该业务的流程如图 3.1.73 所示。

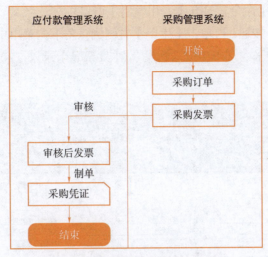

图 3.1.73　本月单到货未到业务流程

【知识链接】

本月收到发票但货物尚未验收入库的业务，应参照订单生成发票，并在【应付款管理】系统对发票进行审核制单。由于未收到货物，因此无需生成入库单，也无需进行采购结算。待次月货物验收入库，再进行结算处理，在【存货核算】系统生成货物入库凭证。

【工作指导】

第一步：录入并审核采购订单

（1）用户 cg01 登录【企业应用平台】，【操作日期】为"2024-03-12"。

（2）执行【供应链】-【采购管理】-【采购订货】-【采购订单】命令，打开【采购订单】窗口，单击【增加】按钮，录入采购订单，表体的【计划到货日期】更改为"2024-04-12"，订单录入完毕后，单击【保存】【审核】按钮，如图 3.1.74 所示。

单到货未到

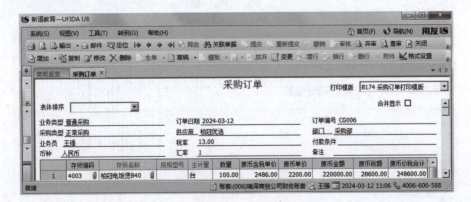

图 3.1.74　采购订单

第二步：参照生成采购发票

（1）单击右侧【快捷命令】下的"专用采购发票"，或者执行【采购管理】-【采购发票】-【专用采购发票】命令，打开【专用发票】窗口。

（2）单击【增加】按钮，再单击【生单】右侧倒三角下拉菜单中的"采购订单"按钮，参照编号"CG006"的采购订单生成采购发票，【发票号】录入"20240341"，单击【保存】按钮，如图3.1.75所示。

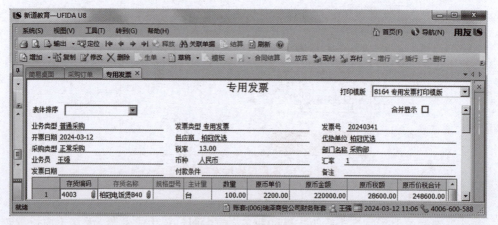

图 3.1.75　采购发票

第三步：审核采购发票并制单

（1）更换用户kj02登录【企业应用平台】，【操作时间】为"2024-03-12"。

（2）执行【应付款管理】-【应付单据处理】-【应付单据审核】命令，打开【应付单查询条件】窗口，勾选"未完全报销"复选框，单击【确定】按钮。

（3）打开【单据处理】窗口，双击打开编号"20240341"的采购发票，单击【审核】按钮，系统提示"是否立即制单？"，单击【是】按钮，生成存货采购凭证，单击【保存】按钮，如图3.1.76所示。

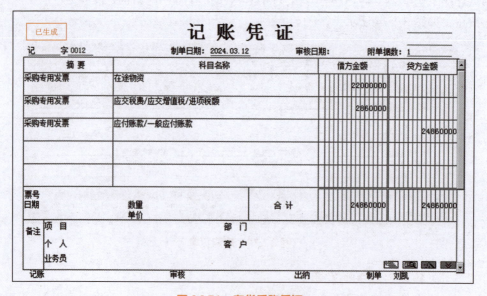

图 3.1.76　存货采购凭证

【注意事项】

由于企业本月只取得了采购发票，商品尚未验收入库，因此无法进行采购结算处理，在【应付款管理】系统对采购发票进行审核时，需要勾选"未完全报销"复选框，否则无法过滤出该发票。

【自检自测】

本月单到货未到业务，在【采购管理】系统参照生成发票后，无需进行_____操作，在【应付款管理】系统审核发票时，需勾选_____复选框。

【拓展延伸】

手工核算方式下，单到货未到业务一般先不处理，待货物到达后再做账务处理。但是在软件环境下，为了能够随时掌握物资采购情况，应将发票录入到【采购管理】系统中，待货物到达后再执行采购结算。

子项目 3.2

特殊采购业务

任务1：暂估采购

【任务描述】

2024 年 3 月 12 日，财务部收到上月购入海大 572E1 冰箱的专用发票。

【原始凭证】

采购发票，如图 3.2.1 所示。

【任务解析】

该业务属于上月采购货到单未到，本月收到发票的业务。因上月发票未到，月末按照估价核算采购物资成本，由于系统设置的暂估方式是"单到回冲"，因此本月可参照期初入库单生成采购发票并进行结算，再进行结算成本处理，将上月的暂估凭证冲销掉。

【岗位说明】

1. 采购员 cg01 在【采购管理】系统参照生成采购发票，进行采购结算处理。

2. 会计 kj02 在【应付款管理】系统对采购发票进行审核，生成采购凭证；在【存货核算】系统对入库单进行结算成本处理，生成红字冲销凭证和蓝字入库凭证。

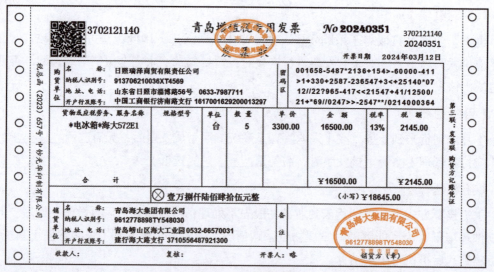

图 3.2.1　采购发票

【业务流程】

该业务的流程如图 3.2.2 所示。

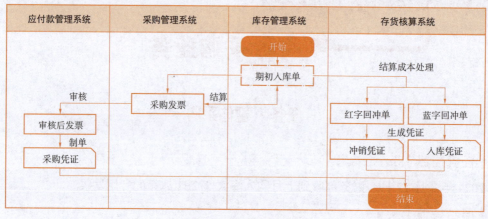

图 3.2.2　暂估业务流程

【知识链接】

上期货到发票未到，本月收到发票的业务称为暂估采购，根据【存货核算】系统暂估方式设置的不同，本月业务处理流程有所差异。本业务中，暂估方式设置为"单到回冲"，所以本月收到发票后，与上月的入库单进行结算，发票在【应付款管理】系统进行审核制单，入库单在【存货核算】系统进行结算成本处理，生成红字冲销凭证，将上月的暂估凭证予以冲销，同时生成蓝字采购入库凭证。

【工作指导】

第一步：参照生成采购发票并结算

（1）用户 cg01 登录【企业应用平台】，【操作日期】为"2024-03-12"。

（2）执行【供应链】-【采购管理】-【采购发票】-【专用采购发票】命令，打开【专用发票】窗口。

暂估采购

（3）单击【增加】按钮，再单击【生单】右侧倒三角下拉菜单中的"入库单"按钮，参照"2024-02-15"海大公司期初采购入库单生成专用发票，【发票号】录入"20240351"，表体的【原币单价】更改为"3 300"，依次单击【保存】【结算】按钮，发票显示"已结算"字样，如图3.2.3所示。

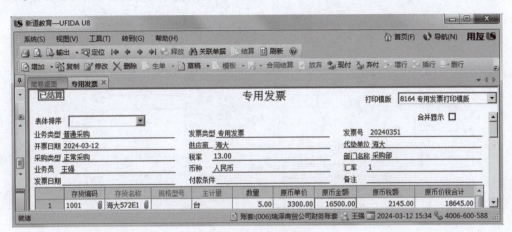

图 3.2.3　采购发票

第二步：审核采购发票并制单

（1）更换用户 kj02 登录【企业应用平台】，【操作日期】为"2024-03-12"。

（2）执行【财务会计】-【应付款管理】-【应付单据处理】-【应付单据审核】命令，在【单据处理】窗口双击打开"2024-03-12"的采购发票，单击【审核】按钮，对采购发票审核并制单，生成采购凭证，如图3.2.4所示。

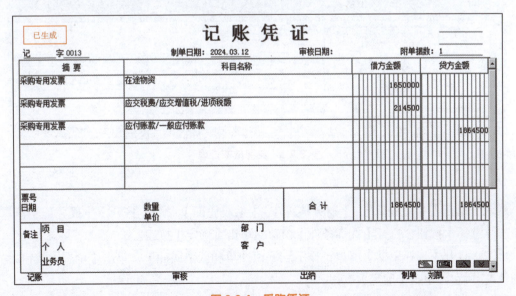

图 3.2.4　采购凭证

第三步：结算成本处理

（1）执行【供应链】–【存货核算】–【业务核算】–【结算成本处理】命令，打开【暂估处理查询】窗口，勾选"01 冰箱库"复选框，如图 3.2.5 所示，单击【确定】按钮。

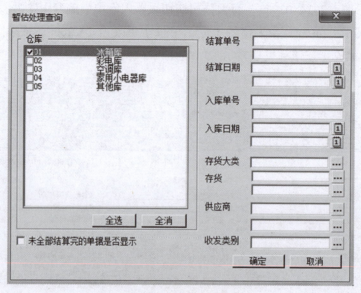

图 3.2.5　暂估处理查询

（2）打开【结算成本处理】窗口，单击【全选】按钮或者双击选中单据，单击【暂估】按钮，系统提示"暂估处理完成"，如图 3.2.6 所示，单击【确定】按钮，完成暂估处理，关闭【结算成本处理】窗口。

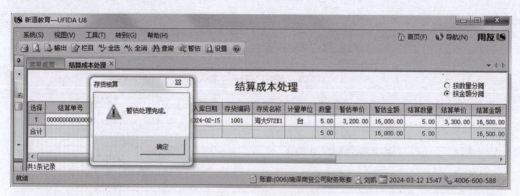

图 3.2.6　结算成本处理

第四步：生成凭证

（1）执行【存货核算】–【财务核算】–【生成凭证】命令，打开【生成凭证】窗口，单击【选择】按钮，打开【查询条件】窗口，单击【确定】按钮。

（2）打开【选择单据】窗口，显示红字回冲单和蓝字回冲单，单击【全选】按钮，如图 3.2.7 所示，单击【确定】按钮。

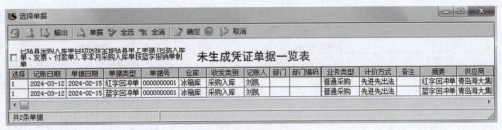

图 3.2.7　选择单据

（3）打开【生成凭证】窗口，如图 3.2.8 所示，单击【生成】按钮。

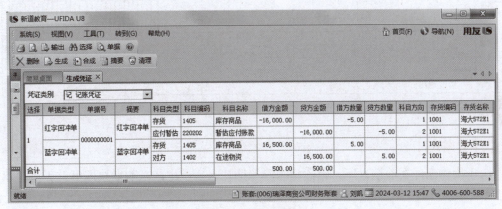

图 3.2.8　生成凭证

（4）生成红字冲销凭证，借贷金额均为红字，单击【保存】按钮，如图 3.2.9 所示。

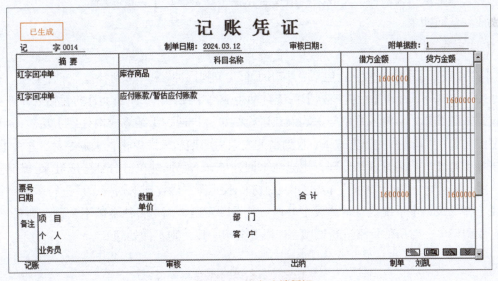

图 3.2.9　红字冲销凭证

（5）单击【下一张】按钮或者按"Alt+PageDown"快捷键，翻看生成的蓝字入库凭证，单击【保存】按钮，如图 3.2.10 所示。

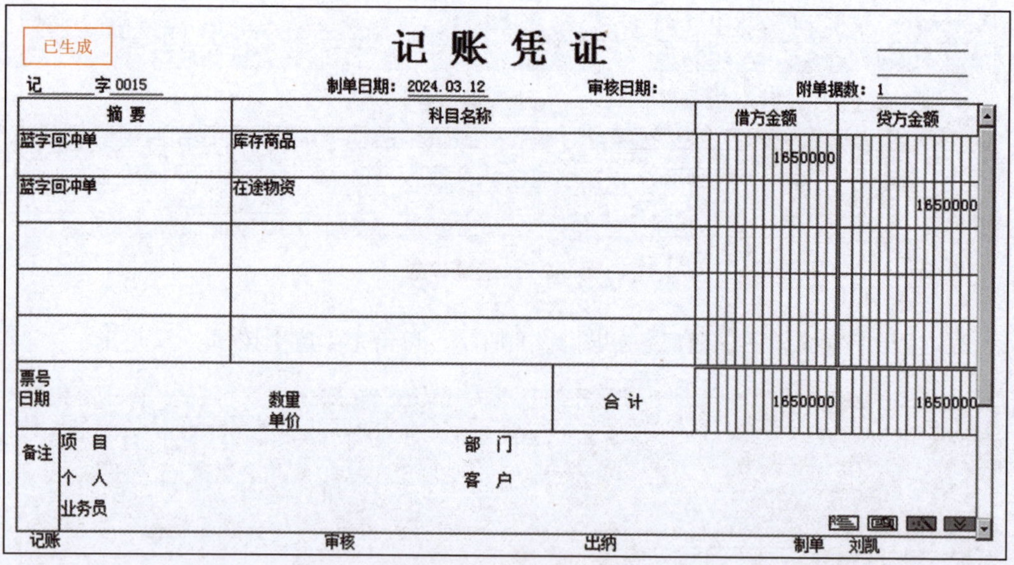
已生成

记账凭证

记 字 0015 制单日期：2024.03.12 审核日期： 附单据数：1

摘要	科目名称	借方金额	贷方金额
蓝字回冲单	库存商品	1650000	
蓝字回冲单	在途物资		1650000
票号 日期	数量 单价 合计	1650000	1650000

备注 项目 部门

个人 客户

业务员

记账 审核 出纳 制单 刘凯

图 3.2.10　蓝字入库凭证

【注意事项】

由于货物已经在前期入库，因此只需参照期初入库单生成采购发票即可，无需再填制入库单。

【自检自测】

1. 对于暂估采购业务，本月的采购发票可参照______________生成。

2. 暂估采用单到回冲，完成采购结算后，在【存货核算】系统执行_____________，进而生成红蓝回冲单。

【拓展延伸】

【存货核算】系统暂估方式包括“月初回冲”“单到回冲”和“单到补差”三种类型。“月初回冲”方式下，月初【存货核算】系统自动生成红字回冲单，冲销上月的暂估入库业务，待收到采购发票后，将入库单与采购发票进行结算，再通过【结算成本处理】功能，生成蓝字回冲单。“单到回冲”方式下，收到采购发票后与期初入库单进行采购结算，并在【存货核算】系统进行结算成本处理，生成红字回冲单和蓝字回冲单，分别生成红字冲销凭证和蓝字入库凭证。“单到补差”方式下，月初暂不处理，待收到采购发票后进行采购结算，并在【存货核算】系统执行结算成本处理。若采购发票金额与暂估金额不一致，则系统自动生成调整单，对所估价格进行调整；若两者金额一致，则不做处理。

任务2：合理损耗

【任务描述】

2024年3月13日，采购部王强与暖阳公司签订采购合同，购入暖阳D08豆浆机120件，暖阳 C22 电磁炉 100 件，货物当天到达，入库时发现 C22 电磁炉短缺 1 件，经确认属于合理损耗，当日取得暖阳公司开具的增值税专用发票，货款未付。

【原始凭证】

购销合同、入库单、采购发票，如图 3.2.11~ 图 3.2.13 所示。

购销合同

合同编号：CG007

甲方（卖方）：暖阳股份有限公司

乙方（买方）：日照瑞泽商贸有限责任公司

甲乙双方在平等自愿的基础上就商品购销事宜达成一致，现根据《中华人民共和国民法典》中合同的有关规定，签订如下条款，共同遵守。

一、货物的名称、数量及金额

货物名称	单位	数量	单价(不含税)	金额(不含税)	税率	税额
暖阳豆浆机D08	件	120	500.00	60,000.00	13%	7,800.00
暖阳电磁炉C22	件	100	380.00	38,000.00	13%	4,940.00
合　计				¥98,000.00		¥12,740.00

二、合同总金额：人民币壹拾壹万零柒佰肆拾元整（ ¥110,740.00 ）。

三、结算方式：网上银行；付款时间：2024年05月13日。

四、交货地点：日照瑞泽商贸有限责任公司。

五、发运方式及运费负担：甲方于合同签订日发出全部商品并负担运费。

甲方(签章)：暖阳股份有限公司　　　　乙方(签章)：日照瑞泽商贸有限责任公司

授权代表：范娜　　　　　　　　　　　授权代表：王强

日　　期：2024年03月13日　　　　　日　　期：2024年03月13日

图 3.2.11　购销合同

入 库 单

2024 年 03 月 13 日

交货单位	暖阳股份有限公司				验收仓库	家用小电器库	
商品编号	商品名称及规格	单位	数量		价格		
			交库	实收	单价	金额	
4001	暖阳豆浆机D08	件	120	120			
4002	暖阳电磁炉C22	件	100	99			
	合　计		220	219			

经理部门：略　　　　会计：略　　　　仓库：略　　　　经办人：略

图 3.2.12　入库单

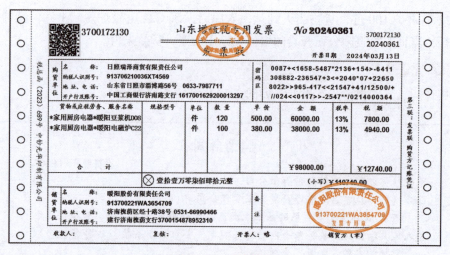

图 3.2.13　采购发票

【任务解析】

该业务是货单同到，入库数量少于发票数量，短缺数量为合理损耗的采购业务，除采购结算时需确认合理损耗的数量外，其他处理与赊购流程基本相同。

【岗位说明】

1. 采购员 cg01 在【采购管理】系统录入采购订单，参照生成到货单。

2. 库管员 ck01 在【库存管理】系统参照生成入库单并审核。

3. 采购员 cg01 在【采购管理】系统参照采购订单生成采购发票，进行采购结算，确认合理损耗数量。

4. 会计 kj02 在【应付款管理】系统对采购发票进行审核，生成采购凭证；在【存货核算】系统对入库单进行正常单据记账，生成存货入库凭证。

【业务流程】

该业务的流程如图 3.2.14 所示。

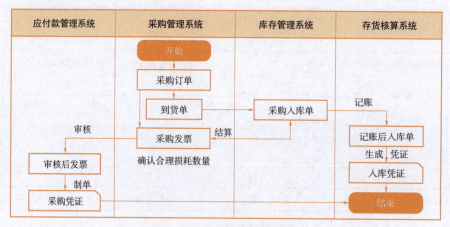

图 3.2.14　合理损耗采购流程

【知识链接】

因合理损耗造成企业入库数量小于发票数量，采购发票与入库单进行采购结算时，需确认合理损耗的数量。合理损耗损失由采购企业自行承担，损耗成本不予以扣除，采购总成本不变，因实际入库数量减少，故单位采购成本上升。

【工作指导】

第一步：录入审核采购订单

（1）用户 cg01 登录【企业应用平台】，【操作日期】为"2024-03-13"。

（2）执行【供应链】-【采购管理】-【采购订货】-【采购订单】命令，打开【采购订单】窗口。

（3）单击【增加】按钮，录入采购订单，依次单击【保存】【审核】按钮，如图 3.2.15 所示。

合理损耗

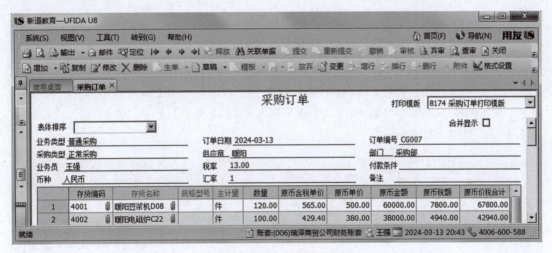

图 3.2.15　采购订单

第二步：参照生成并审核到货单

（1）单击右侧【快捷命令】下的"到货单"，打开【到货单】窗口。

（2）单击【增加】按钮，再单击【生单】右侧倒三角下拉菜单中的"采购订单"按钮，参照编号"CG007"的采购订单生成到货单，依次单击【保存】【审核】按钮。

第三步：参照生成并审核采购入库单

（1）更换用户 ck01 登录【企业应用平台】，【操作日期】为"2024-03-13"。

（2）执行【供应链】-【库存管理】-【入库业务】-【采购入库单】命令，打开【采购入库单】窗口，单击【生单】右侧倒三角下拉菜单中的"采购到货单（蓝字）"按钮，参照生成采购入库单，【仓库】选择"家用小电器库"，将表体第二行暖阳电磁炉C22的数量更改为"99"，依次单击【保存】【审核】按钮，如图 3.2.16 所示。

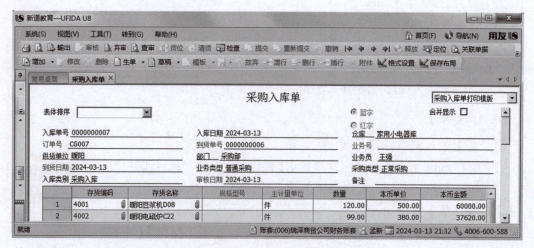

图 3.2.16　采购入库单

第四步：参照生成采购发票

（1）更换用户 cg01 登录【企业应用平台】，【操作日期】为"2024–03–13"。

（2）执行【供应链】–【采购管理】–【采购发票】–【专用采购发票】命令，打开【专用发票】窗口，单击【增加】按钮，再单击【生单】右侧倒三角下拉菜单中的"采购订单"按钮，参照编号"CG007"的采购订单生成采购发票，【发票号】录入"20240361"，单击【保存】按钮，如图 3.2.17 所示。

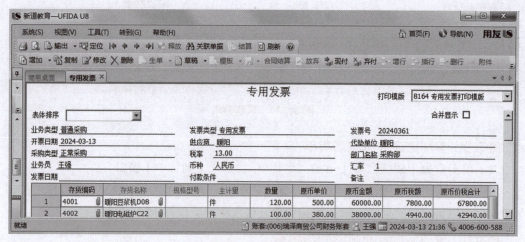

图 3.2.17　采购发票

第五步：进行采购结算

（1）执行【采购管理】–【采购结算】–【手工结算】命令，打开【手工结算】窗口。

（2）单击【选单】按钮，打开【结算选单】窗口，单击【查询】按钮，打开【查询条件选择 – 采购手工结算】窗口，单击【确定】按钮。

（3）单击【全选】按钮，选中所有的发票和入库单，再取消柏冠优选和爱生活单据的勾选，如图 3.2.18 所示。

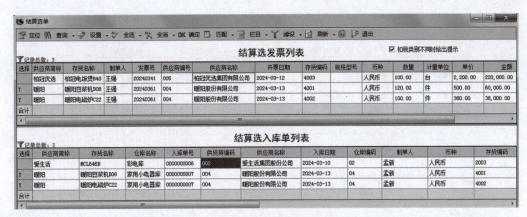

图 3.2.18　结算选单

（4）单击【OK 确定】按钮，打开【手工结算】窗口，暖阳电磁炉 C22 采购发票所在行的【合理损耗数量】栏录入"1"，如图 3.2.19 所示，单击【结算】按钮，系统提示"完成结算"。

图 3.2.19　手工结算

第六步：审核采购发票并制单

（1）更换用户 kj02 登录【企业应用平台】，【操作日期】为"2024-03-13"。

（2）执行【财务会计】-【应付款管理】-【应付单据处理】-【应付单据审核】命令，打开【应付单查询条件】窗口，单击【确定】按钮。

（3）打开【单据处理】窗口，双击打开专用发票，单击工具栏【审核】按钮，系统提示"是否立即制单？"，单击【是】按钮，生成采购凭证，如图 3.2.20 所示。

第七步：记账并生成凭证

（1）执行【供应链】-【存货核算】-【业务核算】-【正常单据记账】命令，双击选中"2024-03-13"的入库单，如图 3.2.21 所示，单击【记账】按钮。

（2）执行【存货核算】-【财务核算】-【生成凭证】命令，根据采购入库单生成存货入库凭证，如图 3.2.22 所示。

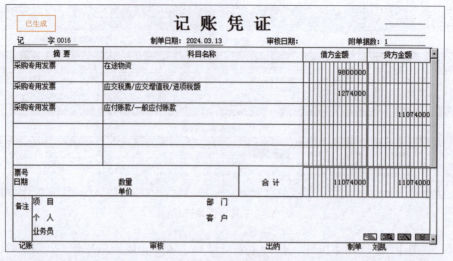

图 3.2.20　采购凭证

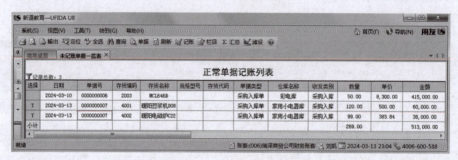

图 3.2.21　正常单据记账

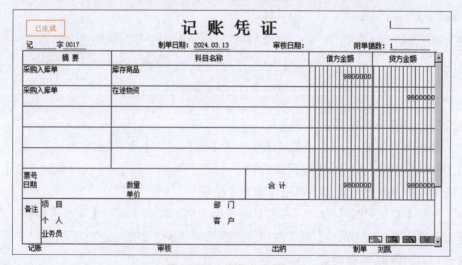

图 3.2.22　存货入库凭证

【注意事项】

1.合理损耗采购业务，在进行采购结算时，应确认合理损耗的数量，使采购发票与入库单数量相等，方可进行结算。

2.合理损耗业务流程与普通赊购一致，采购发票在【应付款管理】系统审核制单。

【自检自测】

1.采购发生合理损耗，因实际入库数量少于采购数量，故参照生成_____应更改数量。

2.若参照入库单生成采购发票，则采购发票无法保存，故应参照_____ 生成。

【拓展延伸】

因某些存货性质特殊，运输途中会产生一定的损耗，这种损耗如果控制在合理范围内，属于合理损耗。合理损耗的损失由企业自行负担，其进项税无需转出，因此采购存货的总成本不变，由于入库数量减少，所以采购单位成本上升。

任务3：非合理损耗

【任务描述】

2024年3月14日，采购部王强与美家集团签订采购合同，购入美家35GW1.5P空调80台。货物当天到达，发现有3台空调毁损，经查由采购部王强负责赔偿。当日取得美家公司开具的增值税专用发票，货款未付。

【原始凭证】

购销合同、采购发票、入库单，如图3.2.23~图3.2.25所示。

购销合同

合同编号：CG008

甲方（卖方）：美家集团股份有限公司

乙方（买方）：日照瑞泽商贸有限责任公司

甲乙双方在平等自愿的基础上就商品购销事宜达成一致，现根据《中华人民共和国民法典》中合同的有关规定，签订如下条款，共同遵守。

一、货物的名称、数量及金额

货物名称	单位	数量	单价(不含税)	金额(不含税)	税率	税额
美家空调35GW1.5P	台	80	2,600.00	208,000.00	13%	27,040.00
合　计				￥208,000.00		￥27,040.00

二、合同总金额：人民币贰拾叁万伍仟零肆拾元整（￥235,040.00）。

三、结算方式：网银；付款时间：2024年06月14日。

四、交货地点：日照瑞泽商贸有限责任公司。

五、发送方式及运费负担：甲方于合同签订日发出商品并负担运费。

甲方(签章)：美家集团股份有限公司　　乙方(签章)：日照瑞泽商贸有限责任公司

授权代表：孙丽　　　　　　　　　　　授权代表：王强

日　　期：2024年03月14日　　　　　日　　期：2024年03月14日

图 3.2.23　购销合同

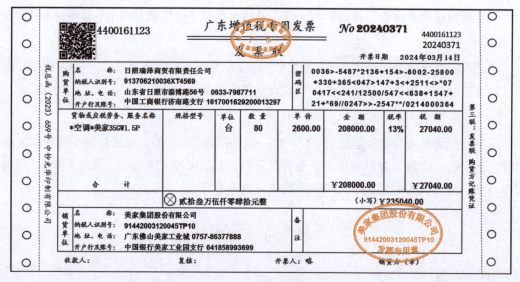

图 3.2.24　采购发票

入 库 单							
2024 年 03 月 14 日							
交货单位	美家集团股份有限公司			验收仓库	空调库		
商品编号	商品名称及规格	单位	数量		价格		
			交库	实收	单价	金额	
3001	美家空调35GW1.5P	台	80	77			
合　计			80	77			
经理部门：略	会计：略		仓库：略		经办人：略		

图 3.2.25　入库单

【任务解析】

该业务是货物和采购发票同时到达，入库数量少于发票数量，短缺数量为非正常原因造成，在结算的时候，需要确认非合理损耗的数量及金额，转出不得抵扣的进项税。

【岗位说明】

1. 采购员 cg01 在【采购管理】系统录入审核采购订单，参照生成并审核到货单。

2. 库管员 ck01 在【库存管理】系统参照到货单生成并审核入库单。

3. 采购员 cg01 在【采购管理】系统参照采购订单生成采购发票，进行采购结算，确认非合理损耗数量和金额。

4. 会计 kj02 在【应付款管理】系统对采购发票进行审核；在【存货核算】系统对入库单进行记账，生成采购入库凭证；在【总账】系统填制非合理损耗处理凭证。

【业务流程】

该业务的流程如图 3.2.26 所示。

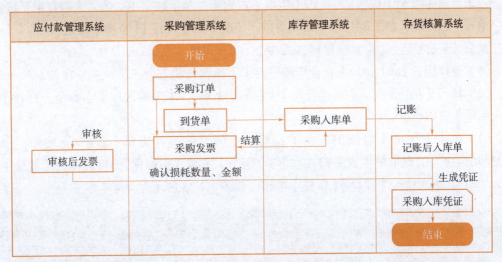

图 3.2.26　非合理损耗采购流程

【知识链接】

因非正常原因导致入库数量小于发票数量，进行采购结算时，需要确认非合理损耗的数量和金额。业务处理流程上，采购发票在【应付款管理】系统审核，但不在该系统制单，而是通过【存货核算】系统与采购入库单合并制单。

【工作指导】

第一步：录入审核采购订单

（1）用户 cg01 登录【企业应用平台】，【操作日期】为"2024-03-14"。

（2）执行【供应链】-【采购管理】-【采购订货】-【采购订单】命令，打开【采购订单】窗口，单击【增加】按钮，录入采购订单，保存并审核，如图 3.2.27 所示。

非合理损耗

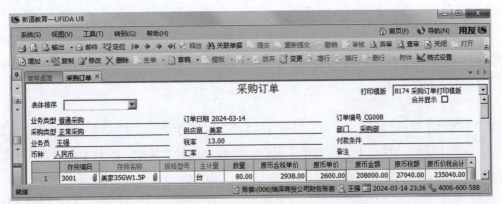

图 3.2.27　采购订单

第二步：参照生成并审核到货单

（1）单击右侧【快捷命令】下的"到货单"，打开【到货单】窗口。

（2）单击【增加】按钮，再单击【生单】右侧倒三角下拉菜单中的"采购订单"按钮，参照编号"CG008"的采购订单生成到货单，依次单击【保存】【审核】按钮。

第三步：参照生成并审核采购入库单

（1）更换用户ck01登录【企业应用平台】，【操作日期】为"2024-03-14"。

（2）执行【供应链】-【库存管理】-【入库业务】-【采购入库单】命令，打开【采购入库单】窗口。

（3）单击【生单】右侧倒三角下拉菜单中的"采购到货单（蓝字）"按钮，参照"2024-03-14"的到货单生成采购入库单，【仓库】选择"空调库"，将表体的【数量】更改为"77"，依次单击【保存】【审核】按钮，如图3.2.28所示。

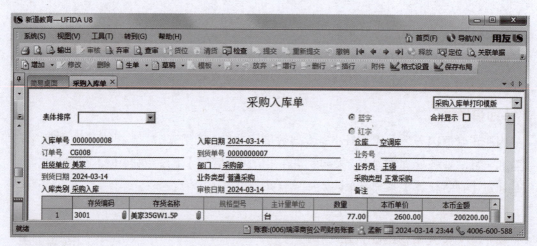

图3.2.28　采购入库单

第四步：参照生成采购发票

（1）更换用户cg01登录【企业应用平台】，【操作日期】为"2024-03-14"。

（2）执行【供应链】-【采购管理】-【采购发票】-【专用采购发票】命令，打开【专用发票】窗口。

（3）单击【增加】按钮，再单击【生单】右侧倒三角下拉菜单中的"采购订单"按钮，参照编号"CG008"的采购订单生成采购发票，【发票号】录入"20240371"，单击【保存】按钮，如图3.2.29所示。

第五步：进行采购结算

（1）执行【采购管理】-【采购结算】-【手工结算】命令，打开【手工结算】窗口，单击【选单】按钮，打开【结算选单】窗口，单击【查询】按钮，打开【查询条件选择-采购手工结算】窗口，单击【确定】按钮。

（2）在【结算选单】窗口，双击选中美家公司的采购发票和入库单，单击【OK确定】按钮。

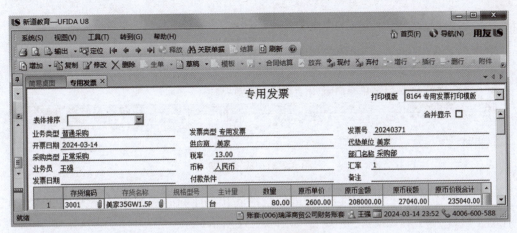

图 3.2.29　采购发票

（3）回到【手工结算】窗口，采购发票所在行的【非合理损耗数量】栏录入"3"，【非合理损耗金额】栏录入"7 800.00"，【进项税转出金额】自动生成"1 014.00"，如图 3.2.30 所示，单击【结算】按钮，系统提示"完成结算"，单击【确定】按钮。

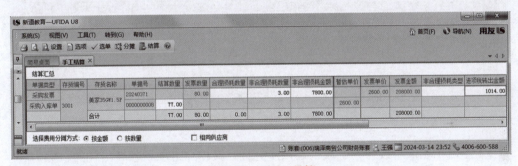

图 3.2.30　手工结算

第六步：审核采购发票

（1）更换用户 kj02 登录【企业应用平台】，【操作日期】为"2024-03-14"。

（2）执行【财务会计】-【应付款管理】-【应付单据处理】-【应付单据审核】命令，打开【应付单查询条件】窗口，单击【确定】按钮。

（3）打开【单据处理】窗口，依次单击【全选】【审核】按钮，系统提示"本次审核成功单据 [1] 张"，单击【确定】按钮，关闭窗口。

第七步：记账并生成凭证

（1）执行【供应链】-【存货核算】-【业务核算】-【正常单据记账】命令，对"2024-03-14"的入库单进行记账。

（2）执行【存货核算】-【财务核算】-【生成凭证】命令，打开【生成凭证】窗口，单击【选择】按钮，打开【查询条件】窗口，单击【确定】按钮。

（3）打开【选择单据】窗口，勾选上方的"已结算采购入库单自动选择全部结算单上单据（包括入库单、发票、付款单），非本月采购入库单按蓝字报销单制单"选项，单击【全选】按钮，如图 3.2.31 所示，单击【确定】按钮。

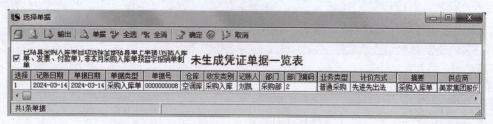

图 3.2.31　选择单据

（4）回到【生成凭证】窗口，将进项税额转出的【科目编码】补充为"22210104"，损耗的【科目编码】补充为"1901"，如图 3.2.32 所示。

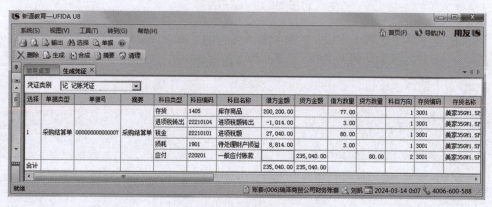

图 3.2.32　生成凭证

（5）单击【生成】按钮，生成采购入库凭证，其中"进项税额转出"的金额为红字，单击【保存】按钮，如图 3.2.33 所示。

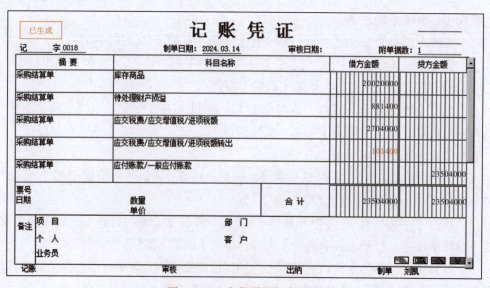

图 3.2.33　存货采购入库凭证

（6）执行【财务会计】–【总账】–【凭证】–【填制凭证】命令，单击【增加】按钮，填制非合理损耗处置凭证，如图 3.2.34 所示。

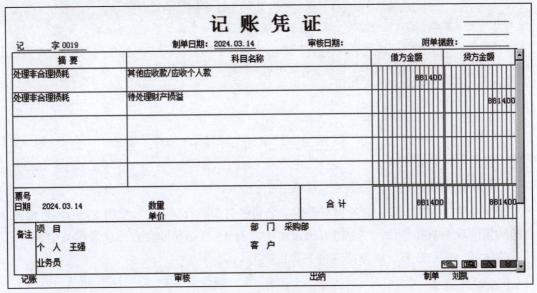

图 3.2.34 处理非合理损耗凭证

【注意事项】

1. 企业采购过程中发生非合理损耗，需要在进行采购结算时，确认非合理损耗的数量和金额，转出的进项税额由系统自动生成，无需手工录入。

2. 非合理损耗的业务处理流程与普通采购有所差异，采购发票只在【应付款管理】系统进行审核，无需制单。在【存货核算】系统进行制单时，必须勾选"已结算采购入库单自动选择全部结算单上单据（包括入库单、发票、付款单），非本月采购入库单按蓝字报销单制单"复选框，将采购发票与入库单合并制单。

【自检自测】

1. 非合理损耗采购进行手工结算时，需要确认非合理损耗的＿＿＿＿＿和＿＿＿＿＿，并由系统自动计算转出的进项税额。

2. 非合理损耗采购发票在＿＿＿＿＿系统审核，在＿＿＿＿＿系统制单，与采购入库单合并生成一张凭证。

【拓展延伸】

采购中发生的非合理损耗是指采购损失不属于正常情形，或者超出了正常损失范围，因此需要对损失造成的原因进行调查。若是人为原因造成，非合理损耗存货所对应的进项税额不得抵扣，需要转出；若是自然灾害等原因造成，进项税额允许抵扣。

★★★价值引领★★★

“俭则约，约则百善俱兴；侈则肆，肆则百恶俱纵。”勤俭节约倡导的是一种适度、合理、节用的生活理念，蕴含的是以节俭惜物为荣、以奢靡浪费为耻的道德品质。于企业而言，是成本管控，是永续经营；于个人而言，是待物之德，是修养之道。以俭养身，形塑敬畏感恩的价值理念，在成长历程中不断完善自己，培育不怕困难、勇于吃苦、抵御诱惑的坚强意志。

任务4：现金折扣采购

【任务描述】

2024年3月14日，采购部王强与爱生活公司签订采购合同，购入MCL732F电视30台，合同约定的现金折扣条件为“2/10,1/20,n/30”。3月15日商品验收入库，取得爱生活公司开具的发票。3月23日，财务部支付采购货款。

【原始凭证】

购销合同、入库单、采购发票、网银电子回单，如图3.2.35~图3.2.38所示。

购销合同

合同编号：CG009

甲方（卖方）：爱生活集团股份公司

乙方（买方）：日照瑞泽商贸有限责任公司

甲乙双方在平等自愿的基础上就商品购销事宜达成一致，现根据《中华人民共和国民法典》中合同的有关规定，签订如下条款，共同遵守。

一、货物的名称、数量及金额

货物名称	单位	数量	单价(不含税)	金额(不含税)	税率	税额
MCL电视732F	台	30	5,700.00	171,000.00	13%	22,230.00
合计				￥171,000.00		￥22,230.00

二、合同总金额：人民币壹拾玖万叁仟贰佰叁拾元整（￥193,230.00）。

三、结算方式：网上银行；付款条件：2/10,1/20,n/30（不考虑增值税）。

四、交货地点：日照瑞泽商贸有限责任公司。

五、发运方式及运费负担：甲方于2024年03月15日发出全部商品并负担运费。

甲方(签章):爱生活集团股份公司
授权代表：蔡晓琳
日　　期：2024年03月14日

乙方(签章):日照瑞泽商贸有限责任公司
授权代表：王强
日　　期：2024年03月14日

图3.2.35　购销合同

入 库 单

2024 年 03 月 15 日

交货单位	爱生活集团股份公司			验收仓库	彩电库	
商品编号	商品名称及规格	单位	数量		价格	
			交库	实收	单价	金额
2002	MCL电视732F	台	30	30		
合　计			30	30		

经理部门：略　　　会计：略　　　仓库：略　　　经办人：略

图 3.2.36　入库单

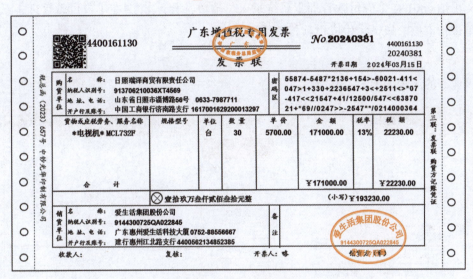

图 3.2.37　采购发票

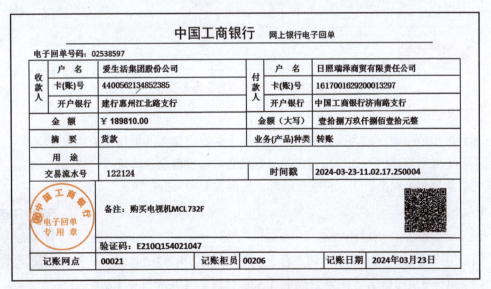

图 3.2.38　网银电子回单

【任务解析】

该业务是附有现金折扣的采购业务，需要在采购订单上勾选付款条件，其业务流程与赊购流程一致，若提前支付货款，应将享有的现金折扣冲减财务费用。

【岗位说明】

1. 采购员cg01在【采购管理】系统录入采购订单，勾选付款条件，生成并审核到货单。

2. 库管员ck01在【库存管理】系统参照生成并审核入库单。

3. 采购员cg01在【采购管理】系统参照生成采购发票，完成采购结算。

4. 会计kj02在【应付款管理】系统对采购发票进行审核，生成采购凭证；在【存货核算】系统对入库单进行记账，生成存货入库凭证。

5. 出纳cn01在【应付款管理】系统录入付款单，会计kj02在【应付款管理】系统对付款单进行审核、核销，生成付款核销凭证。

【业务流程】

该业务的流程如图3.2.39所示。

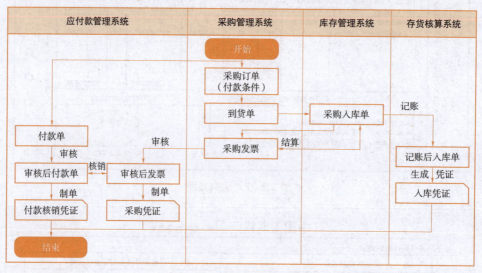

图3.2.39　现金折扣业务流程

【知识链接】

现金折扣是指销售方为提前收回货款，给予买方价格上的折扣。信息化环境下买方录入采购订单时需勾选付款条件，后续参照生成的采购发票会自动带入付款条件，若买方提前支付货款享受了现金折扣，付款核销时，核销数据即为折扣额。

【工作指导】

第一步：录入审核采购订单

（1）用户cg01登录【企业应用平台】，【操作日期】为"2024-03-14"。

（2）执行【供应链】-【采购管理】-【采购订货】-【采购订单】命令，

现金折扣

打开【采购订单】窗口，单击【增加】按钮，根据合同录入采购订单，表头项目【付款条件】选择"2/10,1/20,n/30"，表体项目【计划到货日期】更改为"2024-03-15"，依次单击【保存】【审核】按钮，如图3.2.40所示。

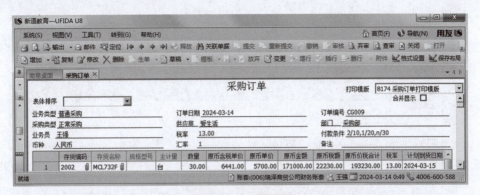

图 3.2.40　采购订单

第二步：参照生成并审核到货单

（1）用户 cg01 登录【企业应用平台】，【操作日期】为"2024-03-15"。

（2）执行【供应链】-【采购管理】-【采购到货】-【到货单】命令，打开【到货单】窗口，单击【增加】按钮，再单击【生单】右侧倒三角下拉菜单中的"采购订单"按钮，参照编号"CG009"的采购订单生成到货单，依次单击【保存】【审核】按钮。

第三步：参照生成并审核采购入库单

（1）更换用户 ck01 登录【企业应用平台】，【操作日期】为"2024-03-15"。

（2）执行【供应链】-【库存管理】-【入库业务】-【采购入库单】命令，单击【生单】右侧倒三角下拉菜单中的"采购到货单（蓝字）"按钮，参照爱生活的采购到货单生成采购入库单，【仓库】选择"彩电库"，依次单击【保存】【审核】按钮，如图3.2.41所示。

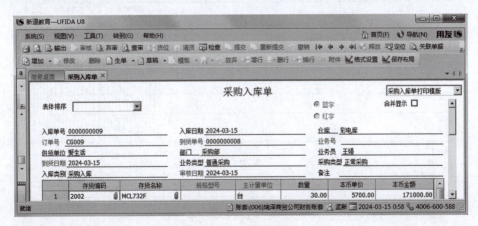

图 3.2.41　采购入库单

第四步：参照生成采购发票并结算

（1）更换用户 cg01 登录【企业应用平台】，【操作日期】为"2024-03-15"。

（2）执行【供应链】–【采购管理】–【采购发票】–【专用采购发票】命令，单击【增加】按钮，再单击【生单】右侧倒三角下拉菜单中的"入库单"按钮，参照"2024-03-15"的入库单生成采购发票，【发票号】录入"20240381"，依次单击【保存】【结算】按钮，如图 3.2.42 所示。

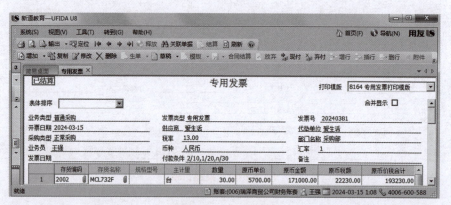

图 3.2.42　采购发票

第五步：审核采购发票生成凭证

（1）更换用户 kj02 登录【企业应用平台】，【操作日期】为"2024-03-15"。

（2）执行【财务会计】–【应付款管理】–【应付单据处理】–【应付单据审核】命令，打开【应付单查询条件】窗口，单击【确定】按钮。

（3）打开【单据处理】窗口，双击打开专用发票，审核发票并制单，生成物资采购凭证，如图 3.2.43 所示。

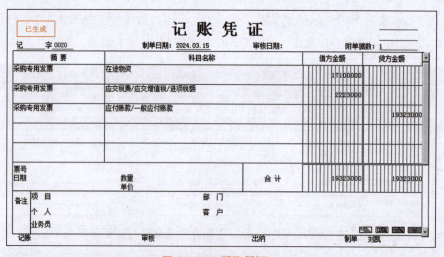

图 3.2.43　采购凭证

第六步：记账并生成凭证

（1）执行【供应链】–【存货核算】–【业务核算】–【正常单据记账】命令，选择日期为"2024-03-15"的采购入库单进行记账。

（2）执行【存货核算】-【财务核算】-【生成凭证】命令，生成存货入库凭证，如图 3.2.44 所示。

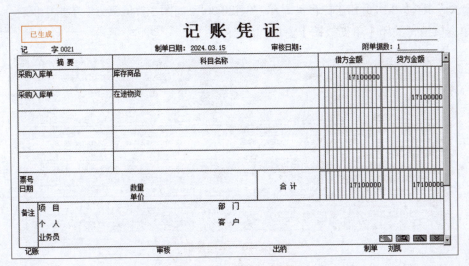

图 3.2.44　存货入库凭证

第七步：付款核销生成凭证

（1）更换出纳 cn01 登录【企业应用平台】，【操作日期】为"2024-03-23"。

（2）执行【财务会计】-【应付款管理】-【付款单据处理】-【付款单据录入】命令，打开【付款单】窗口。

（3）单击【增加】按钮，根据网银电子回单填写付款单表头项目，单击【保存】按钮，表体信息自动生成，如图 3.2.45 所示。

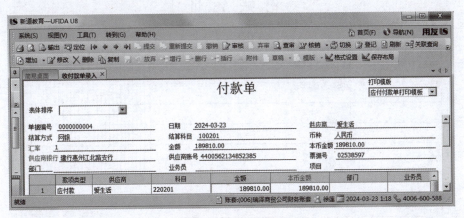

图 3.2.45　付款单

（4）更换用户 kj02 登录【企业应用平台】，【操作日期】为"2024-03-23"。

（5）执行【应付款管理】-【付款单据处理】-【付款单据审核】命令，打开【收付款单列表】窗口，依次单击【全选】【审核】按钮，完成付款单的审核。

（6）执行【应付款管理】-【核销处理】-【手工核销】命令，打开【核销条件】窗口，

【供应商】选择"爱生活集团股份公司"，单击【确定】按钮。

（7）打开【单据核销】窗口，在采购专用发票的【本次结算】栏录入"189 810.00"，按"Enter"键，【本次折扣】栏自动显示"3 420.00"，如图 3.2.46 所示，单击【保存】按钮，完成单据核销，关闭【单据核销】窗口。

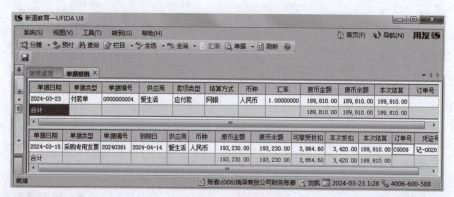

图 3.2.46　单据核销

（8）执行【应付款管理】–【制单处理】命令，打开【制单查询】窗口，勾选"收付款单制单"和"核销制单"复选框，单击【确定】按钮。

（9）打开【制单】窗口，单击【合并】按钮，两行的【选择标志】均显示为"1"，单击【制单】按钮，生成付款核销凭证，单击"财务费用 / 现金折扣"的贷方发生额，按"Space"键将发生额调整到借方，再按"–"键或者"="键将金额调整为负数，以红字显示，单击【保存】按钮，如图 3.2.47 所示。

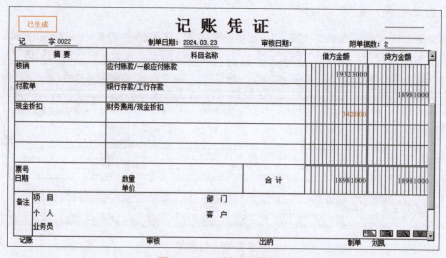

图 3.2.47　付款核销凭证

【注意事项】

　　财务费用属于费用类科目，发生额必须在借方，否则利润表无法取数。本任务中的财务费用以红字在借方显示，可通过"="或者"–"键调整金额的正负号。

【自检自测】

1. 当购销合同约定了现金折扣，采购方应在采购订单上勾选_____。

2. 若系统生成的凭证中财务费用在贷方，应将其调整到借方，并通过_____键调整其正负号。

【拓展延伸】

1. 发票勾选了付款条件，且【应付款管理】系统勾选了"自动计算现金折扣"选项，进行手工核销时，系统会自动计算"可享受的折扣"，该折扣金额可以修改。

2. 一般的付款核销业务，核销是付款单与其对应的应付单注销，不产生数据，但是当企业采购商品享受了现金折扣时，核销金额为企业所享受的现金折扣额。

任务 5：商业汇票背书

【任务描述】

2024 年 3 月 15 日，采购部王强购入暖阳 D08 豆浆机 100 件，货物当日验收入库，财务部将所持有广州和润的银行承兑汇票背书转让给暖阳公司，余款暂欠。

【原始凭证】

购销合同、采购发票、入库单、电子商业汇票打印件，如图 3.2.48~ 图 3.2.51 所示。

购销合同

合同编号：CG010

甲方（卖方）：暖阳股份有限公司

乙方（买方）：日照瑞泽商贸有限责任公司

　　甲乙双方在平等自愿的基础上就商品购销事宜达成一致，现根据《中华人民共和国民法典》中合同的有关规定，签订如下条款，共同遵守。

一、货物的名称、数量及金额

货物名称	单位	数量	单价(不含税)	金额(不含税)	税率	税额
暖阳豆浆机D08	件	100	500.00	50,000.00	13%	6,500.00
合　计				￥50,000.00		￥6,500.00

二、合同总金额：人民币伍万陆仟伍佰元整（￥56,500.00）。

三、结算方式：银行承兑汇票；付款时间：2024年03月15日背书商业汇票，支付货款50000.00元，余款于2024年4月15日网银结清。

四、交货地点：日照瑞泽商贸有限责任公司。

五、发运方式及费用负担：甲方于合同签订日发出全部商品并负担运费。

甲方(签章)：暖阳股份有限公司　　乙方(签章)：日照瑞泽商贸有限责任公司

授权代表：识娜　　　　　　　　　授权代表：王强

日　　期：2024年03月15日　　　日　　期：2024年03月15日

图 3.2.48　购销合同

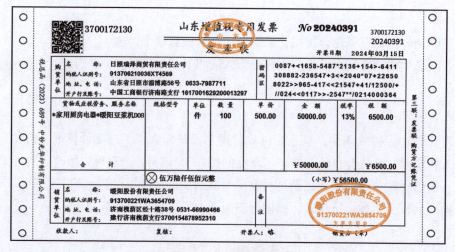

图 3.2.49　采购发票

入 库 单

2024 年 03 月 15 日

交货单位	暖阳股份有限公司				验收仓库	家用小电器库	
商品编号	商品名称及规格	单位	数量		价格		
			交库	实收	单价	金额	
4001	暖阳豆浆机D08	件	100	100			
合　计			100	100			

经理部门：略　　　　会计：略　　　　仓库：略　　　　经办人：略

图 3.2.50　入库单

显示日期：20240315

电子商业汇票系统
Electronic Commercial Draft System

电 子 银 行 承 兑 汇 票

出 票 日 期：2023-12-18　　　　　　票据状态：背书待签收
汇票到期日：2024-06-17　　　　　　票号：14567890

出票人	全　称	广州和润贸易有限公司		收票人	全　称	日照泽瑞商贸有限公司	
	账　号	62222034000017574887			账　号	1617001629200013297	
	开户银行	工商银行南京路支行			开户银行	中国工商银行济南路支行	
出票保证信息	保证人姓名：		保证人地址：			保证日期：	
票据金额	人民币（大写）	伍万元整				十亿千百十万千百十元角分 ￥50000000	
承兑人信息	全　称	工商银行南京路支行		开户行行号	003225874		
	账　号	0		开户行名称	工商银行南京路支行		
交易合同号				承兑信息	出票人承诺：本汇票请予以承兑，到期无条件付款		
能否转让	可以转让				承兑人承诺：本汇票已经承兑，到期无条件付款 承兑日期 2023-12-20		
承兑保证信息	保证人姓名：		保证人地址：			保证日期：	
评级信息（由出票人、承兑人自己记载，仅供参考）	出票人	评级主体：		信用等级：		评级到期日：	
	承兑人	评级主体：		信用等级：		评级到期日：	
备注							

图 3.2.51　电子商业汇票打印件

【任务解析】

该业务是通过商业票据背书转让方式结算商品物资款，与赊购业务流程基本一致，但是需要在【应收款管理】系统将所持有的商业汇票背书转让，结算货款。

【岗位说明】

1. 采购员 cg01 在【采购管理】系统录入并审核采购订单、到货单。

2. 库管员 ck01 在【库存管理】系统录入或参照生成并审核入库单。

3. 采购员 cg01 在【采购管理】系统参照生成采购发票，进行采购结算。

4. 会计 kj02 在【应付款管理】系统对采购发票进行审核，生成采购凭证；在【存货核算】系统对入库单进行记账，生成存货入库凭证。

5. 会计 kj02 在【应收款管理】系统执行商业汇票背书转让，生成票据背书转让凭证。

【业务流程】

该业务的流程如图 3.2.52 所示。

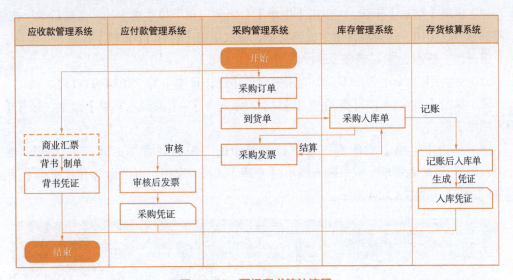

图 3.2.52　票据背书转让流程

【知识链接】

票据背书转让是指企业将持有其他企业签发承兑且尚未到期的商业汇票背书转让偿还债务的行为，一方面减少了企业的债务，另一方面减少了企业依托商业汇票的收款权。

【工作指导】

第一步：录入并审核采购订单

（1）用户 cg01 登录【企业应用平台】，【操作日期】为"2024-03-15"。

（2）执行【供应链】-【采购管理】-【采购订货】-【采购订单】命令，打开【采购订单】窗口，单击【增加】按钮，根据合同录入采购订单，依次单击【保存】【审核】按钮，如图 3.2.53 所示。

汇票背书

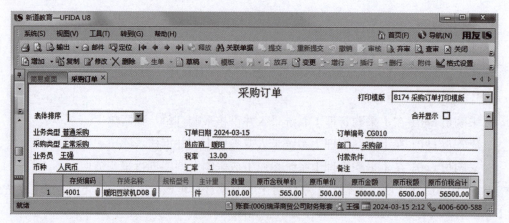

图 3.2.53　采购订单

第二步：参照生成并审核到货单

（1）单击右侧【快捷命令】下的"到货单"，打开【到货单】窗口。

（2）单击【增加】按钮，再单击【生单】右侧倒三角下拉菜单中的"采购订单"按钮，参照编号"CG010"的采购订单生成到货单，依次单击【保存】【审核】按钮。

第三步：参照生成并审核采购入库单

（1）更换用户 ck01 登录【企业应用平台】，【操作日期】为"2024-03-15"。

（2）执行【供应链】–【库存管理】–【入库业务】–【采购入库单】命令，打开【采购入库单】窗口。

（3）单击【生单】右侧倒三角下拉菜单中的"采购到货单（蓝字）"按钮，参照"2024-03-15"的到货单生成采购入库单，【仓库】选择"家用小电器库"，依次单击【保存】【审核】按钮，如图 3.2.54 所示。

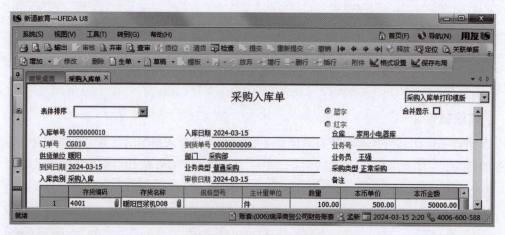

图 3.2.54　采购入库单

第四步：参照生成采购发票并进行结算

（1）更换用户 cg01 登录【企业应用平台】，【操作日期】为"2024-03-15"。

（2）执行【供应链】–【采购管理】–【采购发票】–【专用采购发票】命令，打开【专用发票】窗口。

（3）单击【增加】按钮，再单击【生单】右侧倒三角下拉菜单中的"入库单"按钮，参照暖阳的采购入库单生成采购发票，【发票号】录入"20240391"，依次单击【保存】【结算】按钮，显示"已结算"字样，如图 3.2.55 所示。

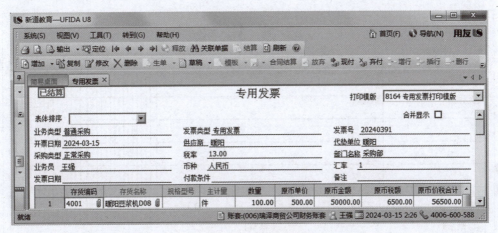

图 3.2.55　采购发票

第五步：审核采购发票生成凭证

（1）更换用户 kj02 登录【企业应用平台】，【操作日期】为"2024–03–15"。

（2）执行【财务会计】–【应付款管理】–【应付单据处理】–【应付单据审核】命令，打开【应付单查询条件】窗口，单击【确定】按钮。

（3）打开【单据处理】窗口，双击打开专用发票，审核发票并制单，生成物资采购凭证，如图 3.2.56 所示。

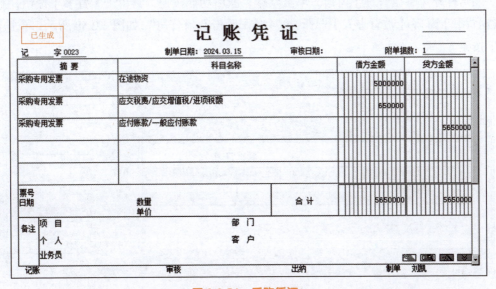

图 3.2.56　采购凭证

第六步：记账并生成凭证

（1）执行【供应链】-【存货核算】-【业务核算】-【正常单据记账】命令，对日期为"2024-03-15"的采购入库单进行记账。

（2）执行【存货核算】-【财务核算】-【生成凭证】命令，生成存货入库凭证，如图3.2.57所示。

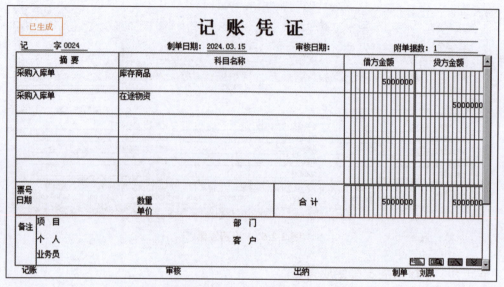

图3.2.57　存货入库凭证

第七步：应收票据背书转让

（1）执行【财务会计】-【应收款管理】-【票据管理】命令，打开【查询条件选择】窗口，单击【确定】按钮。

（2）打开【票据管理】窗口，单击票据，激活功能按钮，再单击【背书】按钮，打开【票据背书】窗口，【被背书人】选择"004暖阳股份有限公司"，如图3.2.58所示，单击【确定】按钮。

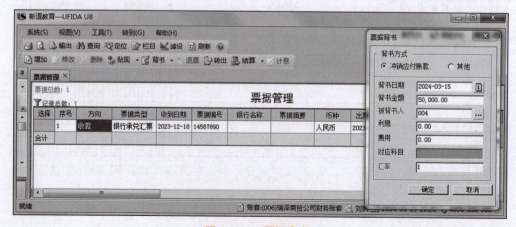

图3.2.58　票据背书

（3）打开【冲销应付账款】窗口，在单据编号“20240391”票据的【转账金额】栏录入“50 000.00”，如图 3.2.59 所示，单击【确定】按钮。

冲销应付账款

单据日期	单据类型	单据编号	存货	原币余额	转账金额	合同名称	项目编码
2024-03-13	采购专用发票	20240361		110,740.00			
2024-03-15	采购专用发票	20240391		56,500.00	50,000.00		
合计				167,240.00	50,000.00		

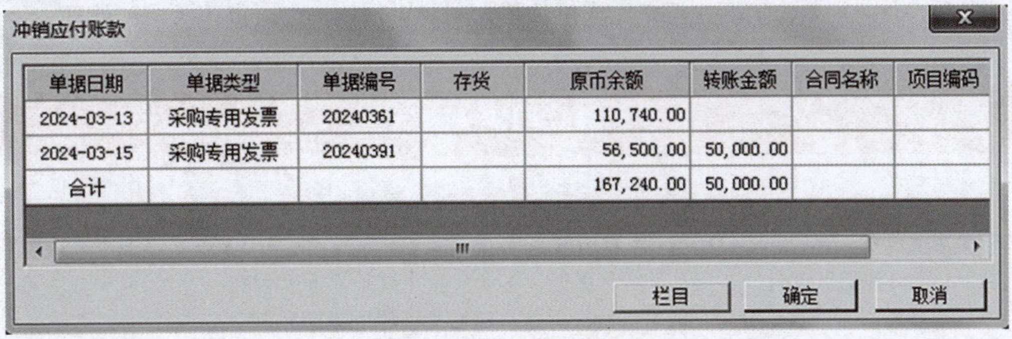

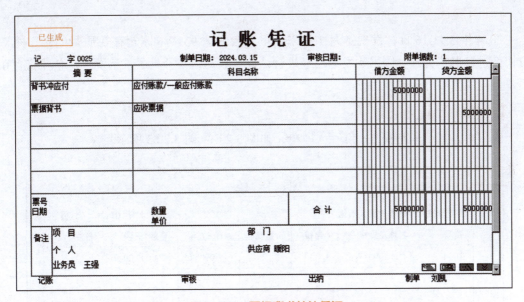

图 3.2.59　冲销应付账款

（4）系统提示“是否立即制单？”，单击【是】按钮，生成商业汇票背书转让凭证，如图 3.2.60 所示。

图 3.2.60　票据背书转让凭证

【注意事项】

票据的背书转让和企业采购商品物资时签发承兑商业汇票是不同的，前者是在【应收款管理】系统背书转让，后者是在【应付款管理】系统签发票据。

【自检自测】

1. 商业汇票根据承兑人不同，分为＿＿＿＿＿＿和＿＿＿＿＿＿。

2. 企业采购货物使用商业汇票结算，若购买方签发商业汇票，应在＿＿＿＿＿＿系统处理，若背书转让票据，应在＿＿＿＿＿＿系统处理。

【拓展延伸】

当企业采购商品采用签发商业汇票的方式进行结算时，需要在【应付款管理】系统填制一张新的商业汇票，该商业汇票生成付款单，需要对付款单进行审核及核销处理。

★★★自立自信★★★

票据是连接实体经济和货币市场的纽带，纵观我国票据的发展，大致经历了几个阶段：周朝时期出现的质剂、傅别是票据的雏形；唐朝时出现的飞钱解决了异地结算的困难，票据开始发挥汇兑功能；宋朝时期出现交子、会子等纸质票据，逐渐演化成国家货币；晚清时期，票号和钱庄推出的汇票、钱票、庄票等，对新中国票据制度的建立都有积极的借鉴作用。

任务6：采购退货

【任务描述】

2024年3月16日，发现本月1日采购的2台海大931W6冰箱存在质量问题，经双方协商进行退货处理。因采购发票已经进行认证，故销售方开具了红字发票，企业将存在质量问题的冰箱办理退货手续。

【原始凭证】

退货单、红字采购发票、红字入库单，如图3.2.61~图3.2.63所示。

退 货 单

供货单位：青岛海大集团有限公司　　　　　　　　　　　2024 年 03 月 16 日

货号	名称及规格	单位	数量	单价(无税)	金额(无税)	备注
1004	海大冰箱931W6	台	2	12 000.00	24 000.00	
合计	人民币 贰万肆仟元整				￥24 000.00	

制单：略　　　　退货单位及经手人(签章)：略　　　　供货单位及经手人(签章)：略

第三联 记账

图 3.2.61　退货单

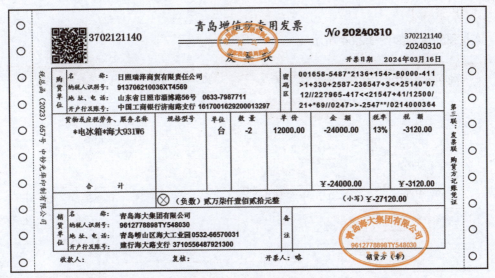

图 3.2.62　红字采购发票

入 库 单

2024 年 03 月 16 日

交货单位	青岛海大集团有限公司			验收仓库	冰箱库	
商品编号	商品名称及规格	单位	数量		价格	
			交库	实收	单价	金额
1004	海大冰箱931W6	台	-2	-2		
合　　计			-2	-2		

经理部门：略　　　　会计：略　　　　仓库：略　　　　经办人：略

图 3.2.63　红字入库单

【任务解析】

该业务是采购结算完成后发生的退货，业务起点是退货单，即红字到货单，业务流程与普通采购相似，后续要依次参照生成红字入库单、红字发票，进行采购结算，对红字发票审核制单，生成采购冲减凭证，对红字入库单进行记账，生成入库冲减凭证。

【岗位说明】

1. 采购员 cg01 在【采购管理】系统参照生成并审核退货单。

2. 库管员 ck01 在【库存管理】系统参照生成并审核红字入库单。

3. 采购员 cg01 在【采购管理】系统参照生成红字发票，完成采购结算。

4. 会计 kj02 在【应付款管理】系统对红字发票进行审核，生成红字采购凭证，进行红票对冲处理；在【存货核算】系统对红字入库单进行记账，生成红字入库凭证。

【业务流程】

该业务的流程如图 3.2.64 所示。

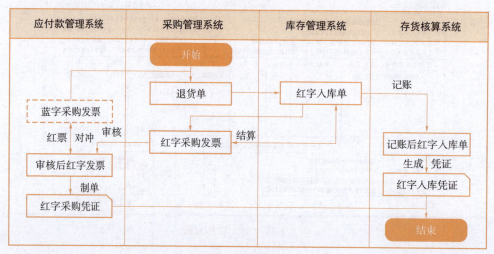

图 3.2.64　采购退货流程

【知识链接】

采购退货业务的起始点是退货单，可参照采购订单或者到货单生成，表体中退货数量为负值，原币单价为正值，后续的业务处理流程可参照普通采购处理。

【工作指导】

第一步：生成并审核采购退货单

（1）用户 cg01 登录【企业应用平台】，【操作日期】为"2024-03-16"。

（2）执行【供应链】-【采购管理】-【采购到货】-【采购退货单】命令，打开【采购退货单】窗口。

采购退货

（3）单击【增加】按钮，再单击【生单】右侧倒三角下拉菜单中的"采购订单"按钮，参照编号"CG001"的采购订单生成退货单，将表头项目【采购类型】更改为"采购退货"。

（4）单击表体"海大 642V2"所在行，再单击【删行】按钮，删除该行；然后将"海大 931W6"所在行的表体【数量】更改为"-2"，依次单击【保存】【审核】按钮，如图 3.2.65 所示。

第二步：参照生成并审核红字采购入库单

（1）更换用户 ck01 登录【企业应用平台】，【操作日期】为"2024-03-16"。

（2）执行【供应链】-【库存管理】-【入库业务】-【采购入库单】命令，打开【采购入库单】窗口。

（3）单击【生单】右侧倒三角下拉菜单中的"采购到货单（红字）"按钮，参照采购退货单生成红字采购入库单，【仓库】选择"冰箱库"，依次单击【保存】【审核】按钮，如图 3.2.66 所示。

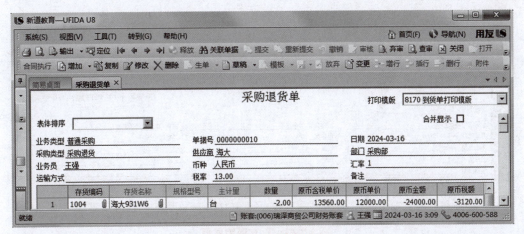

图 3.2.65　采购退货单

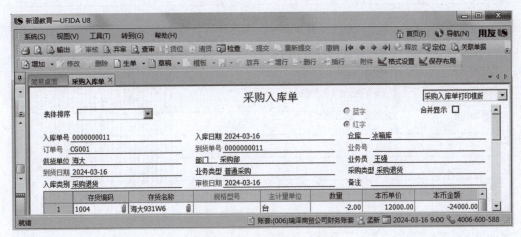

图 3.2.66　红字采购入库单

第三步：参照生成红字专用发票并结算

（1）更换用户 cg01 登录【企业应用平台】，【操作日期】为"2024-03-16"。

（2）执行【供应链】-【采购管理】-【采购发票】-【红字专用采购发票】命令，打开【红字专用发票】窗口。

（3）单击【增加】按钮，再单击【生单】右侧倒三角下拉菜单中的"入库单"按钮，参照"2024-03-16"的红字入库单生成红字专用发票，【发票号】录入"20240310"，依次单击【保存】【结算】按钮，如图 3.2.67 所示。

第四步：审核红字专用发票并制单

（1）更换用户 kj02 登录【企业应用平台】，【操作日期】为"2024-03-16"。

（2）执行【财务会计】-【应付款管理】-【应付单据处理】-【应付单据审核】命令，打开【应付单查询条件】窗口，单击【确定】按钮。

（3）打开【单据处理】窗口，双击打开专用发票，审核发票并制单，如图 3.2.68 所示。

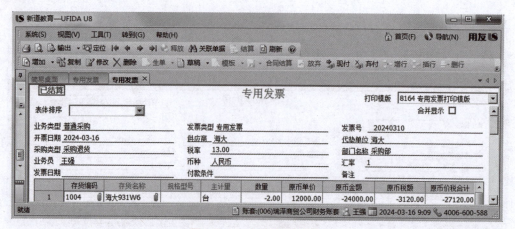

图 3.2.67　红字专用发票

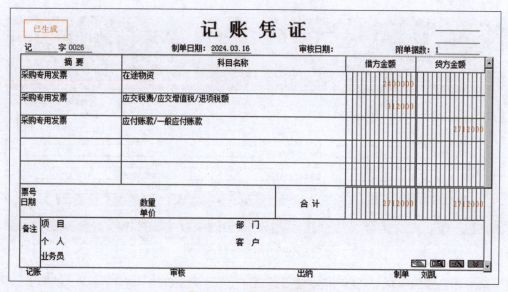

图 3.2.68　采购退货凭证

第五步：红票对冲

（1）执行【应付款管理】–【转账】–【红票对冲】–【手工对冲】命令，打开【红票对冲条件】窗口，【供应商】选择"001 青岛海大"，单击【确定】按钮。

（2）打开【红票对冲】窗口，双击"2024–03–01"的采购专用发票，【对冲金额】栏自动显示"27 120.00"，如图 3.2.69 所示。

（3）单击【保存】按钮，系统提示"是否立即制单？"，单击【是】按钮，生成红票对冲凭证，如图 3.2.70 所示。

第六步：记账并生成退货凭证

（1）执行【供应链】–【存货核算】–【业务核算】–【正常单据记账】命令，对日期为"2024–03–16"的红字采购入库单进行记账。

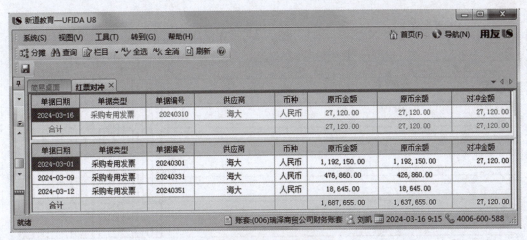

图 3.2.69 红票对冲

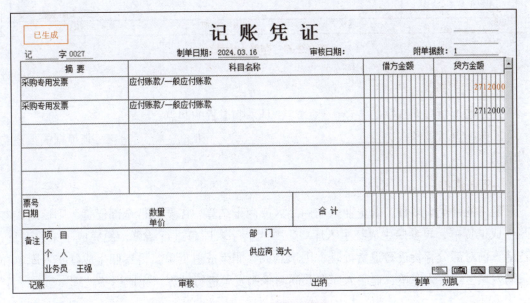

图 3.2.70 红票对冲凭证

（2）执行【存货核算】-【财务核算】-【生成凭证】命令，生成红字入库凭证，如图 3.2.71 所示。

【注意事项】

1. 采购退货单即为红字到货单，既可以参照采购订单、到货单生成，也可以直接手工录入，退货流程与赊购流程相似，生成的会计凭证以红字显示。

2. 若采购货款已付，则退货时不再进行红票对冲。当企业取得红字采购发票的同时收到了退货款，应执行现付处理；若退货款晚于退货，则需要录入红字付款单并核销。

3. 采购退货虽然对于企业而言是物资出库，但本质还是采购业务，因此应参照生成红字入库单，而不是出库单。

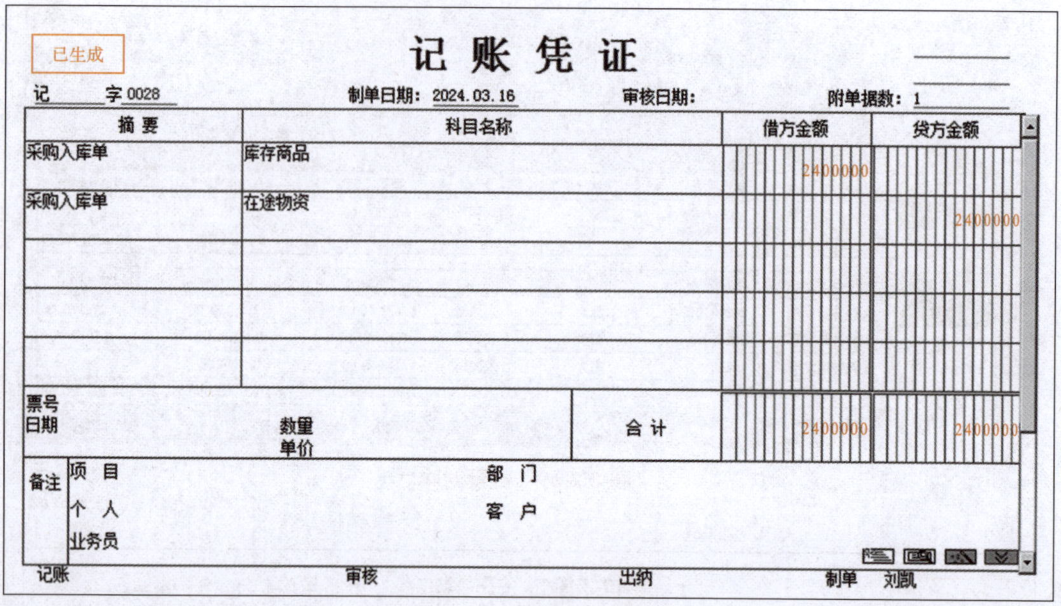

已生成	记 账 凭 证			_____

记　　字 0028　　　　　　　制单日期：2024.03.16　　　　审核日期：　　　　　　　附单据数：1

摘　要	科目名称	借方金额	贷方金额
采购入库单	库存商品	2400000	
采购入库单	在途物资		2400000

| 票号
日期 | 数量
单价 | 合　计 | 2400000 | 2400000 |

备注　项　目　　　　　　　　　　　部　门
　　　个　人　　　　　　　　　　　客　户
　　　业务员

记账　　　　　　审核　　　　　　出纳　　　　　　制单　刘凯

图 3.2.71　存货出库凭证

【自检自测】

1. 采购退货单即红字的_____，是采购退货的起点。

2. 采购退货业务中，_____、_____和_____三张单据的数量均为负值。

【拓展延伸】

退货的种类有多种，若企业采购商品入库尚未结算，需要进行全部退货，则填制或参照生成退货单，再参照生成红字入库单，并与蓝字入库单进行结算，便完成了采购退货；若结算前对部分存货进行退货处理，则填制或参照生成退货单，再参照生成红字入库单和采购发票，红字入库单、蓝字入库单共同与采购发票进行结算，完成退货处理。

★★★遵纪守法★★★

《消费者权益保护法》规定，经营者提供的商品或者服务不符合质量要求，消费者可依照国家规定、当事人约定退货，或要求经营者履行更换、修理义务。没有国家规定和当事人约定的，消费者可自收到商品之日起七日内退货；七日后符合法定解除合同条件的，消费者可退货，不符合法定解除合同条件的，可要求经营者履行更换、修理等义务。工作生活中，我们要增强法律意识，运用法律武器维护好企业和自身的合法权益。

常见故障

序号	问题描述	原因分析	解决方案
1	填制【采购管理】系统单据时找不到业务员，但是人员档案中有此人	人员档案未勾选"是否业务员"选项	执行【基础档案】–【机构人员】–【人员档案】命令，选择相关人员，打开修改窗口，勾选"是否业务员"复选框
2	采购订单及采购发票编号无法修改	编号设置方式问题	执行【基础设置】–【单据设置】–【单据编号设置】命令，找到相关单据，将编号修改为"手工改动，重号时自动重取"或"完全手工编号"
3	填制采购订单时找不到存货，但是存货档案中建立了该存货	存货属性设置错误	执行【基础档案】–【存货】–【存货档案】命令，打开【存货档案】窗口，选择相关存货，进入修改窗口，勾选"外购"属性
4	操作员已经赋予审核发票的权限，但审核采购发票时，找不到发票	数据权限对"用户"进行了控制	执行【系统服务】–【权限】–【数据权限控制设置】命令，取消"用户"勾选；或者通过【数据权限分配】命令，授予操作员"用户"数据权限
5	取得采购发票的同时支付了货款，但是在审核采购发票时找不到发票记录	发票查询时没有选择"包含已现结发票"选项	【应付款管理】系统审核发票时，在【应付单查询条件】窗口勾选"包含已现结发票"选项
6	付款核销时，找不到采购发票	采购发票不存在；采购发票供应商错误；付款单上的供应商错误	检查发票是否存在以及供应商是否正确；检查付款单供应商是否正确
7	单货同到的采购业务，采购入库单记账后生成暂估入库凭证	采购入库单与采购发票未进行采购结算直接记账	找到采购入库单与相应的采购发票，进行采购结算
8	有运费的采购业务，采购结算时无法进行运费分摊	"运输费"存货属性没有勾选"应税劳务"选项	执行【基础设置】–【基础档案】–【存货】–【存货档案】命令，找到"运输费"，打开修改窗口，选择"应税劳务"属性
9	在【采购管理】系统参照生成采购入库单，【增加】命令是灰色	只有期初采购入库单在【采购管理】系统录入，日常业务的入库单在【库存管理】系统录入	执行【库存管理】–【入库业务】–【采购入库单】命令，参照生成采购入库单

序号	问题描述	原因分析	解决方案
10	单到货未到业务，审核发票时找不到发票	发票查询时没有选择"未完全报销"选项	执行【应付款管理】–【应付单据处理】–【应付单据审核】命令，在应付单查询条件窗口选择"未完全报销"选项
11	采购入库单记账时，提示期初未记账	存货核算没有进行期初记账	执行【存货核算】–【初始设置】–【期初数据】–【期初余额】命令，执行期初记账
12	采购入库单已经完成记账，但生成凭证时没有入库记录	同一张入库单上的多条记录没有全部记账	同一张入库单上的多条记录同时记账
13	采购暂估业务进行结算成本处理时没有单据	采购发票采用手工增加或者参照本月入库单生成	采购发票应参照期初入库单生成
14	损耗业务，根据采购入库单生成采购发票时，增加数量，无法保存	采购入库单数量小于采购发票数量	入库单数量少于采购发票数量，因此采购发票根据采购订单生成，可直接保存
15	非合理损耗业务，采购入库凭证没有进项税转出	采购结算时没有录入非合理损耗金额	进行手工结算，选择相应的发票和入库单，填写非合理损耗数量和金额，进项税额转出额自动生成
16	非合理损耗业务，采购发票和入库单不能合并制单	【存货核算】系统制单时选项未勾选	制单时，在【选择单据】窗口，选择"已结算采购入库单自动选择全部结算单上单据（包括入库单、发票、付款单），非本月采购入库单按蓝字报销单制单"选项
17	现金折扣业务，付款核销时没有折扣金额	发票没有付款条件或者参数设置问题	检查采购发票是否选择了付款条件；修改【应付款管理】系统参数"自动计算现金折扣"
18	付款核销及红票对冲制单时，提示"没有有效凭证"	参数设置问题，受控科目制单方式选择了"明细到供应商"。	修改【应付款管理】系统参数，受控科目制单方式修改为"明细到单据"
19	商业汇票背书错误无法重新背书处理	汇票背书执行完成后不能重复处理	重新执行商业汇票背书转让，需先将前面的背书操作取消掉，首先删除已经生成的凭证，其次通过【其他处理】–【取消操作】命令将背书操作予以取消
20	退货单或者红字发票无法保存	表体填写错误	退货单或者红字发票上的数量应为负值，单价为正值

总结提升

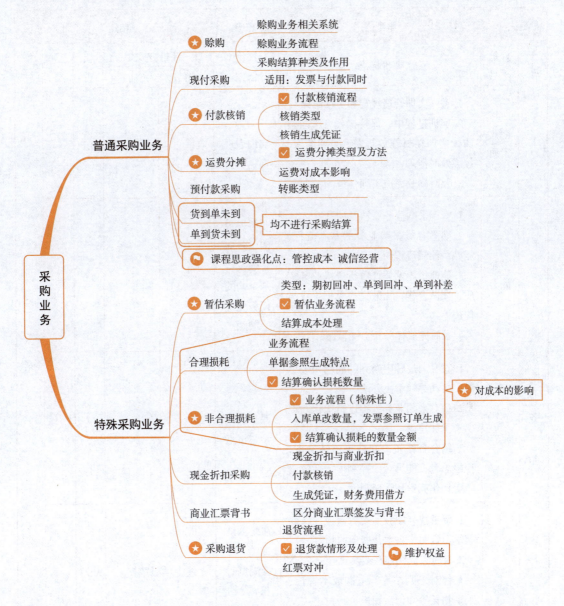

考核评价

姓名：		学号：		班级：		组别：			
	评价项目	评价标准	评价依据	评价方式		权重	得分	总分	
				小组 0.2	教师 0.8				
采购业务	职业素质	1. 遵守实训管理规定和劳动纪律 2. 实训过程中，保持操作台干净整洁，实训耗材摆放规范；实训结束，垃圾及时清理 3. 及时高效完成实训任务	实训表现			0.1			
	专业能力	1. 掌握采购业务所涉及的系统 2. 熟悉各类采购业务的基本流程，能熟练绘制流程图 3. 能通过原始凭证解析经济业务实质，团队合作，高效完成单据生成与传递 4. 及时完成任务并上交截图	业务流程图、普通采购及特殊采购的任务凭证截图			0.6			
	创新能力	1. 对实训过程中遇到的问题积极思考，主动寻找解决办法 2. 针对采购业务流程进行优化并提出意见和建议 3. 结合各系统之间数据流转关系，积极思考，能结合内控制度、高效工作等优化流程和管理制度	课堂表现参与贡献			0.1			
	学习态度质量	1. 登录智慧职教，观看微课、课件等学习资源，自主开展课前预习 2. 及时完成课前在线测试 3. 针对采购结算、采购成本管控、采购损耗等知识点积极进行讨论、发帖回帖	在线测试成绩 / 视频浏览时长 / 发帖回帖数量	线上学习数据		0.2			
	教师评语								

指导教师签名：　　　　　　日期：

项目四

销售业务

"人法地，地法天，天法道，道法自然。"任何事物发展都需顺应自然、遵循自然规律。企业作为社会经济发展的基础单元，应顺应新时代发展要求，锚定新时代的发展任务，研究并用好国家政策，根据市场需求，做好产品的生产与销售。以推进发展方式创新为出发点，以构建绿色低碳循环经济体系为着力点，以促进经济社会发展全面绿色转型为落脚点，扭转传统的粗放增长方式，提高全要素生产率，推动质量变革、效率变革、动力变革，贯通生产、分配、流通、消费各环节，发展新质生产力，实现经济高质量发展行稳致远。

走进项目

　　销售是企业将产品、服务转换为收入的主要途径，是实现盈利的重要手段，是企业最主要的"造血中心"；销售也是企业拓展市场、提高品牌影响力的重要方式；销售更是架起企业与市场的桥梁，立足市场需求有针对性地改进服务、优化产品，是实现企业可持续发展的源泉，在整个供应链中的地位不言而喻。

　　该项目包括普通销售业务和特殊销售业务2个子项目，共计14个任务，涵盖了赊销、现结销售、现金折扣销售等常规销售业务，以及直运销售、外币结算销售、分期收款销售、定金销售、委托代销等特殊销售业务，包括销售相关系统、销售流程、委托代销结算方式、特殊业务相关单据格式调整、商业折扣与现金折扣、折让与退货的异同等相关知识点。该项目的特殊销售业务间具有较大差异性，单据和信息传递复杂，学习起来难度系数较大。

职业目标

目标类型	目标要求	对应子项目
能力目标	能解读销售业务的原始凭证	子项目4.1
	能绘制赊销业务流程图并处理赊销业务	子项目4.1
	能处理开具发票同时收取货款的业务	子项目4.1
	能处理销售代垫费用业务	子项目4.1
	能处理开票与发货不同步的业务	子项目4.1
	能处理商业汇票到期结算的业务	子项目4.1
	能处理直运销售业务	子项目4.2
	能处理外币结算的销售业务	子项目4.2
	能处理一次发货、分期开票结算的销售业务	子项目4.2
	能处理手续费方式结算的委托代销业务	子项目4.2
	能处理零售日报业务	子项目4.2
	能设置定金业务相关的单据格式，并处理定金业务	子项目4.2
	能处理销售折让及退货业务	子项目4.2
知识目标	掌握各种销售业务的处理流程	子项目4.1
	理解收款核销的意义及方法	子项目4.1
	掌握销售、库存、存货核算及应收款系统间数据传递关系	子项目4.1
	掌握特殊销售涉及参数的设置及对业务的影响	子项目4.2
	掌握委托代销的含义及不同类型处理方法	子项目4.2
	理解销售折让和销售退回的差异	子项目4.2

续表

目标类型	目标要求	对应子项目
素质目标	培养学生高效的工作作风和团队协作意识	子项目 4.1-4.2
	培养学生坚守准则、不做假账的职业道德	
	培养学生选择合理结算方式、控制销售风险的意识	
	培养学生加强往来款项管理、降低坏账风险的意识	
	培养学生严格遵守内控流程、提高销售效益的态度	

 学习导航

项目	子项目	典型工作任务	学习资源
销售业务	普通销售业务	赊销	
		现结销售	
		现金折扣及代垫运费	
		一次开票分次出库	
		一次出库分次开票	
		商业汇票结算销售	
	特殊销售业务	直运销售	智慧职教平台 微课 401-421
		外币结算销售	
		分期收款销售	
		定金销售	
		委托代销	
		零售日报	
		销售退货	
		销售折让	

 项目背景

　　企业启用财务软件后，销售部相继与日照凌云商贸公司、济南银锐商贸公司等客户签订了系列销售合同，销售业务类型包括赊销、现结销售、代垫运费、直运销售、委托代销以及因商品质量问题发生的销售退货及折让等。业务部门及财务部门的相关人员需要根据业务职责，完成相关单据的录入、审核及会计凭证的生成处理工作。

子项目 4.1

普通销售业务

任务1：赊销

【任务描述】

2024 年 3 月 16 日，销售部李超与济南银锐签订购销合同，销售海大 642V2 冰箱和 MCL655A 电视，货物当天发出，开具增值税专用发票，货款未收。

【原始凭证】

购销合同、出库单、销售发票，如图 4.1.1~ 图 4.1.4 所示。

购销合同

合同编号：XS001

甲方（卖方）：日照瑞泽商贸有限责任公司

乙方（买方）：济南银锐商贸有限公司

甲乙双方在平等自愿的基础上就商品购销事宜达成一致，现根据《中华人民共和国民法典》中合同的有关规定，签订如下条款，共同遵守。

一、货物的名称、数量及金额

货物名称	单位	数量	单价(不含税)	金额(不含税)	税率	税 额
海大冰箱642V2	台	30	8,300.00	249,000.00	13%	32,370.00
MCL电视655A	台	30	4,800.00	144,000.00	13%	18,720.00
合 计				￥393,000.00		￥51,090.00

二、合同总金额：人民币肆拾肆万肆仟零玖拾元整（￥444,090.00）。

三、结算方式：网银；付款时间：2024 年 4 月 16 日。

四、交货地点：济南银锐商贸有限公司。

五、发运方式及运费负担：甲方于合同签订日发出商品，乙方负担运费。

甲方(签章)：日照瑞泽商贸有限责任公司　　乙方(签章)：济南银锐商贸有限公司

授权代表：李超　　　　　　　　　　　　授权代表：刘杰

日　　期：2024 年 03 月 16 日　　　　　日　　期：2024 年 03 月 16 日

图 4.1.1　购销合同

出　库　单

2024 年 03 月 16 日

提货单位	济南银锐商贸有限公司		发出仓库		冰箱库	
商品编号	商品名称及规格	单位	数量		价格	
			应发	实发	单价	金额
1002	海大冰箱642V2	台	30	30		
合　计			30	30		

经理部门：略　　　　会计：略　　　　仓库：略　　　　经办人：略

图 4.1.2　出库单（一）

出　库　单

2024 年 03 月 16 日

提货单位	济南银锐商贸有限公司		发出仓库		彩电库	
商品编号	商品名称及规格	单位	数量		价格	
			应发	实发	单价	金额
2001	MCL电视655A	台	30	30		
合　计			30	30		

经理部门：略　　　　会计：略　　　　仓库：略　　　　经办人：略

图 4.1.3　出库单（二）

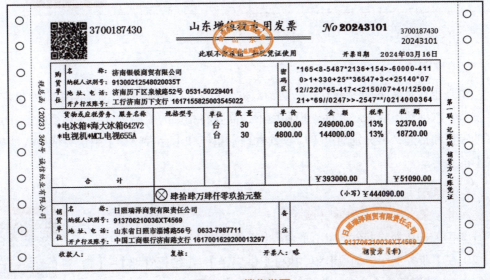

图 4.1.4　销售发票

【任务解析】

该业务是赊销业务，即发出货物的同时开具发票，货款暂未收取。

【岗位说明】

1. 销售员 xs01 在【销售管理】系统录入并审核销售订单，参照销售订单生成销售发票，并对其进行复核，系统自动生成并审核发货单。

2. 库管员 ck01 在【库存管理】系统参照生成并审核出库单。

3. 会计 kj02 在【应收款管理】系统对销售发票进行审核，生成收入确认凭证；在【存货核算】系统对销售发票或出库单进行记账，生成成本结转凭证。

【业务流程】

该业务的流程如图 4.1.5 所示。

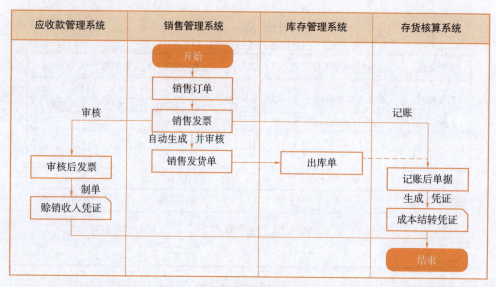

图 4.1.5　赊销流程

【知识链接】

赊销是企业最常见的销售方式，购销双方签订合同，销售方根据合同约定发出货物，开具发票，款项暂不收取。软件处理环境下，需要将相关的原始凭证录入到系统，并完成单据的审核和传递，再分别通过【应收款管理】系统和【存货核算】系统完成收入的确认和成本的结转。

【工作指导】

第一步：录入并审核销售订单

（1）用户 xs01 登录【企业应用平台】，【操作日期】为"2024-03-16"。

（2）在【业务工作】选项卡中，执行【供应链】-【销售管理】-【销售订货】-【销售订单】命令，打开【销售订单】窗口。

赊销

（3）单击【增加】按钮，根据合同录入销售订单，依次单击【保存】【审核】按钮，如图 4.1.6 所示。

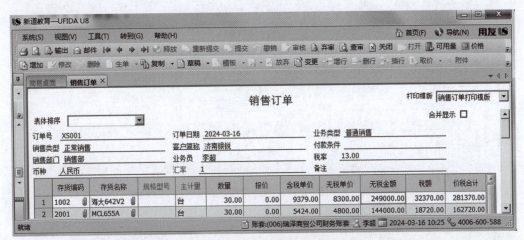

图 4.1.6 销售订单

第二步：参照生成并复核销售发票

（1）单击【快捷命令】下的"销售专用发票"，或者执行【销售管理】–【销售开票】–【销售专用发票】命令，打开【销售专用发票】窗口。

（2）单击【增加】按钮，打开【查询条件选择 – 参照订单】窗口，单击【确定】按钮，打开【参照生单】窗口，单击【全选】按钮，如图 4.1.7 所示。

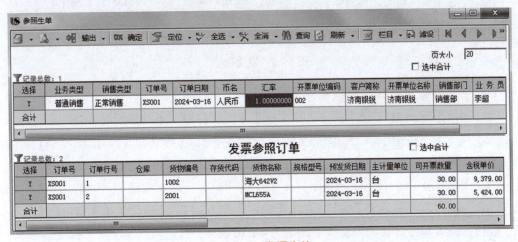

图 4.1.7 参照生单

（3）单击【OK 确定】按钮，生成销售专用发票，【发票号】录入"20243101"，补充表体的【仓库名称】，单击【保存】【复核】按钮，如图 4.1.8 所示。

第三步：查看自动生成的发货单

执行【销售管理】–【销售发货】–【发货单】命令，打开【发货单】窗口，单击【→|】按钮，查看已经生成并审核的发货单，如图 4.1.9 所示。

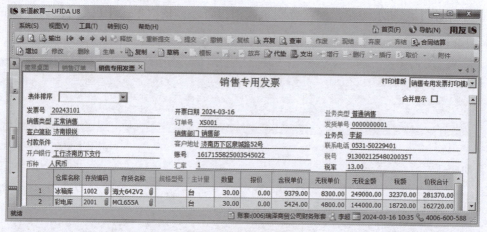

图 4.1.8　销售专用发票

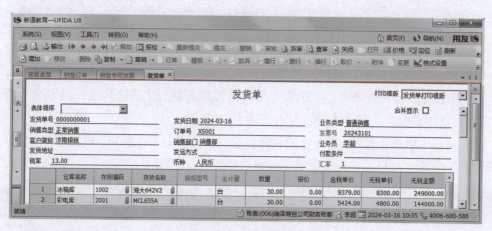

图 4.1.9　发货单

第四步：参照生成并审核销售出库单

（1）更换用户 ck01 登录【企业应用平台】，【操作日期】为"2024-03-16"。

（2）执行【供应链】-【库存管理】-【出库业务】-【销售出库单】命令，打开【销售出库单】窗口。

（3）单击【生单】右侧倒三角下拉菜单中的"销售生单（批量）"按钮，打开【查询条件选择-销售发货单列表】窗口，单击【确定】按钮，打开【销售生单】窗口，单击【全选】按钮，或者双击选择销售发货单，如图 4.1.10 所示。

（4）单击【OK 确定】按钮，系统提示"生单成功"，显示彩电库的销售出库单，单击【审核】按钮，系统提示"该单据审核成功"，单击【确定】按钮，如图 4.1.11 所示。

（5）单击【←】按钮，翻看前一张冰箱库的销售出库单，单击【审核】按钮，如图 4.1.12 所示。

第五步：审核销售发票并制单

（1）更换用户 kj02 登录【企业应用平台】，【操作日期】为"2024-03-16"。

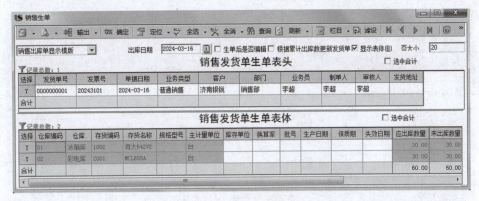

图 4.1.10 销售生单

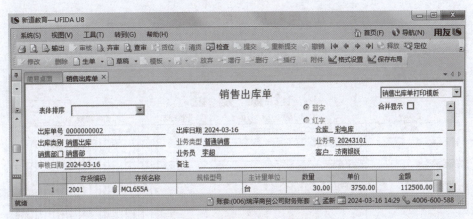

图 4.1.11 销售出库单 – 彩电库

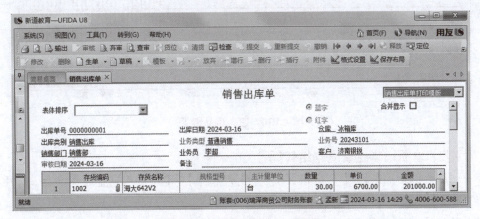

图 4.1.12 销售出库单 – 冰箱库

（2）执行【财务会计】–【应收款管理】–【应收单据处理】–【应收单据审核】命令，打开【应收单查询条件】窗口，单击【确定】按钮。

（3）打开【单据处理】窗口，双击打开销售专用发票，单击【审核】按钮，系统提示"是否立即制单？"，如图 4.1.13 所示。

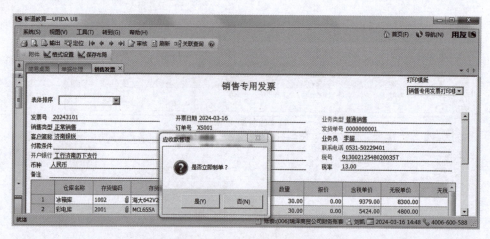

图 4.1.13 审核销售发票

（4）单击【是】按钮，生成收入确认凭证，保存凭证，如图 4.1.14 所示。

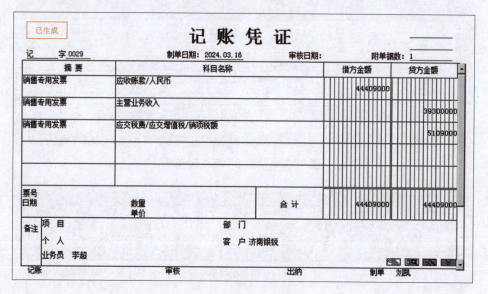

图 4.1.14 收入确认凭证

第六步：单据记账生成成本结转凭证

（1）执行【供应链】–【存货核算】–【业务核算】–【正常单据记账】命令，打开【查询条件选择】窗口，单击【确定】按钮。

（2）打开【未记账单据一览表】窗口，双击选中"2024–03–16"的专用发票，如图 4.1.15 所示，单击【记账】按钮，系统提示"记账成功"，单击【确定】按钮，关闭该窗口。

（3）执行【存货核算】–【财务核算】–【生成凭证】命令，打开【生成凭证】窗口，单击【选择】按钮，打开【查询条件】窗口，如图 4.1.16 所示，单击【确定】按钮。

（4）打开【选择单据】窗口，单击【全选】按钮，【选择】栏均显示"1"，如图 4.1.17 所示。

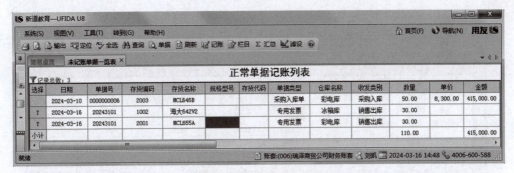

图 4.1.15　正常单据记账

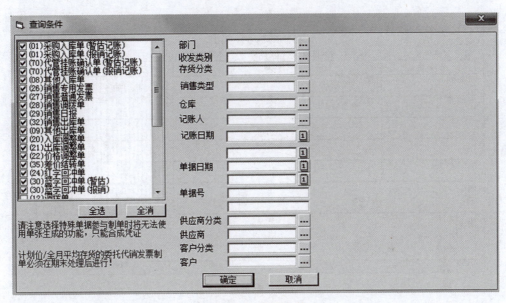

图 4.1.16　查询条件

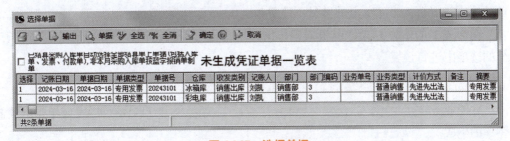

图 4.1.17　选择单据

（5）单击【确定】按钮，回到【生成凭证】窗口，如图 4.1.18 所示。

（6）单击【生成】按钮，生成成本结转凭证并保存，如图 4.1.19 所示。

【注意事项】

1. 可以根据销售订单生成发货单，再根据发货单生成销售发票，也可以根据销售订单生成销售发票，则发货单由系统自动生成并审核。

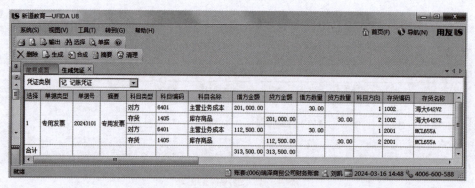

图 4.1.18　生成单据

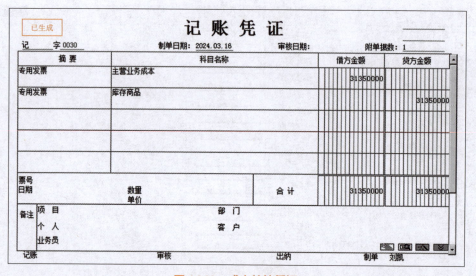

图 4.1.19　成本结转凭证

2. 如果【销售管理】系统勾选了"销售生成出库单"选项，则出库单根据发货单由系统自动生成并审核，出库单上的数量不能更改。

3. 销售成本的核算方式可以根据销售出库单，也可以根据销售发票，在【存货核算】系统的选项中进行设置。

【自检自测】

1. 赊销业务在_____、_____、_____、_____四个系统中完成单据的流转和凭证的生成。

2. 相较于采购发票，销售发票增加了_____功能，当参照销售订单生成销售发票后，单击_____按钮，系统可自动生成并审核发货单。

【拓展延伸】

有的企业销售发票的开具、打印权限在财务部门，有的企业设在销售部门，无论哪个部门进行开票处理，均可在软件系统下参照生成销售发票，再根据该发票在税务系统中开具增值税专票或普票，将税务系统生成的发票联、抵扣联交付客户，作为客户购买商品的依据。

★★★自立自信★★★

2024年巴黎奥运会游泳男子4×100米混合泳接力赛中，由徐嘉余、覃海洋、孙佳俊、潘展乐组成的中国代表队，配合默契，发挥出色，奋勇拼搏，勇夺金牌，终结了美国游泳队40年的金牌垄断局面。四名队员相互支持信任、共同努力，创造了历史，发挥出良好的团队协作精神。同样，企业在处理供应链业务时，也通常会涉及多个部门的协同工作，如财务、库存、采购、生产等，各部门之间应紧密合作，共同制定实施方案，协同解决实施中的问题，确保信息的高效传递以及整个供应链的顺畅运行。

任务2：现结销售

【任务描述】

2024年3月17日，销售部李超与日照凌云签订购销合同，销售美家35GW1.5P空调40台，货物当天发出，收到凌云公司网银支付的货款。

【原始凭证】

购销合同、出库单、销售发票、网银电子回单，如图4.1.20～图4.1.23所示。

购销合同

合同编号：XS002

甲方（卖方）：日照瑞泽商贸有限责任公司

乙方（买方）：日照凌云商贸有限公司

甲乙双方在平等自愿的基础上就商品购销事宜达成一致，现根据《中华人民共和国民法典》中合同的有关规定，签订如下条款，共同遵守。

一、货物的名称、数量及金额

货物名称	单位	数量	单价(不含税)	金额(不含税)	税率	税额
美家空调35GW1.5P	台	40	3,300.00	132,000.00	13%	17,160.00
合　计				￥132,000.00		￥17,160.00

二、合同总金额：人民币壹拾肆万玖仟壹佰陆拾元整（￥149,160.00）。

三、结算方式：网银；付款时间：2024年3月17日。

四、交货地点：日照凌云商贸有限公司。

五、发运方式及运费负担：甲方于合同签订日发出商品，乙方负担运费。

甲方(签章)：日照瑞泽商贸有限责任公司　　　乙方(签章)：日照凌云商贸有限公司

授权代表：李超　　　　　　　　　　　　　　授权代表：艾青

日　　期：2024年03月17日　　　　　　　　日　　期：2024年03月17日

图4.1.20　购销合同

出 库 单

2024 年 03 月 17 日

提货单位	日照凌云商贸有限公司			发出仓库		空调库	
商品编号	商品名称及规格	单位	数量		价格		
			应发	实发	单价	金额	
3001	美家空调35GW1.5P	台	40	40			
合　计			40	40			

经理部门：略　　　　　会计：略　　　　　仓库：略　　　　　经办人：略

图 4.1.21　出库单

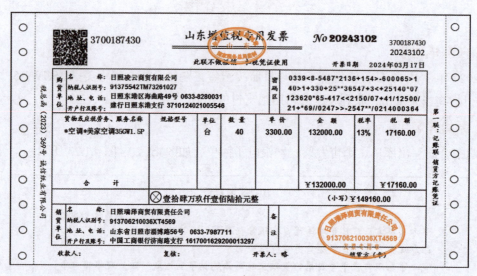

图 4.1.22　销售发票

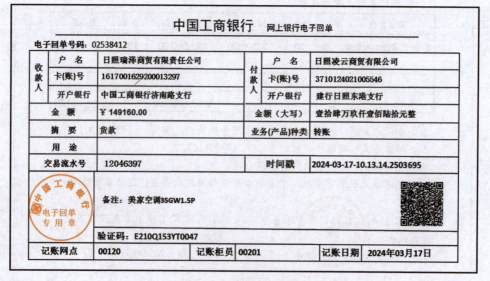

图 4.1.23　网银电子回单

【任务解析】

该业务是现结销售业务，即开具销售发票的同时收到货款，其业务流程与赊销流程基本一致，但需要在销售发票上进行现结处理。

【岗位说明】

1. 销售员 xs01 在【销售管理】系统录入并审核销售订单，参照销售订单生成销售发票，进行现结处理并复核发票，系统自动生成并审核发货单。

2. 库管员 ck01 在【库存管理】系统参照生成并审核出库单。

3. 会计 kj02 在【应收款管理】系统对销售发票进行审核，生成收入确认凭证；在【存货核算】系统对销售发票或出库单进行正常单据记账，生成成本结转凭证。

【业务流程】

该业务的流程如图 4.1.24 所示。

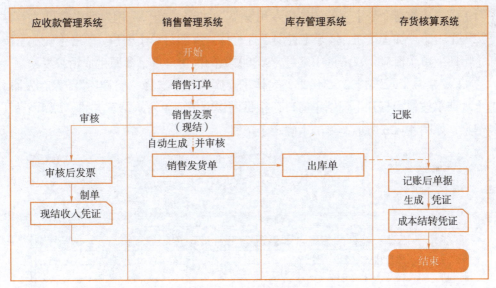

图 4.1.24　现结销售流程

【知识链接】

企业销售商品，若开具销售发票的同时，收取了货款，需在销售发票上执行【现结】处理，该销售发票审核制单后生成的会计凭证借方为货币资金科目。

【工作指导】

第一步：录入并审核销售订单

（1）用户 xs01 登录【企业应用平台】，【操作日期】为"2024-03-17"。

（2）执行【供应链】–【销售管理】–【销售订货】–【销售订单】命令，打开【销售订单】窗口，单击【增加】按钮，根据合同录入销售订单，依次单击【保存】【审核】按钮，如图 4.1.25 所示。

现结销售

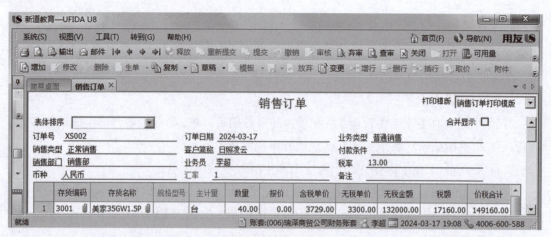

图 4.1.25　销售订单

第二步：参照生成销售发票，进行现结并复核

（1）单击【快捷命令】下的"销售专用发票"，打开【销售专用发票】窗口。

（2）单击【增加】按钮，打开【查询条件选择 – 参照订单】窗口，单击【确定】按钮，打开【参照生单】窗口，双击选中编号"XS002"的销售订单，参照生成销售发票。

（3）【发票号】录入"20243102"，表体【仓库名称】选择"空调库"，保存发票，再单击【现结】按钮，打开【现结】窗口，根据网银电子回单录入结算方式、原币金额、票据号信息，如图 4.1.26 所示，单击【确定】按钮。

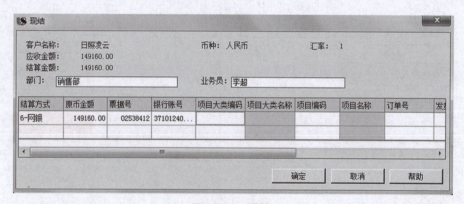

图 4.1.26　现结

（4）回到【销售专用发票】窗口，发票左上角出现"现结"标志，单击【复核】按钮，完成发票复核，如图 4.1.27 所示。

第三步：参照生成并审核销售出库单

（1）更换用户 ck01 登录【企业应用平台】，【操作日期】为"2024–03–17"。

（2）执行【供应链】–【库存管理】–【出库业务】–【销售出库单】命令，打开【销售出库单】窗口。

（3）单击【生单】右侧倒三角下拉菜单中的"销售生单"按钮，参照发货单生成销售出库单，单击【保存】【审核】按钮，如图 4.1.28 所示。

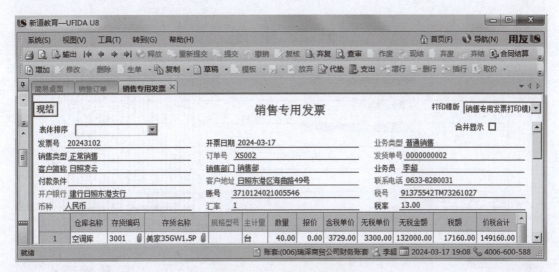

图 4.1.27　销售专用发票

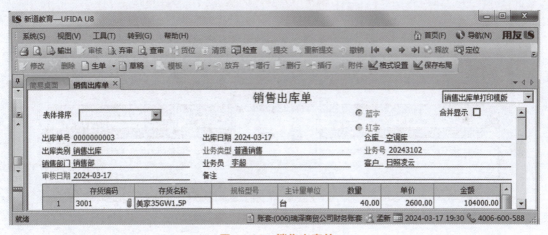

图 4.1.28　销售出库单

第四步：审核销售发票并制单

（1）更换用户 kj02 登录【企业应用平台】，【操作日期】为"2024-03-17"。

（2）执行【财务会计】-【应收款管理】-【应收单据处理】-【应收单据审核】命令，打开【应收单查询条件】窗口，勾选"包含已现结发票"复选框，单击【确定】按钮。

（3）打开【单据处理】窗口，双击打开销售专用发票，单击【审核】按钮，系统提示"是否立即制单？"，单击【是】按钮，生成收入凭证，单击【保存】按钮，如图 4.1.29 所示。

第五步：记账并生成凭证

（1）执行【供应链】-【存货核算】-【业务核算】-【正常单据记账】命令，打开【查询条件选择】窗口，单击【确定】按钮。

（2）打开【未记账单据一览表】窗口，双击选中编号"20243102"的专用发票，单击

【记账】按钮，系统提示"记账成功"，如图 4.1.30 所示，单击【确定】按钮。

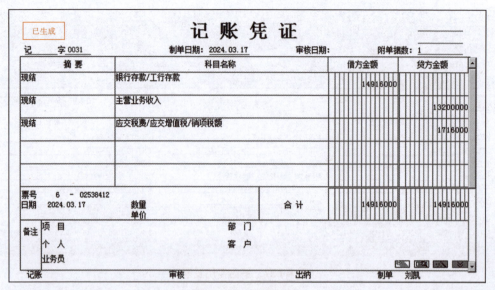

图 4.1.29　现销凭证

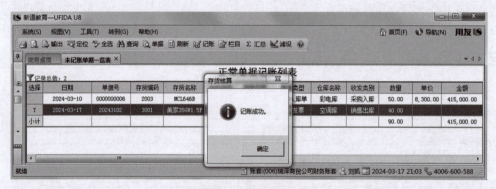

图 4.1.30　正常单据记账

（3）执行【存货核算】–【财务核算】–【生成凭证】命令，打开【生成凭证】窗口，单击【选择】按钮，打开【查询条件】窗口，单击【确定】按钮。

（4）打开【选择单据】窗口，依次单击【全选】【确定】按钮，打开【生成凭证】窗口，单击【生成】按钮，生成成本结转凭证并保存，如图 4.1.31 所示。

【注意事项】

1. 企业开具发票的同时收取货款，需进行现结处理。货款可以通过现金、电汇、网银等方式收取，但不能为商业汇票。若企业开具发票的同时取得对方签发承兑的商业汇票，不能进行现结处理，而应该在【应收款管理】系统下的【票据管理】中录入一张商业汇票。

2. 在【应收款管理】系统对销售发票进行审核时，需要勾选"包含已现结发票"选项，否则无法过滤出现结发票。

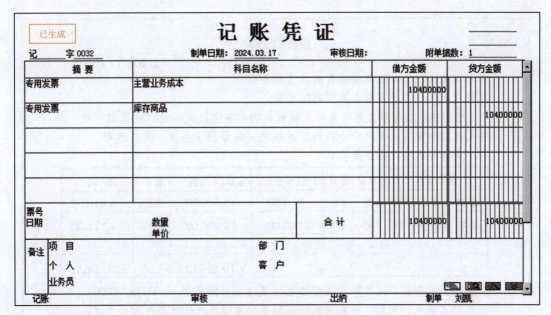

图 4.1.31 成本结转凭证

【自检自测】

企业开具销售发票与收取货款为同一天时，需要在销售发票上进行_____操作，且该操作应早于对发票的复核。

【拓展延伸】

现结销售主要处理客户以现金等方式收款结算的销售业务，企业的财务部门在收到现金或支票后，直接开具销售发票，客户根据销售发票进行提货。实务工作中要区别现结销售与现款交易，一般来说，现款交易采用先发货后开票、录入收款单的流程，但是现结销售主要采用先开票后发货的流程。

任务 3: 现金折扣及代垫运费

【任务描述】

2024 年 3 月 19 日，企业与北京华客公司签订购销合同，销售暖阳 D08 豆浆机和柏冠 B40 电饭煲，合同约定了现金折扣条件，卖方为买方垫付运费 545.00 元，26 日卖方收到货款及代垫款。

【原始凭证】

购销合同、出库单、销售发票、支出审批单、网银电子回单，如图 4.1.32~ 图 4.1.36 所示。

购 销 合 同

合同编号：XS003

甲方（卖方）：日照瑞泽商贸有限责任公司

乙方（买方）：北京华客商贸有限公司

　　甲乙双方在平等自愿的基础上就商品购销事宜达成一致，现根据《中华人民共和国民法典》中合同的有关规定，签订如下条款，共同遵守。

一、货物的名称、数量及金额

货物名称	单位	数量	单价(不含税)	金额(不含税)	税率	税　额
暖阳豆浆机D08	件	60	750.00	45,000.00	13%	5,850.00
柏冠电饭煲B40	件	20	2760.00	55,200.00	13%	7,176.00
合　　计				￥100,200.00		￥13,026.00

二、合同总金额：人民币壹拾壹万叁仟贰佰贰拾陆元整（￥113,226.00）。

三、结算方式：网银；付款时间：2024年04月19日，付款条件2/10，1/20，n/30（现金折扣按货物价款计算，不考虑增值税）。

四、交货地点：北京华客商贸有限公司。

五、发运方式及运费负担：甲方于合同签订日发出商品，乙方负担运费。

甲方(签章)：日照瑞泽商贸有限责任公司　　乙方(签章):北京华客商贸有限公司

授权代表：李超　　　　　　　　　　　　　授权代表：孙琦

日　　期：2024年03月19日　　　　　　　日　　　期：2024年03月19日

图 4.1.32　购销合同

出 库 单

2024　年　03　月　19　日

提货单位	北京华客商贸有限公司		发出仓库	家用小电器库		
商品编号	商品名称及规格	单位	数量		价格	
			应发	实发	单价	金额
4001	暖阳豆浆机D08	件	60	60		
4003	柏冠电饭煲B40	件	20	20		
合　　计			80	80		

经理部门：略　　　　　会计：略　　　　　仓库：略　　　　　经办人：略

图 4.1.33　出库单

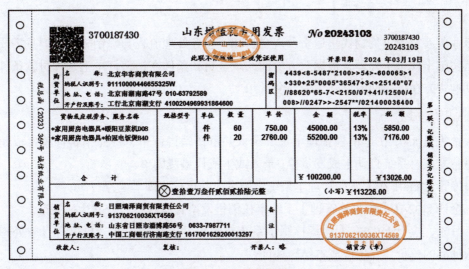

图 4.1.34　销售发票

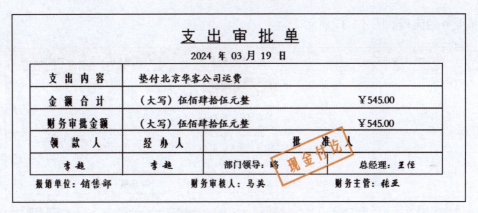

图 4.1.35　支出审批单

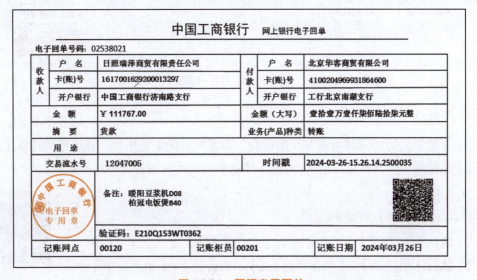

图 4.1.36　网银电子回单

【任务解析】

该业务涉及销售货物代垫运费及现金折扣，业务处理流程与赊销相似，但是需要对销售发票实施【代垫】处理，根据双方协商的现金折扣条件在销售订单上选择付款条件，以便后期购货方在信用期内付款享受现金折扣。

【岗位说明】

1. 销售员 xs01 在【销售管理】系统录入并审核销售订单，参照销售订单生成销售发票并进行复核，系统自动生成发货单；录入或生成代垫费用单。

2. 库管员 ck01 在【库存管理】系统参照生成并审核出库单。

3. 会计 kj02 在【应收款管理】系统审核销售发票、应收单，合并生成凭证。

4. 月末，会计 kj02 在【存货核算】系统对销售发票进行记账，再进行月末处理，计算销售商品的单价，并生成成本结转凭证。

【业务流程】

该业务的流程如图 4.1.37 所示。

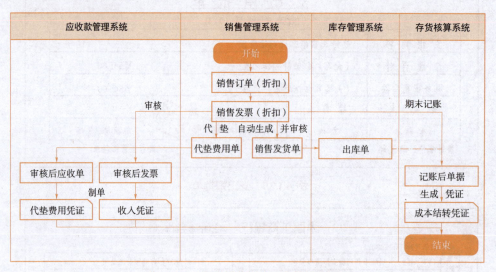

图 4.1.37　现金折扣及代垫运费业务流程

【知识链接】

若企业销售货物的同时为买方代垫运费，需要填写代垫费用单，该单据传递到【应收款管理】系统后为"其他应收单"，经过审核制单后，计入销售方的应收账款。

【工作指导】

第一步：录入审核销售订单

（1）用户 xs01 登录【企业应用平台】，【操作日期】为"2024-03-19"。

（2）执行【供应链】-【销售管理】-【销售订货】-【销售订单】命令，打开【销售订单】窗口，单击【增加】按钮，录入销售订单，表头【付

现金折扣及
代垫运费

款条件】选择"2/10，1/20，n/30"，依次单击【保存】【审核】按钮，如图 4.1.38 所示。

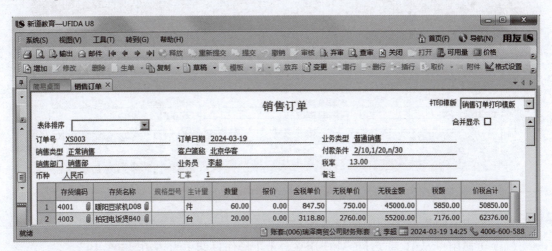

图 4.1.38　销售订单

第二步：参照生成并复核销售发票

（1）单击【快捷命令】下的"销售专用发票"，打开【销售专用发票】窗口。

（2）单击【增加】按钮，打开【查询条件选择－参照订单】窗口，单击【确定】按钮，打开【参照生单】窗口，双击选中编号"XS003"的销售订单，单击【确定】按钮，参照生成销售发票。

（3）【发票号】录入"20243103"，表体【仓库名称】选择"家用小电器库"，依次单击【保存】【复核】按钮，如图 4.1.39 所示。

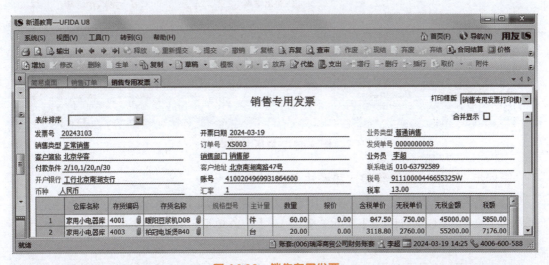

图 4.1.39　销售专用发票

（4）单击【代垫】按钮，打开【代垫费用单】窗口，表体【费用项目】选择"运输费"，【代垫金额】录入"545.00"，单击【保存】【审核】按钮，如图 4.1.40 所示。

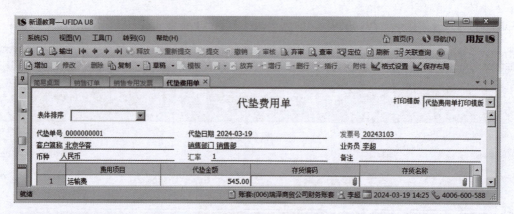

图 4.1.40　代垫费用单

第三步：参照生成销售出库单并审核

（1）更换用户 ck01 登录【企业应用平台】，【操作日期】为"2024-03-19"。

（2）执行【供应链】-【库存管理】-【出库业务】-【销售出库单】命令，打开【销售出库单】窗口。

（3）单击【生单】右侧倒三角下拉菜单中的"销售生单"按钮，参照生成销售出库单，依次单击【保存】【审核】按钮，如图 4.1.41 所示。

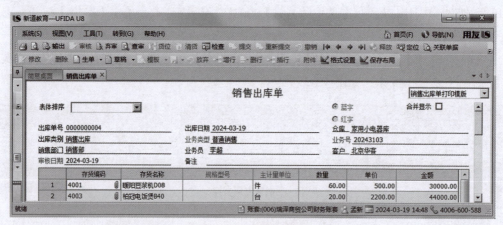

图 4.1.41　销售出库单

第四步：审核销售发票和代垫费用单并制单

（1）更换用户 kj02 登录【企业应用平台】，【操作日期】为"2024-03-19"。

（2）执行【财务会计】-【应收款管理】-【应收单据处理】-【应收单据审核】命令，打开【应收单查询条件】窗口，单击【确定】按钮。

（3）打开【单据处理】窗口，依次单击【全选】【审核】按钮，系统提示"本次审核成功单据 [2] 张"，单击【是】按钮，关闭【单据处理】窗口。

（4）执行【应收款管理】-【制单处理】命令，打开【制单查询】窗口，勾选"发票制单"和"应收单制单"复选框，单击【确定】按钮，打开【制单】窗口，依次单击【合并】【制单】按钮，生成收入凭证。

（5）在凭证的最后一行补充会计科目"1001"，单击【保存】按钮，如图 4.1.42 所示。

已生成		记 账 凭 证		
记 字 0033	制单日期：2024.03.19	审核日期：		附单据数：2
摘 要	科目名称		借方金额	贷方金额
销售专用发票	应收账款/人民币		11322600	
其他应收单	应收账款/人民币		54500	
销售专用发票	主营业务收入			10020000
销售专用发票	应交税费/应交增值税/销项税额			1302600
其他应收单	库存现金			54500
票号 日期	数量 单价	合 计	11377100	11377100
备注 项 目 个 人 业务员		部 门 客 户		
记账	审核	出纳	制单 刘凯	

图 4.1.42　收入确认凭证

第五步：录入收款单

（1）更换用户 cn01 登录【企业应用平台】，【操作日期】为"2024-03-26"。

（2）执行【财务会计】-【应收款管理】-【收款单据处理】-【收款单据录入】命令，打开【收付款单录入】窗口。

（3）单击【增加】按钮，录入收款单表头信息，单击【保存】按钮，表体信息自动生成，如图 4.1.43 所示。

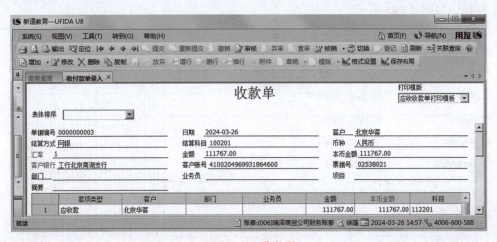

图 4.1.43　收款单

第六步：审核收款单并进行核销制单

（1）更换用户 kj02 登录【企业应用平台】，【操作日期】为"2024-03-26"。

（2）执行【财务会计】–【应收款管理】–【收款单据处理】–【收款单据审核】命令，对北京华客公司的收款单据进行审核。

（3）执行【应收款管理】–【核销处理】–【手工核销】命令，打开【核销条件】窗口，【客户】选择"006北京华客商贸有限公司"，单击【确定】按钮。

（4）打开【单据核销】窗口，在下方"其他应收单"的【本次结算】栏录入"545.00"，在"销售专用发票"的【本次结算】栏录入"111 222.00"，【本次折扣】栏自动显示"2 004.00"，如图4.1.44所示，单击【保存】按钮，完成单据的核销。

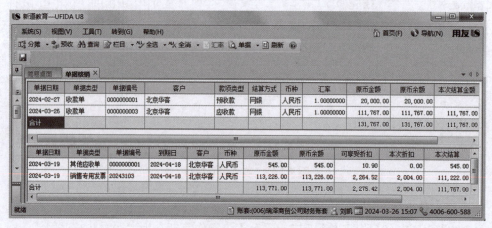

图4.1.44　单据核销

（5）执行【应收款管理】–【制单处理】命令，打开【制单查询】窗口，勾选"收付款制单"和"核销制单"复选框，单击【确定】按钮。

（6）打开【制单】窗口，依次单击【合并】【制单】按钮，生成收款核销凭证，单击【保存】按钮，如图4.1.45所示。

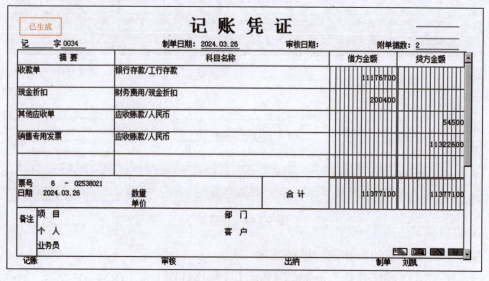

图4.1.45　收款核销凭证

【注意事项】

1. 代垫费用单可以通过销售发票工具栏的【代垫】功能录入，也可以通过【供应链】–【销售管理】–【代垫费用】–【代垫费用单】命令录入。

2. 【应收款管理】系统中若勾选了"自动计算现金折扣"选项，对于选择了付款条件的发票在进行核销时，系统会根据信用条件和付款时间自动计算可享受的折扣额。软件以含税价为基础计算折扣额，而本业务的现金折扣不考虑增值税，因此需要手工录入结算金额，系统倒挤出所享受的折扣额。

3. 家用小电器库采用全月平均法核算发出存货成本，因此月末计算平均单价后，才能结转已售商品成本。

【自检自测】

1. 若购销合同约定了现金折扣，则需要在销售订单上选择_____，通过参照生单，销售发票的表头也会带入付款条件。

2. 核销一般没有数据，但是当存在现金折扣时，核销金额即为_____。

【拓展延伸】

当销售方为购货方代垫运费时，运费发票开具给购货方，代垫款项计入销售企业的应收账款；当销售企业负担运费时，运费发票开具给销售企业，计入销售企业的销售费用。软件环境下，发票工具栏的【代垫】和【支出】按钮，分别处理代垫业务和费用负担业务。

★★★管理增效★★★

资金是企业经营的血液，尤其对于中小企业而言，充足的流动资金是企业成长壮大的保障。现金折扣条件有助于企业提前回收资金，降低坏账风险，是企业提高资金活性的有效手段，此外企业也要熟悉国家政策、法规，用好政策，助力企业成长。2024年财政部发布《关于进一步支持专精特新中小企业高质量发展的通知》，2024—2026年，聚焦重点产业链、工业"六基"及战略性新兴产业、未来产业领域，通过财政综合奖补方式，分三批次重点支持"小巨人"企业高质量发展。通过中央财政资金引导和带动，深化上下联动、央地协同，增强政策实效性、培育系统性和服务精准性，提升专精特新中小企业补链强链作用，增强产业链配套能力，促经济发展，也带动企业的成长壮大。

任务4：一次开票分次出库

【任务描述】

2024年3月19日，销售部李超与徐州天盛签订合同，销售海大572E1冰箱和美家35GW1.5P空调，双方约定3月19日和3月21日分别发货50%，财务部19日开具增值税专用发票，货款未收。

【原始凭证】

购销合同、销售发票、出库单，如图 4.1.46~ 图 4.1.51 所示。

购销合同

合同编号：XS004

甲方（卖方）：日照瑞泽商贸有限责任公司

乙方（买方）：徐州天盛百货贸易公司

　　甲乙双方在平等自愿的基础上就商品购销事宜达成一致，现根据《中华人民共和国民法典》中合同的有关规定，签订如下条款，共同遵守。

一、货物的名称、数量及金额

货物名称	单位	数量	单价(不含税)	金额(不含税)	税率	税　额
海大冰箱572E1	台	30	4,250.00	127,500.00	13%	16,575.00
美家空调35GW1.5P	台	26	3,300.00	85,800.00	13%	11,154.00
合　计				￥213,300.00		￥27,729.00

二、合同总金额：人民币贰拾肆万壹仟零贰拾玖元整（￥241,029.00）。

三、结算方式：电汇；付款时间：2024年06月19日。

四、交货地点：徐州天盛百货贸易公司。

五、发运方式及运费负担：甲方于合同签订日发出货物的50%，3月21日发出剩余的50%。运费买方负担。

甲方(签章):日照瑞泽商贸有限责任公司　　乙方(签章):徐州天盛百货贸易公司

授权代表：李超　　　　　　　　　　　　授权代表：姚远

日　　期：2024年03月19日　　　　　　日　　期：2024年03月19日

图 4.1.46　购销合同

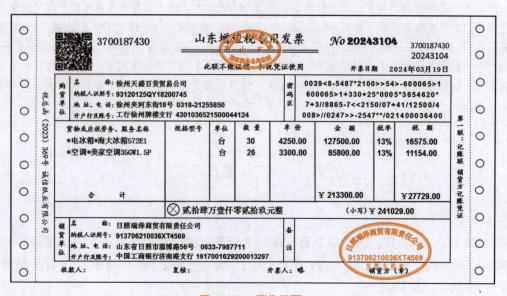

图 4.1.47　销售发票

出 库 单

2024 年 03 月 19 日

提货单位	徐州天盛百货贸易公司				发出仓库	冰箱库	
商品编号	商品名称及规格	单位	数量		价格		
			应发	实发	单价	金额	
1001	海大冰箱572E1	台	15	15			
合　计			15	15			

经理部门：略　　　　　会计：略　　　　　仓库：略　　　　　经办人：略

图 4.1.48　出库单（一）

出 库 单

2024 年 03 月 19 日

提货单位	徐州天盛百货贸易公司				发出仓库	空调库	
商品编号	商品名称及规格	单位	数量		价格		
			应发	实发	单价	金额	
3001	美家空调35GW1.5P	台	13	13			
合　计			13	13			

经理部门：略　　　　　会计：略　　　　　仓库：略　　　　　经办人：略

图 4.1.49　出库单（二）

出 库 单

2024 年 03 月 21 日

提货单位	徐州天盛百货贸易公司				发出仓库	冰箱库	
商品编号	商品名称及规格	单位	数量		价格		
			应发	实发	单价	金额	
1001	海大冰箱572E1	台	15	15			
合　计			15	15			

经理部门：略　　　　　会计：略　　　　　仓库：略　　　　　经办人：略

图 4.1.50　出库单（三）

出 库 单

2024 年 03 月 21 日

提货单位	徐州天盛百货贸易公司				发出仓库	空调库	
商品编号	商品名称及规格	单位	数量			价格	
			应发	实发	单价	金额	
3001	美家空调35GW1.5P	台	13	13			
合　计			13	13			

经理部门：略　　　　会计：略　　　　仓库：略　　　　经办人：略

图 4.1.51　出库单（四）

【任务解析】

该业务是分次发货业务，业务流程与普通销售相似，因发票数量与发货单数量不相等，需要参照订单生成发货单，再参照发货单生成发票，并按照原始凭证对发票进行更改。

【岗位说明】

1. 销售员 xs01 在【销售管理】系统录入并审核销售订单，参照销售订单生成第一张发货单并审核，再参照发货单生成销售发票。

2. 库管员 ck01 在【库存管理】系统参照生成并审核第一批出库单。

3. 会计 kj02 在【应收款管理】系统对销售发票进行审核，生成收入确认凭证；在【存货核算】系统对销售发票进行记账，生成成本结转凭证。

4. 销售员 xs01 在【销售管理】系统参照生成第二张发货单并审核，

5. 库管员 ck01 在【库存管理】系统参照生成并审核第二批出库单。

【业务流程】

该业务的流程如图 4.1.52 所示。

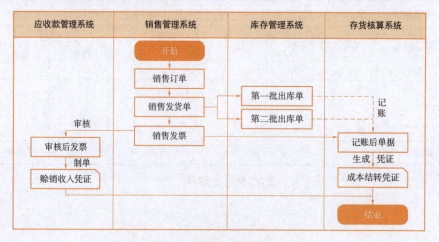

图 4.1.52　一次开票分次出库业务流程

【知识链接】

一次开票分次出库业务是指企业销售商品，发票一次性开具，但是商品分批次发出的情形。销售发票不能参照销售订单生成，只能参照销售发货单生成。同时，销售出库单可能需要修改出库数量，因此在【销售管理】系统不能勾选"销售生成出库单"选项，否则自动生成出库单，无法更改每批次的出库数量。

【工作指导】

第一步：设置销售参数

（1）用户 xs01 登录【企业应用平台】，【操作日期】为"2024-03-19"。

（2）执行【供应链】-【销售管理】-【设置】-【销售选项】命令，打开【销售选项】窗口，在【业务控制】页签下，勾选"允许超发货量开票"选项，如图 4.1.53 所示。

一次开票
分次出库

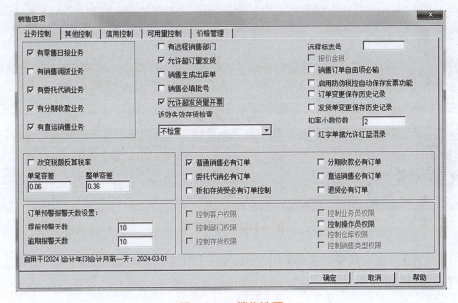

图 4.1.53　销售选项

第二步：录入并审核销售订单

（1）执行【销售管理】-【销售订货】-【销售订单】命令，打开【销售订单】窗口。

（2）单击【增加】按钮，录入销售订单，表体中 50% 存货的【预发货日期】为"2024-03-19"，另外 50% 存货的【预发货日期】为"2024-03-21"，依次单击【保存】【审核】按钮，如图 4.1.54 所示。

第三步：参照生成并审核第一张发货单

（1）单击【快捷命令】下的"发货单"，打开【发货单】窗口。

（2）单击【增加】按钮，打开【查询条件选择-参照订单】窗口，单击【确定】按钮，打开【参照生单】窗口，单击工具栏的【全选】按钮，下方的【选择】栏中均出现"Y"标志，双击后两行的【选择】栏，取消标志"Y"，如图 4.1.55 所示，单击【确定】按钮。

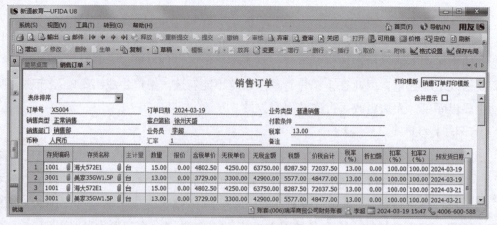

图 4.1.54　销售订单

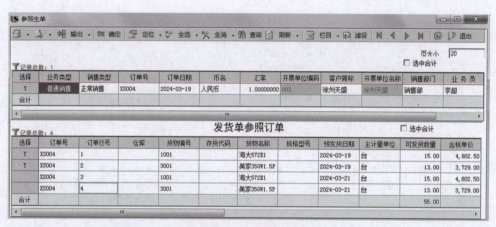

图 4.1.55　参照生单

（3）生成第一张发货单，表体的【仓库名称】分别选择"冰箱库"和"空调库"，依次单击【保存】【审核】按钮，如图 4.1.56 所示。

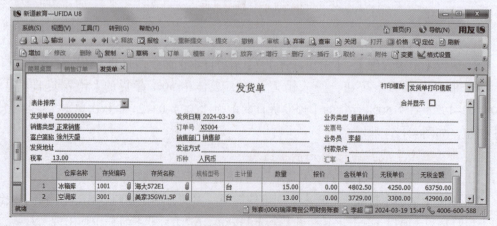

图 4.1.56　第一张发货单

第四步：参照生成并复核销售发票

（1）单击【快捷命令】下的"销售专用发票"，打开【销售专用发票】窗口。

（2）单击【增加】按钮，打开【查询条件选择 – 参照订单】窗口，关闭该窗口，单击工具栏【生单】右侧倒三角下拉菜单中的"参照发货单"按钮，参照发货单生成销售专用发票，【发票号】录入"20243104"，表体存货的【数量】分别更改为"30"和"26"，依次单击【保存】【复核】按钮，如图4.1.57所示。

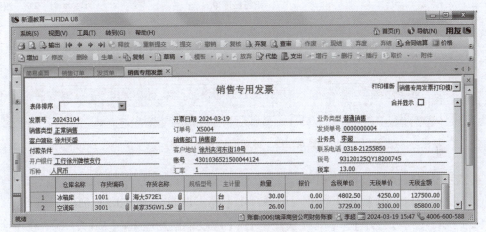

图 4.1.57　销售专用发票

第五步：参照生成并审核第一批销售出库单

（1）更换用户 ck01 登录【企业应用平台】，【操作日期】为"2024-03-19"。

（2）执行【供应链】–【库存管理】–【出库业务】–【销售出库单】命令，打开【销售出库单】窗口。

（3）单击【生单】右侧倒三角下拉菜单中的"销售生单（批量）"按钮，打开【查询条件选择 – 销售发货单列表】窗口，单击【确定】按钮，打开【销售生单】窗口，单击【全选】【确定】按钮，系统提示"生单成功"，单击【确定】按钮，可查看空调库的销售出货单，单击【审核】按钮，系统提示"该单据审核成功"，如图4.1.58所示。

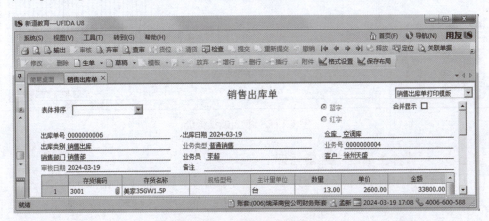

图 4.1.58　空调库销售出库单

（4）单击【←】按钮或者通过"PageUp"键，查看冰箱库的销售出库单，单击【审核】按钮，完成单据的审核，如图4.1.59所示。

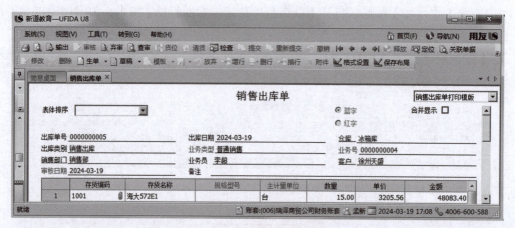

图 4.1.59　冰箱库销售出库单

第六步：审核销售发票并制单

（1）更换用户 kj02 登录【企业应用平台】，【操作日期】为"2024-03-19"。

（2）执行【财务会计】–【应收款管理】–【应收单据处理】–【应收单据审核】命令，打开【应收单据查询】窗口，单击【确定】按钮，打开【单据处理】窗口，双击打开销售发票，单击工具栏【审核】按钮，对发票审核制单，生成收入凭证，如图4.1.60所示。

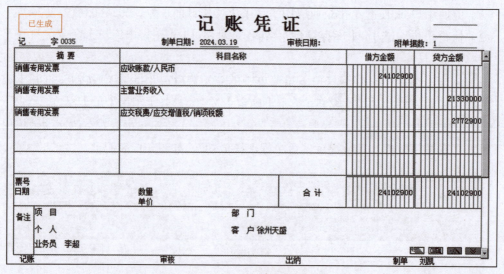

图 4.1.60　收入确认凭证

第七步：记账并生成成本结转凭证

（1）执行【供应链】–【存货核算】–【业务核算】–【正常单据记账】命令，打开【未记账单据一览表】窗口，选择单据号为"20243104"的发票，如图4.1.61所示，单击【记账】按钮，系统提示"记账成功"，关闭该窗口。

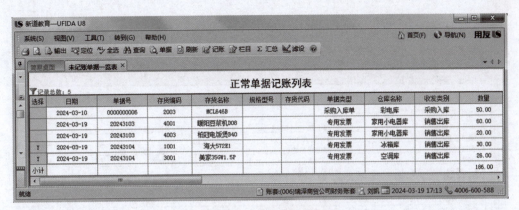

图 4.1.61　正常单据记账

（2）执行【存货核算】-【财务核算】-【生成凭证】命令，生成成本结转凭证，如图 4.1.62 所示。

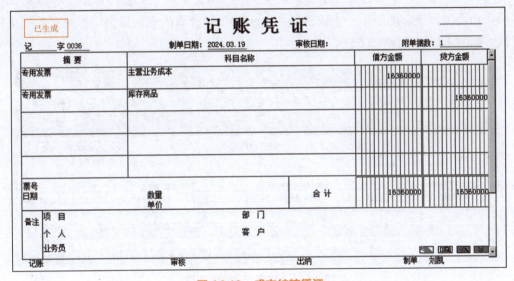

图 4.1.62　成本结转凭证

第八步：参照生成并审核第二张发货单

（1）更换用户 xs01 登录【企业应用平台】,【操作日期】为"2024-03-21"。

（2）执行【供应链】-【销售管理】-【销售发货】-【发货单】命令，打开【发货单】窗口，单击【增加】按钮，打开【查询条件选择-参照订单】窗口，单击【确定】按钮，参照编号"XS004"的销售订单生成第二张发货单，将表体的【仓库名称】补充完整，保存单据并审核，如图 4.1.63 所示。

第九步：参照生成并审核第二批出库单

（1）更换用户 ck01 登录【企业应用平台】,【操作日期】为"2024-03-21"。

（2）执行【供应链】-【库存管理】-【出库业务】-【销售出库单】命令，打开【销售出库单】窗口。

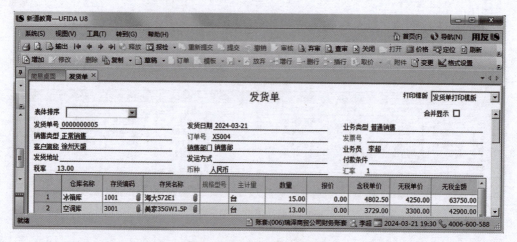

图 4.1.63　第二张发货单

（3）单击【生单】右侧倒三角下拉菜单中的"销售生单（批量）"按钮，生成第二批的两张销售出库单，通过【←】按钮或"PageUp"键查看生成的单据，对两张单据进行审核，如图 4.1.64 和图 4.1.65 所示。

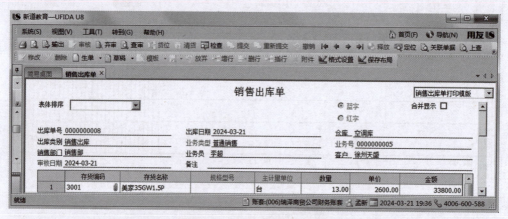

图 4.1.64　空调库销售出库单

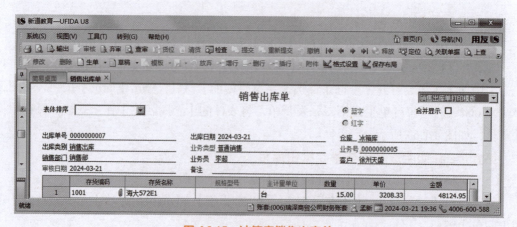

图 4.1.65　冰箱库销售出库单

【注意事项】

1. 参照合同录入销售订单时，应根据预发货日期分行显示表体信息，销售发货单参照销售订单生成。

2. 如果企业最初在【销售管理】系统中勾选了"销售生成出库单"选项，在处理该笔经济业务前，应先将该选项取消，系统将自动勾选【库存管理】的"库存生成销售出库单"选项，那么根据发货单手工参照生成出库单时，可根据业务需要更改本次出库数量。

【自检自测】

1. 参照发货单生成销售发票时，若发货单上的存货数量小于发票数量，需要在【销售管理】系统中对参数进行设置，勾选_____选项，发票方可保存。

2. 一次开票分次出库业务中存货发出时间不同，因此在销售订单的表体应根据发货日期分行显示商品，并更改_____。

【拓展延伸】

"销售生成出库单"与"库存生成销售出库单"两个选项互斥，勾选其中一个选项后，另外一个选项会自动取消勾选。"销售生成出库单"是指发货单自动生成销售出库单，销售出库单的数量不能进行更改；若勾选了"库存生成销售出库单"选项，销售出库单可以手工填制，或者参照发货单一次或者分批生成，其表体数量可更改。因此企业应根据业务需要进行【销售管理】或【库存管理】选项的设置。

★★★自立自信★★★

2024年国家发展改革委办公厅等四部门印发《关于做好2024年降成本重点工作的通知》，明确优化税费优惠政策，落实好研发费用税前加计扣除、科技成果转化税收减免等结构性减税降费政策，重点支持科技创新和制造业发展，强化企业科技创新主体地位。在缓解企业人工成本压力方面，继续阶段性降低部分社会保险费率。延续实施阶段性降低失业保险、工伤保险费率政策，实施期限延长至2025年年底，着力为市场主体纾困解难，推动经济平稳健康发展。企业应做好成本的管控，以实现销售和利润的飞跃。

任务5：一次出库分次开票

【任务描述】

2024年3月22日，销售部李超与济南银锐签订合同销售美家72LW3P空调50台，双方约定当天全部发货，分别于22日和23日开具增值税专用发票。

【原始凭证】

购销合同、出库单、销售发票，如图4.1.66~图4.1.69所示。

购销合同

合同编号：XS005

甲方（卖方）：日照瑞泽商贸有限责任公司

乙方（买方）：济南银锐商贸有限公司

　　甲乙双方在平等自愿的基础上就商品购销事宜达成一致，现根据《中华人民共和国民法典》中合同的有关规定，签订如下条款，共同遵守。

一、货物的名称、数量及金额

货物名称	单位	数量	单价(不含税)	金额(不含税)	税率	税　额
美家72LW3P	台	50	9,300.00	465,000.00	13%	60,450.00
合　计				￥465,000.00		￥60,450.00

二、合同总金额：人民币伍拾贰万伍仟肆佰伍拾元整（￥525,450.00）。

三、结算方式：网银；付款时间：2024年05月22日。

四、交货地点：济南银锐商贸有限公司。

五、发运方式及运费负担：甲方于合同签订日发出商品，乙方负担运费。

甲方(签章):日照瑞泽商贸有限责任公司　　乙方(签章):济南银锐商贸有限公司

授权代表：李炬　　　　　　　　　　　　授权代表：刘杰

日　　期：2024年03月22日　　　　　　日　　期：2024年03月22日

图 4.1.66　购销合同

出　库　单

2024 年 03 月 22 日

提货单位	济南银锐商贸有限公司			发出仓库		冰箱库	
商品编号	商品名称及规格		单位	数量		价格	
				应发	实发	单价	金额
3003	美家72LW3P		台	50	50		
合　　计				50	50		

经理部门：略　　　　会计：略　　　　仓库：略　　　　经办人：略

图 4.1.67　出库单

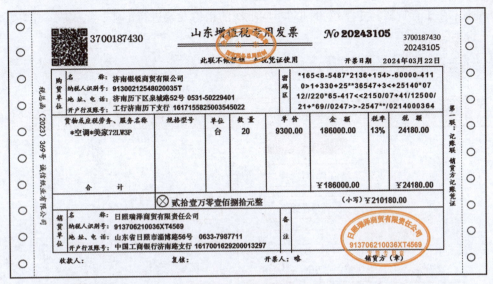

图 4.1.68　销售发票（一）

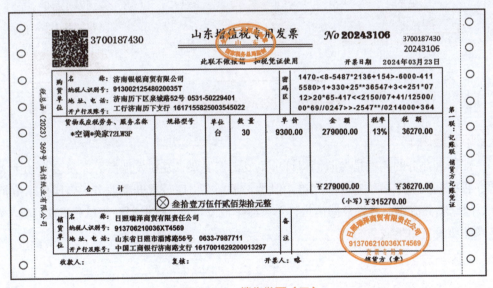

图 4.1.69　销售发票（二）

【任务解析】

该业务是一次出库分次开票业务，业务流程与赊销相近，首先根据订单参照生成发货单，再参照发货单生成销售发票与出库单，确认收入、结转成本。

【岗位说明】

1. 销售员 xs01 在【销售管理】系统录入并审核销售订单，参照生成发货单并审核，再参照发货单分批生成销售专用发票。

2. 库管员 ck01 在【库存管理】系统参照生成并审核出库单。

3. 会计 kj02 在【应收款管理】系统分别对不同批次的销售发票进行审核，生成收入确认凭证；在【存货核算】系统分别对不同批次的销售发票进行记账，生成成本结转凭证。

【业务流程】

该业务的流程如图4.1.70所示。

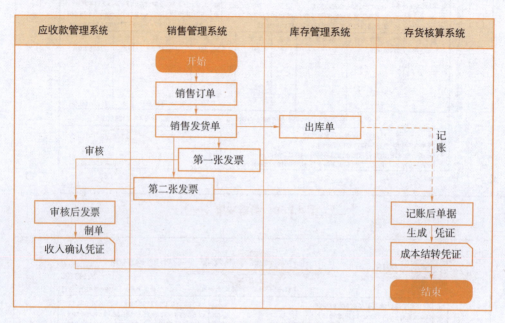

图4.1.70　一次出库分次开票业务流程

【知识链接】

一般销售业务的流程是参照销售订单生成销售发票，复核发票后，系统会自动生成发货单，再根据发货单参照生成出库单。但是对于一次出库分次开票业务，合同要求分批次开票，因此业务流程上可先根据销售订单参照生成发货单，再根据发货单分批次开具发票，出库单参照发货单生成。

【工作指导】

第一步：录入审核销售订单

（1）用户xs01登录【企业应用平台】，【操作日期】为"2024-03-22"。

（2）执行【销售管理】-【销售订货】-【销售订单】命令，打开【销售订单】窗口，单击【增加】按钮，录入销售订单，单击【保存】【审核】按钮，如图4.1.71所示。

第二步：参照生成并审核发货单

（1）单击【快捷命令】下的"发货单"，打开【发货单】窗口。

（2）单击【增加】按钮，打开【查询条件选择–参照订单】窗口，单击【确定】按钮，参照订单号"XS005"的销售订单生成发货单，表体的【仓库名称】选择"空调库"，依次单击【保存】【审核】按钮，如图4.1.72所示。

一次出库
分次开票

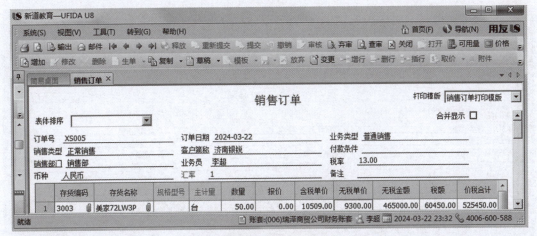

图 4.1.71　销售订单

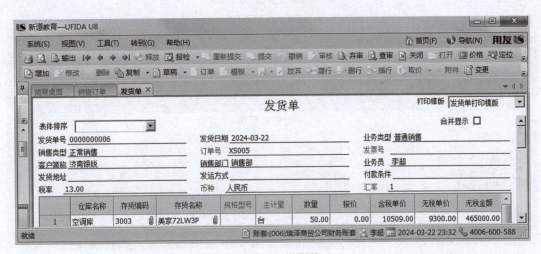

图 4.1.72　发货单

第三步：参照生成并复核第一张销售发票

（1）单击【快捷命令】下的"销售专用发票"，打开【销售专用发票】窗口。

（2）单击【增加】按钮，打开【查询条件选择－参照订单】窗口，关闭该窗口。单击【生单】右侧倒三角下拉菜单中的"参照发货单"按钮，参照"2024-03-22"的发货单生成销售专用发票，【发票号】录入"20243105"，表体的【数量】更改为"20"，依次单击【保存】【复核】按钮，如图 4.1.73 所示。

第四步：参照生成销售出库单并审核

（1）更换用户 ck01 登录【企业应用平台】，【操作日期】为"2024-03-22"。

（2）执行【供应链】-【库存管理】-【出库业务】-【销售出库单】命令，打开【销售出库单】窗口。

（3）单击【生单】右侧倒三角下拉菜单中的"销售生单"按钮，参照发货单生成销售出库单并进行审核，如图 4.1.74 所示。

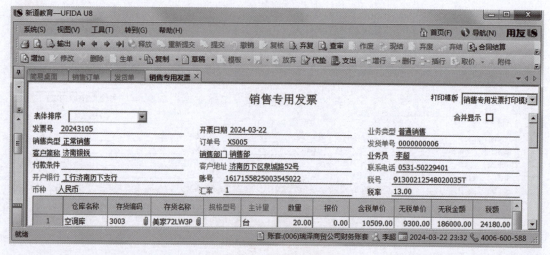

图 4.1.73　销售专用发票

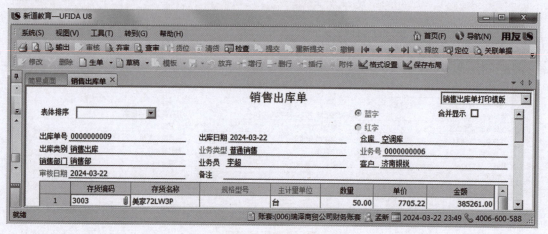

图 4.1.74　销售出库单

第五步：审核销售发票并制单

（1）更换用户 kj02 登录【企业应用平台】，【操作日期】为"2024-03-22"。

（2）执行【应收款管理】-【应收单据处理】-【应收单据审核】命令，打开【应收单查询条件】窗口，单击【确定】按钮。

（3）打开【单据处理】窗口，双击打开销售专用发票，单击【审核】按钮，系统提示"是否立即制单？"，单击【是】按钮，生成收入确认凭证，如图 4.1.75 所示。

第六步：记账并生成成本结转凭证

（1）执行【供应链】-【存货核算】-【业务核算】-【正常单据记账】命令，选择单据号为"20243105"的发票执行记账。

（2）执行【存货核算】-【财务核算】-【生成凭证】命令，生成第一批开票商品的成本结转凭证，如图 4.1.76 所示。

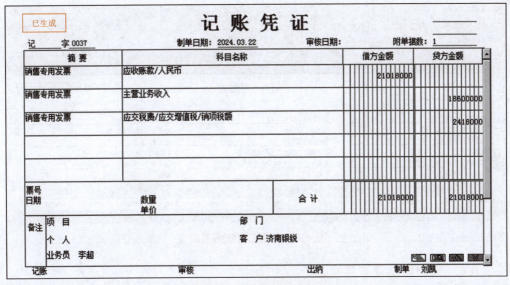

图 4.1.75　收入确认凭证

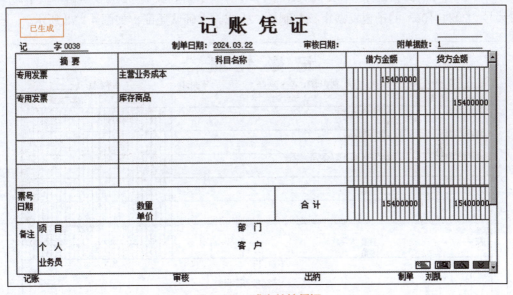

图 4.1.76　成本结转凭证

第七步：参照生成并复核第二张销售发票

（1）更换用户 xs01 登录到【企业应用平台】，【操作日期】为"2024-03-23"。

（2）执行【销售管理】-【销售开票】-【销售专用发票】命令，打开【销售专用发票】窗口，单击【增加】按钮，打开【查询条件选择 – 参照订单】窗口，关闭该窗口，单击【生单】右侧倒三角下拉菜单中的"参照发货单"按钮，参照"2024-03-22"的发货单生成销售专用发票，将【发票号】更改为"20243106"，单击【保存】【复核】按钮，如图 4.1.77 所示。

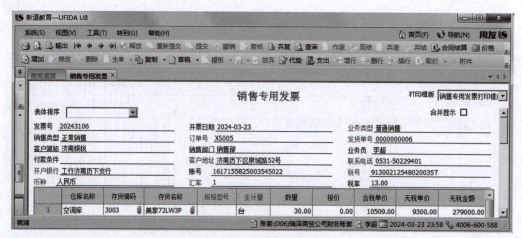

图 4.1.77　第二张销售发票

第八步：审核销售发票并制单

（1）更换用户 kj02 登录【企业应用平台】，【操作日期】为"2024-03-23"。

（2）执行【财务会计】-【应收款管理】-【应收单据处理】-【应收单据审核】命令，对编号"20243106"的销售发票审核并制单，生成收入确认凭证，如图 4.1.78 所示。

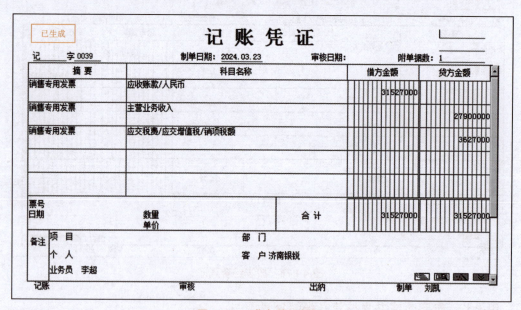

图 4.1.78　收入确认凭证

第九步：记账并生成成本结转凭证

（1）执行【供应链】-【存货核算】-【业务核算】-【正常单据记账】命令，选择单据号为"20243106"的发票执行记账。

（2）执行【存货核算】-【财务核算】-【生成凭证】命令，生成第二批开票商品的成本结转凭证，如图 4.1.79 所示。

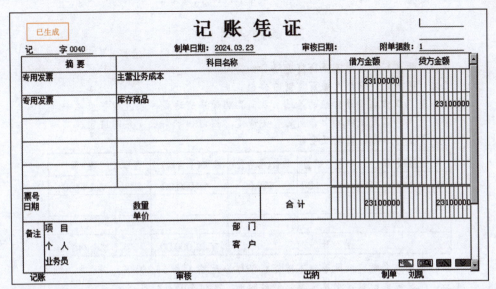

图 4.1.79 成本结转凭证

【注意事项】

本业务的发票分批开具，货物一次发出，发货单数量与发票数量不一致，因此不能根据销售发票自动生成并审核发货单，应参照销售订单生成发货单，再参照发货单生成销售发票，根据原始凭证对发票数量进行更改。

【拓展延伸】

销售成本核算方式既可以依据销售发票，也可以依据销售出库单，该选项在【存货核算】系统进行设置。一般情况下企业选择依据销售发票来结转销售成本，因为销售发票既是收入确认的依据，也是成本结转的依据，更符合收入费用配比原则。

任务 6：商业汇票结算销售

【任务描述】

2024 年 3 月 23 日，销售部李超与徐州天盛签订合同，销售暖阳 C22 电磁炉 100 件，货物于当天发放，收到对方签发承兑的商业汇票一张。

【原始凭证】

购销合同、销售发票、出库单、电子商业汇票打印件，如图 4.1.80~ 图 4.1.83 所示。

【任务解析】

该业务是以商业汇票作为结算方式的销售业务，首先按照赊销流程处理销售，再录入商业汇票，进行收款单的审核、核销，生成票据凭证。因为所售商品采用全月加权平均法核算，所以需待月末统一记账、计算加权平均单价后结转销售成本。

购销合同

合同编号：XS006

甲方（卖方）：日照瑞泽商贸有限责任公司

乙方（买方）：徐州天盛百货贸易公司

　　甲乙双方在平等自愿的基础上就商品购销事宜达成一致，现根据《中华人民共和国民法典》中合同的有关规定，签订如下条款，共同遵守。

一、货物的名称、数量及金额

货物名称	单位	数量	单价(不含税)	金额(不含税)	税率	税　额
暖阳电磁炉C22	件	100	480.00	48,000.00	13%	6,240.00
合　计				￥48,000.00		￥6,240.00

二、合同总金额：人民币伍万肆仟贰佰肆拾元整（￥54,240.00）。

三、结算方式：银行承兑汇票；付款时间：2024年03月23日。

四、交货地点：徐州天盛百货贸易公司。

五、发送方式及运费负担：甲方于合同签订日发出货物，运费买方负担。

甲方(签章):日照瑞泽商贸有限责任公司　　乙方(签章):徐州天盛百货贸易公司

授权代表：李超　　　　　　　　　　　　授权代表：姚远

日　　　期：2024年03月23日　　　　　　日　　　期：2024年03月23日

图 4.1.80　购销合同

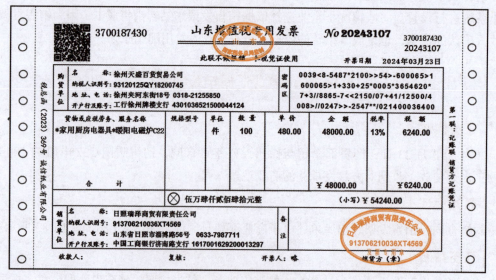

图 4.1.81　销售发票

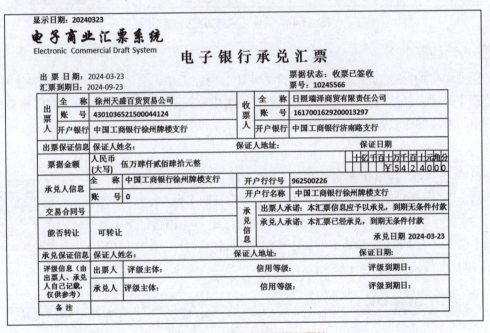

图 4.1.82　出库单

图 4.1.83　电子商业汇票打印件

【岗位说明】

1. 销售员 xs01 在【销售管理】系统录入并审核销售订单，参照生成销售发票并复核，系统自动生成发货单。

2. 库管员 ck01 在【库存管理】系统参照生成并审核出库单。

3. 会计 kj02 在【应收款管理】系统对销售发票进行审核，生成收入确认凭证。

4. 出纳 cn01 在【应收款管理】系统填制商业汇票。

5. 会计 kj02 在【应收款管理】系统对收款单进行审核并核销，生成票据凭证。

【业务流程】

该业务的流程如图 4.1.84 所示。

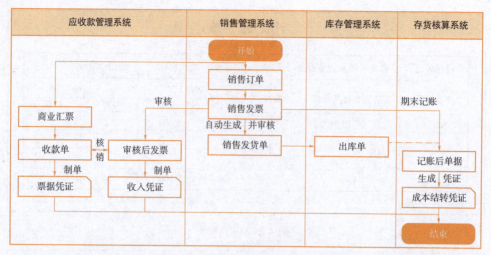

图 4.1.84　商业汇票结算业务流程

【知识链接】

　　企业销售商品收到对方签发或者背书转让的商业汇票，应通过【应收款管理】-【票据管理】处理，新增商业汇票。商业汇票直接生成收款单，需要进行审核，并将审核后的收款单与对应的应收账款进行核销处理。

【工作指导】

第一步：录入并审核销售订单

　　（1）用户 xs01 登录【企业应用平台】，【操作日期】为"2024-03-23"。

　　（2）执行【供应链】-【销售管理】-【销售订货】-【销售订单】命令，打开【销售订单】窗口，单击【增加】按钮，录入销售订单，依次单击【保存】【审核】按钮，如图 4.1.85 所示。

汇票结算

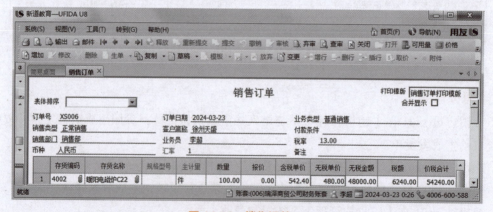

图 4.1.85　销售订单

第二步：参照生成并复核销售发票

　　（1）单击【快捷命令】下的"销售专用发票"，打开【销售专用发票】窗口。

（2）单击【增加】按钮，打开【查询条件选择 – 参照订单】窗口，单击【确定】按钮，参照编号"XS006"的销售订单生成销售发票，【发票号】录入"20243107"，表体项目【仓库名称】选择"家用小电器库"，依次单击【保存】【复核】按钮，如图4.1.86所示。

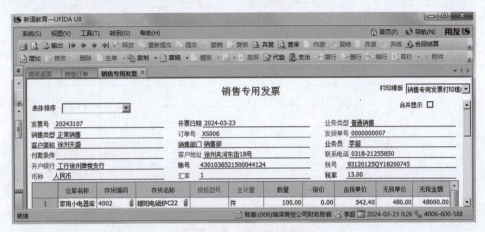

图 4.1.86　销售专用发票

第三步：参照生成并审核销售出库单

（1）更换用户 ck01 登录【企业应用平台】，【操作日期】为"2024-03-23"。

（2）执行【供应链】–【库存管理】–【出库业务】–【销售出库单】命令，打开【销售出库单】窗口。

（3）单击【生单】右侧倒三角下拉菜单中的"销售生单"按钮，参照发货单生成销售出库单，依次单击【保存】【审核】按钮，如图4.1.87所示。

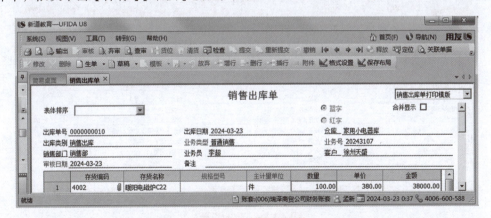

图 4.1.87　销售出库单

第四步：审核销售发票并制单

（1）更换用户 kj02 登录【企业应用平台】，【操作日期】为"2024-03-23"。

（2）执行【财务会计】–【应收款管理】–【应收单据处理】–【应收单据审核】命令，打开【应收单查询条件】窗口，单击【确定】按钮。

（3）打开【单据处理】窗口，双击打开编号"20243107"的专用发票，对发票审核并制单，生成收入确认凭证，如图4.1.88所示。

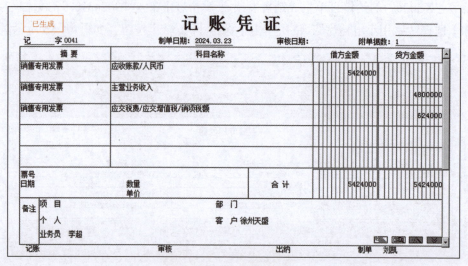

图 4.1.88　收入确认凭证

第五步：填制商业汇票并核销制单

（1）更换用户 cn01 登录【企业应用平台】，【操作日期】为"2024-03-23"。

（2）执行【财务会计】-【应收款管理】-【票据管理】命令，打开【查询条件选择】窗口，单击【确定】按钮，进入【票据管理】窗口。单击【增加】按钮，打开一张空白的商业票据，录入汇票内容，如图4.1.89所示。

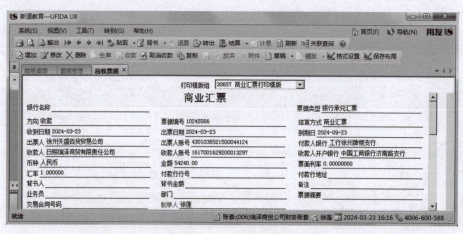

图 4.1.89　商业汇票

（3）更换用户 kj02 登录【企业应用平台】，【操作日期】为"2024-03-23"。

（4）执行【应收款管理】-【收款单据处理】-【收款单据审核】命令，打开【收付款单列表】窗口，依次单击【全选】【审核】按钮，完成单据审核，如图4.1.90所示。

（5）执行【应收款管理】-【核销处理】-【手工核销】命令，打开【核销条件】窗口，【客户】选择"徐州天盛百货公司"，单击【确定】按钮。

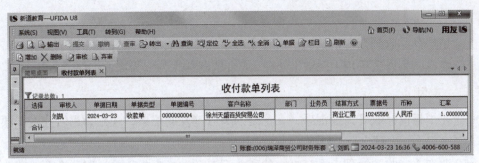

图 4.1.90　收付款单列表

（6）打开【单据核销】窗口，在日期为"2024–03–23"销售专用发票的【本次结算】栏录入"54 240.00"，如图 4.1.91 所示，单击【保存】按钮，关闭【单据核销】窗口。

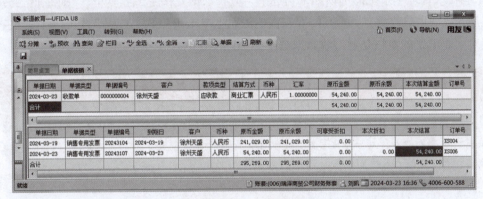

图 4.1.91　单据核销

（7）执行【应收款管理】–【制单处理】命令，打开【制单查询】窗口，勾选"收付款单制单"和"核销制单"复选框，单击【确定】按钮，打开【制单】窗口，单击【合并】按钮，【选择标志】均显示"1"，再单击【制单】按钮，生成票据凭证，如图 4.1.92 所示。

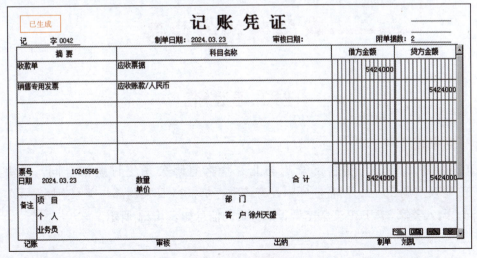

图 4.1.92　票据凭证

【注意事项】

企业销售商品收到商业汇票时，应在【应收款管理】系统录入商业汇票，并进行后续管理。不能在销售发票采用【现结】处理，或者填制结算方式为商业汇票的收款单来处理。

【自检自测】

1. 企业销售商品收到商业汇票，无论是购买方签发的汇票，还是背书转让的汇票，都应该在_____系统录入票据。

2. 企业在【应收款管理】系统录入的商业汇票会生成为收款单，因此企业对商业汇票的处理流程与收款流程相同，后续需要进行审核、_____、制单。

【拓展延伸】

【应收款管理】系统的选项如果勾选了"应收票据直接生成收款单"，则商业汇票录入完成后，自动生成收款单，否则需要在商业汇票上单击【收款】按钮，才可以生成收款单，后续对商业汇票的审核是通过收款单据审核加以实现的。

★★★自立自信★★★

明末清初，山西商人创造了晋商票号，其中平遥日昇昌票号以"汇通天下"而闻名，异地汇兑成其所特有的业务，其分号近百家，遍及全国以至新加坡、俄罗斯、日本等国。晋商对票汇管理严格，彰显我国古人的智慧。

子项目 4.2

特殊销售业务

任务1：直运销售

【任务描述】

2024年3月24日，销售部李超与北京华客有限公司签订购销合同，销售美家87VE3P变频空调50台，因企业库中没有该类存货，25日采购部与美家集团公司签订采购合同，购入美家87VE3P变频空调，该存货的信息如表4.2.1所示。

表 4.2.1　存货档案信息

所属类别	存货编码	存货名称	计量单位组	计量单位	税率	存货属性
空调	3004	美家变频空调 87VE3P	01	台	13%	外购、内销、外销

【原始凭证】

销售合同、销售发票、采购合同、采购发票，如图 4.2.1~ 图 4.2.4 所示。

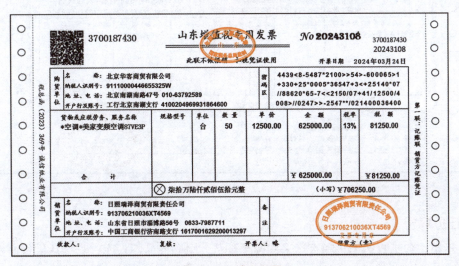

购销合同

合同编号：XS007

甲方（卖方）：日照瑞泽商贸有限责任公司

乙方（买方）：北京华客商贸有限公司

　　甲乙双方在平等自愿的基础上就商品购销事宜达成一致，现根据《中华人民共和国民法典》中合同的有关规定，签订如下条款，共同遵守。

一、货物的名称、数量及金额

货物名称	单位	数量	单价(不含税)	金额(不含税)	税率	税额
美家变频空调87VE3P	台	50	12500.00	625,000.00	13%	81,250.00
合　计				￥625,000.00		￥81,250.00

二、合同总金额：人民币柒拾万陆仟贰佰伍拾元整（￥706,250.00）。

三、结算方式：网银；付款时间：2024年06月24日。

四、交货地点：北京华客商贸有限公司。

五、发运方式：甲方于合同签订次日发出商品并负担运费。

甲方(签章)：日照瑞泽商贸有限责任公司　　乙方(签章)：北京华客商贸有限公司

授权代表：李超　　　　　　　　　　　　　授权代表：孙琦

日　　期：2024年03月24日　　　　　　　日　　期：2024年03月24日

图 4.2.1　销售合同

销售发票（山东增值税专用发票 No 20243108）

图 4.2.2　销售发票

购销合同

合同编号：CG011

甲方（卖方）：美家集团股份有限公司

乙方（买方）：日照瑞泽商贸有限责任公司

　　甲乙双方在平等自愿的基础上就商品购销事宜达成一致，现根据《中华人民共和国民法典》中合同的有关规定，签订如下条款，共同遵守。

一、货物的名称、数量及金额

货物名称	单位	数量	单价(不含税)	金额(不含税)	税率	税 额
美家变频空调87VE3P	台	50	9800.00	490,000.00	13%	63,700.00
合　计				￥490,000.00		￥63,700.00

二、合同总金额：人民币伍拾伍万叁仟柒佰元整（￥553,700.00）。

三、结算方式：网银；付款时间：2024年07月24日。

四、交货地点：北京华客商贸有限公司。

五、发运方式及运费负担：甲方于合同签订日发出商品并负担运费。

甲方(签章)：美家集团股份有限公司　　乙方(签章)：日照瑞泽商贸有限责任公司

授权代表：孙丽　　　　　　　　　　　　授权代表：王强

日　　期：2024年03月25日　　　　　　日　　期：2024年03月25日

图 4.2.3　采购合同

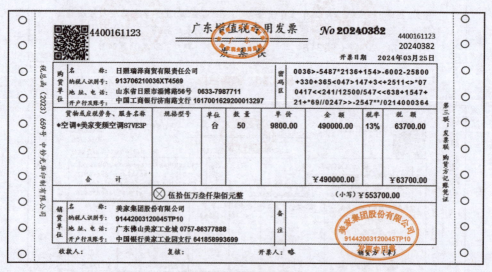

图 4.2.4　采购发票

【任务解析】

　　直运销售包括直运销售和直运采购两个环节，采购商品不入库，直接从供货商发送到客户，销售按照赊销流程完成，采购发票在【应付款管理】系统审核后，在【存货核算】

系统进行记账和制单。其中销售订单、销售发票的业务类型应选择"直运销售"，而采购订单和采购发票的业务类型应选择"直运采购"。

【岗位说明】

1. 账套主管 zg01 在【基础档案】中新增存货档案。

2. 销售员 xs01 在【销售管理】系统录入并审核直运销售订单，参照销售订单生成销售发票并复核。

3. 采购员 cg01 在【采购管理】系统参照销售订单生成采购订单，再参照采购订单生成采购发票。

4. 会计 kj02 在【应付款管理】系统对采购发票进行审核；在【应收款管理】系统对销售发票进行审核，生成收入确认凭证；在【存货核算】系统对销售发票和采购发票执行直运销售记账，生成物资采购凭证和成本结转凭证。

【业务流程】

该业务的流程如图 4.2.5 所示。

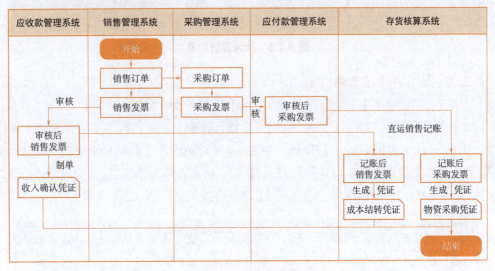

图 4.2.5　直运业务流程

【知识链接】

该业务是直运业务，是由销售业务主导完成的销售和采购业务，包括直运销售和直运采购两个环节，所交易的货物不经过企业仓库，直接由供应商发送给客户，即采购无入库环节，销售无出库环节，为企业节约了采购、验收、存储等仓储成本。

【工作指导】

第一步：增加存货档案

（1）用户 zg01 登录【企业应用平台】，【操作日期】为"2024-03-24"。

（2）在【基础设置】选项卡中，执行【基础档案】-【存货】-【存

直运销售

货档案】命令，打开【存货档案】窗口，根据表 4.2.1 所示信息，新增美家 87VE3P 变频空调的存货档案，勾选存货属性，如图 4.2.6 所示。

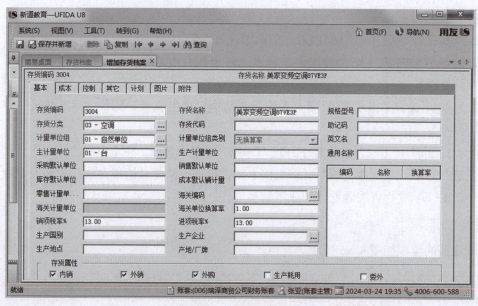

图 4.2.6　新增存货档案

第二步：录入并审核销售订单

（1）用户 xs01 登录【企业应用平台】，【操作日期】为"2024-03-24"。

（2）执行【销售管理】-【销售订货】-【销售订单】命令，打开【销售订单】窗口。

（3）单击【增加】按钮，打开一张空白的销售订单，将【订单号】更改为"XS007"，【业务类型】和【销售类型】均选择"直运销售"，录入订单其他信息，表体【预发货日期】更改为"2024-03-25"，依次单击【保存】【审核】按钮，如图 4.2.7 所示。

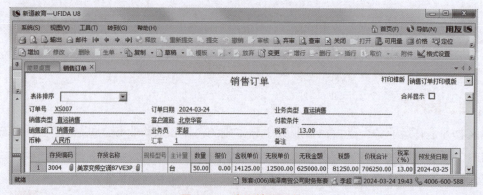

图 4.2.7　直运销售订单

第三步：生成并复核销售发票

（1）单击【快捷命令】下的"销售专用发票"，打开【销售专用发票】窗口。

（2）单击【增加】按钮，打开【查询条件选择 - 参照订单】窗口，单击【取消】按钮。

将表头项目【业务类型】更改为"直运销售",再单击【生单】右侧倒三角下拉菜单的"参照订单"按钮,打开【查询条件选择 – 参照订单】窗口,单击【确定】按钮,打开【参照生单】窗口,单击【全选】按钮,如图 4.2.8 所示,单击【确定】按钮。

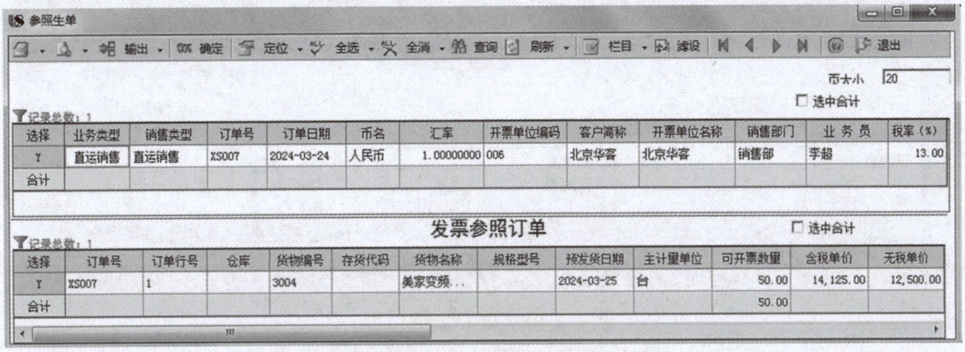

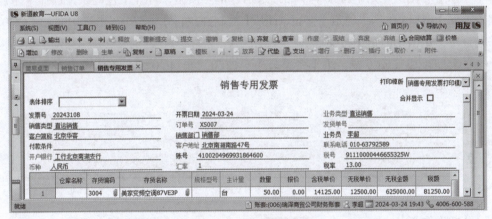

图 4.2.8　参照生单

（3）生成销售专用发票,【发票号】录入"20243108",依次单击【保存】【复核】按钮,如图 4.2.9 所示。

图 4.2.9　直运销售发票

第四步：生成并审核采购订单

（1）用户 cg01 登录【企业应用平台】,【操作日期】为"2024-03-25"。

（2）执行【供应链】-【采购管理】-【采购订货】-【采购订单】命令,打开【采购订单】窗口。

（3）单击【增加】按钮,打开一张空白的采购订单,【业务类型】选择"直运采购",再单击【生单】右侧倒三角下拉菜单的"销售订单"按钮,打开【查询条件选择 – 销售订单列表过滤】窗口,单击【确定】按钮,打开【复制并执行】窗口,单击【全选】【确定】按钮,参照编号"XS007"的销售订单生成采购订单。

（4）将【订单编号】更改为"CG011",【采购类型】选择"直运采购",【供应商】选择"美家",【部门】选择"采购部",【业务员】选择"王强",表体的【原币单价】录入"9 800.00"，单击【保存】【审核】按钮，如图4.2.10所示。

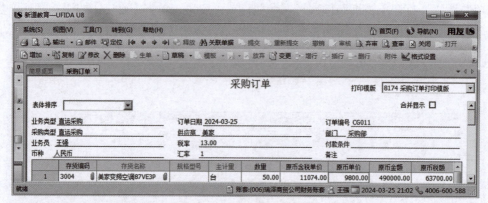

图 4.2.10　直运采购订单

第五步：参照生成采购发票

（1）单击【快捷命令】下的"专用采购发票"，打开【专用发票】窗口。

（2）单击【增加】按钮，打开一张空白的专用发票，将【业务类型】更改为"直运采购"，单击【生单】右侧倒三角下拉菜单中的"采购订单"按钮，打开【查询条件选择－采购订单列表过滤】窗口，单击【确定】按钮，打开【复制并执行】窗口，双击选中编号"CG011"的采购订单，单击【确定】按钮。

（3）参照生成采购发票，将【发票号】更改为"20240382"，单击【保存】按钮，如图 4.2.11 所示。

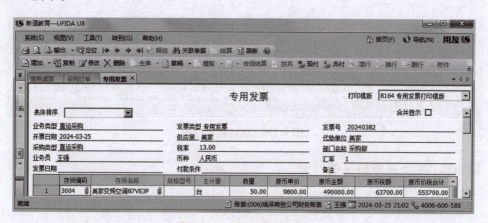

图 4.2.11　直运采购发票

第六步：审核采购发票

（1）更换用户 kj02 登录【企业应用平台】，【操作日期】为"2024-03-25"。

（2）执行【财务会计】－【应付款管理】－【应付单据处理】－【应付单据审核】命令，打开【应付单查询条件】窗口，单击【确定】按钮。

（3）打开【单据处理】窗口，依次单击【全选】【审核】按钮，系统提示"本次审核成功单据 [1] 张"，关闭【单据处理】窗口。

第七步：审核销售发票并制单

（1）执行【财务会计】-【应收款管理】-【应收单据处理】-【应收单据审核】命令，打开【应收单查询条件】窗口，单击【确定】按钮。

（2）打开【单据处理】窗口，双击打开编号"20243108"的销售发票，单击表头项目【审核】按钮，审核发票并制单，生成收入凭证，如图4.2.12所示，关闭所有窗口。

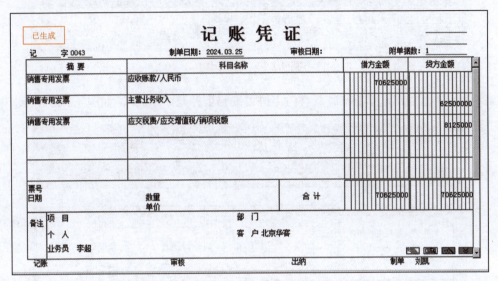

已生成	记 账 凭 证			
记 字 0043	制单日期：2024.03.25	审核日期：		附单据数：1
摘 要	科目名称		借方金额	贷方金额
销售专用发票	应收账款/人民币		70625000 0	
销售专用发票	主营业务收入			62500000 0
销售专用发票	应交税费/应交增值税/销项税额			8125000 0
票号 日期	数量 单价	合 计	70625000 0	70625000 0
备注 项 目 个 人 业务员 李超		部 门 客 户 北京华客		
记账	审核	出纳	制单 刘凯	

图4.2.12 收入确认凭证

第八步：记账并生成采购和成本结转凭证

（1）执行【供应链】-【存货核算】-【业务核算】-【直运销售记账】命令，打开【直运采购发票核算查询条件】窗口，【单据类型】自动勾选"采购发票"和"销售发票"，单击【确定】按钮。

（2）打开【未记账单据一览表】窗口，单击【全选】按钮，如图4.2.13所示，再单击【记账】按钮，系统提示"记账成功"，单击【确定】按钮，关闭该窗口。

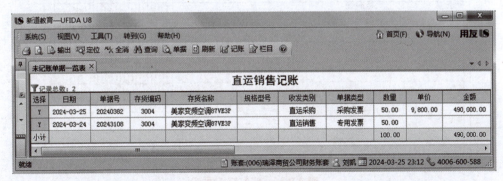

选择	日期	单据号	存货编码	存货名称	规格型号	收发类别	单据类型	数量	单价	金额
Y	2024-03-25	20240382	3004	美家变频空调87VE3P		直运采购	采购发票	50.00	9,800.00	490,000.00
Y	2024-03-24	20243108	3004	美家变频空调87VE3P		直运销售	专用发票	50.00		490,000.00
小计								100.00		490,000.00

图4.2.13 直运销售记账

（3）执行【存货核算】-【财务核算】-【生成凭证】命令，打开【生成凭证】窗口，单击【选择】按钮，打开【查询条件】窗口，单击【确定】按钮。

（4）打开【选择单据】窗口，单据类型包括"采购发票"和"销售发票"，单击【全选】按钮，如图4.2.14所示，单击【确定】按钮。

选择	记账日期	单据日期	单据类型	单据号	仓库	收发类别	记账人	部门	部门编码	业务单号	业务类型	计价方式	备注	摘要
1	2024-03-25	2024-03-25	专用发票	20243108		直运销售	刘凯	销售部	3		直运销售			专用发票
1	2024-03-25	2024-03-24	采购发票	20240382		直运采购	刘凯	采购部	2		直运采购			采购发票

共2条单据

图4.2.14　选择单据

（5）打开【生成凭证】窗口，空白【科目编码】补充"1402"，如图4.2.15所示。

选择	单据类型	单据号	摘要	科目类型	科目编码	科目名称	借方金额	贷方金额	借方数量	贷方数量	科目方向	存货编码
1	采购发票	20240382	采购发票	存货	1402	在途物资	490,000.00		50.00		1	3004
				税金	22210101	进项税额	63,700.00		50.00		1	3004
				应付	220201	一般应付账款		553,700.00		50.00	2	3004
	专用发票	20243108	专用发票	对方	6401	主营业务成本	490,000.00		50.00		1	3004
				存货	1402	在途物资		490,000.00		50.00	2	3004
合计							1,043,700.00	1,043,700.00				

图4.2.15　生成凭证

（6）单击【生成】按钮，生成成本结转凭证，保存凭证，如图4.2.16所示。

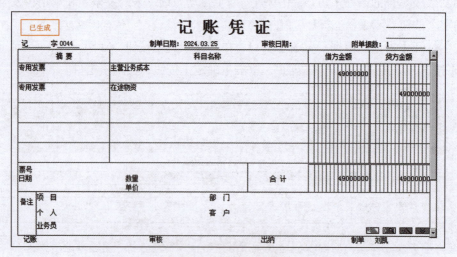

图4.2.16　成本结转凭证

（7）单击翻页按钮或按"Alt+PageDown"组合键，查看商品采购凭证并保存，如图4.2.17所示。

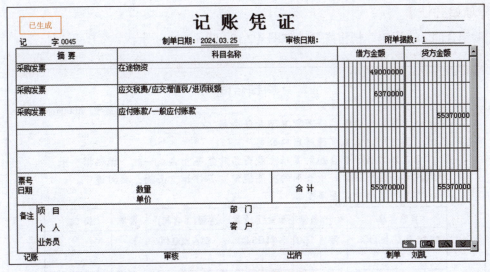

图 4.2.17　商品采购凭证

【注意事项】

1. 直运业务是由销售主导完成的销售及采购业务，销售订单、销售发票的【业务类型】是"直运销售"，采购订单、采购发票的【业务类型】是"直运采购"。直运业务在【存货核算】系统执行的是"直运销售记账"命令，而非"正常单据记账"命令。

2. 采购发票在【应付款管理】系统完成审核后，一般在【存货核算】系统生成凭证。由于直运采购商品并未入库，因此根据采购发票所生成的采购凭证，存货科目为"在途物资"而非"库存商品"。

【自检自测】

1. 对于直运业务，销售订单和销售发票的业务类型应选择＿＿＿＿＿＿，参照销售订单生成销售发票时，应先更改业务类型，否则无法参照生单。

2. 直运业务在【存货核算】系统不执行正常单据记账，而是对采购发票和销售发票执行＿＿＿＿＿＿，然后分别生成＿＿＿＿＿＿凭证和＿＿＿＿＿＿凭证。

【拓展延伸】

对于直运业务，企业签订销售合同后，根据合同中商品的规格、数量安排采购，并要求供货商直接给客户发货，整个业务过程存货无需入库，降低了存货的存储成本。

任务 2：外币结算销售

【任务描述】

2024年3月25日，销售部李超向日照信克宝德进出口公司销售暖阳D08豆浆机160件，货款采用美元结算，当日美元换算人民币的汇率为 7.198 0，企业开具增值税普通发票。

【原始凭证】

购销合同、出库单、销售发票，如图 4.2.18~ 图 4.2.20 所示。

购销合同

合同编号：XS008

甲方（卖方）：日照瑞泽商贸有限责任公司

乙方（买方）：信克宝德进出口公司

　　甲乙双方在平等自愿的基础上就商品购销事宜达成一致，现根据《中华人民共和国民法典》中合同的有关规定，签订如下条款，共同遵守。

一、货物的名称、数量及金额

货物名称	单位	数量	单价(不含税)	金额(不含税)	税率	税额
暖阳豆浆机D08	件	160	$105.00	$16,800.00		
合计				$16,800.00		

二、合同总金额：美元壹万陆仟捌佰元整（＄16,800.00）。

三、结算方式：网银；付款时间：2024年07月24日。

四、交货时间：2024年03月25日。

五、发运方式：甲方发货，乙方负担运费。

甲方(签章):日照瑞泽商贸有限责任公司　　乙方(签章):信克宝德进出口公司

授权代表：李超　　　　　　　　　　　　授权代表：傅娜娜

日　　期：2024年03月25日　　　　　　日　　期：2024年03月25日

图 4.2.18　购销合同

出 库 单

2024 年 03 月 25 日

提货单位	信克宝德进出口公司			发出仓库		家用小电器库	
商品编号	商品名称及规格	单位	数量		价格		
			应发	实发	单价	金额	
4001	暖阳豆浆机D08	件	160	160			
合　计			160	160			

经理部门：略　　　　会计：略　　　　仓库：略　　　　经办人：略

图 4.2.19　出库单

【任务解析】

　　该业务是使用外币进行结算的出口业务，实际工作中以本位币开具普通发票，按照当日或者月初汇率折合为本位币进行核算，月末再按期末汇率进行调整，计算汇兑损益。

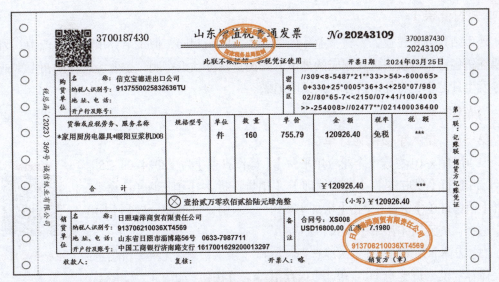

图 4.2.20　销售发票

【岗位说明】

1. 销售员 xs01 在【销售管理】系统录入并审核销售订单，参照生成销售普通发票并进行复核，系统自动生成发货单。

2. 库管员 ck01 在【库存管理】系统参照生成并审核出库单。

3. 会计 kj02 在【应收款管理】系统对销售发票进行审核，生成收入确认凭证；在【存货核算】系统对销售发票或出库单进行记账，生成成本结转凭证。

【业务流程】

该业务的流程如图 4.2.21 所示。

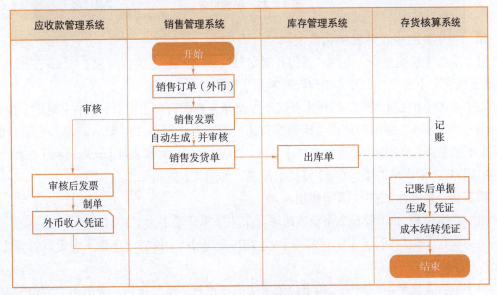

图 4.2.21　外币结算销售业务流程

【知识链接】

外币结算的销售业务，整个业务处理流程与赊销相同，但是结算币种非本位币，因此需要在销售订单的表头选择相应的外币。我国采用浮动汇率制，企业应选择期初汇率或者业务发生日汇率，将外币折合为人民币记账。

【操作指导】

第一步：录入审核销售订单

（1）用户 xs01 登录【企业应用平台】，【操作日期】为"2024-03-25"。

（2）执行【供应链】-【销售管理】-【销售订货】-【销售订单】命令，打开【销售订单】窗口，单击【增加】按钮，录入销售订单，表头项目【币种】选择"美元"，【汇率】录入"7.198 0"。

外币结算销售

（3）表体【存货编码】录入或选择"4001"，录入数量、无税单价信息，将表体存货税率调整为"0"，单击【保存】【审核】按钮，如图 4.2.22 所示。

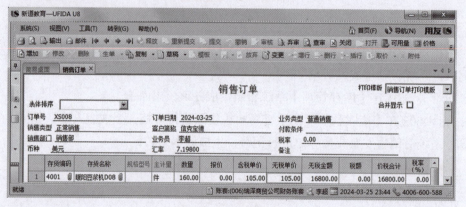

图 4.2.22　销售订单

第二步：参照生成并复核销售发票

（1）单击【快捷命令】下的"销售普通发票"，或者执行【销售管理】-【销售开票】-【销售普通发票】命令，打开【销售普通发票】窗口。

（2）单击【增加】按钮，打开【查询条件选择 - 参照订单】窗口，单击【确定】按钮，参照编号"XS008"的销售订单生成销售普通发票，系统提示"汇率不可以小于等于 0"，表头【汇率】录入"7.198 0"，【发票号】录入"20243109"，表体项目【仓库名称】选择"家用小电器库"，依次单击【保存】【复核】按钮，如图 4.2.23 所示。

第三步：参照生成并审核销售出库单

（1）更换用户 ck01 登录【企业应用平台】，【操作日期】为"2024-03-25"。

（2）执行【供应链】-【库存管理】-【出库业务】-【销售出库单】命令，打开【销售出库单】窗口。

（3）单击【生单】右侧倒三角下拉菜单中的"销售生单"按钮，参照信克宝德的发货单生成销售出库单，单击【保存】【审核】按钮，如图 4.2.24 所示。

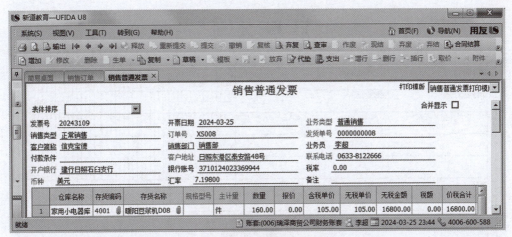

图 4.2.23　销售普通发票

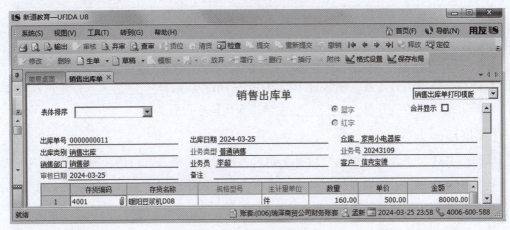

图 4.2.24　销售出库单

第四步：审核销售发票并制单

（1）更换用户 kj02 登录【企业应用平台】，【操作日期】为"2024-03-25"。

（2）执行【财务会计】-【应收款管理】-【应收单据处理】-【应收单据审核】命令，打开【应收单查询条件】窗口，单击【确定】按钮。

（3）打开【单据处理】窗口，双击打开销售普通发票，单击【审核】按钮，系统提示"是否立即制单？"，单击【是】按钮，生成外币收入凭证，如图 4.2.25 所示。

【注意事项】

1.外币核算的销售业务，需要在销售订单表头选择对应的外币，若企业采用浮动汇率方式，还需要录入汇率，此时需要将销售订单表头项目【汇率】从不可编辑状态设置为可编辑状态，该设置通过【基础设置】-【单据设置】-【单据格式设置】命令完成。

2.通过【应收款管理】-【设置】-【初始设置】-【控制科目设置】命令，将本业务中的客户"应收科目"和"预收科目"设为外币核算科目，提高制单效率。

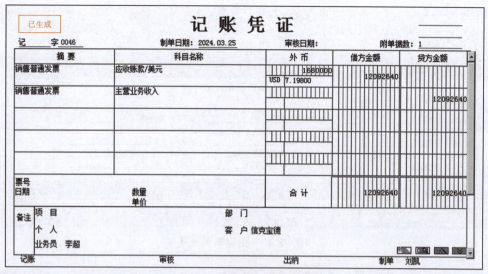

图 4.2.25 外币核算收入凭证

【自检自测】

1. 外币结算的销售业务，销售订单的表头项目币种应选择_____，并录入汇率。
2. 外币销售业务应开具_____发票，表头税率设置为_____。

【拓展延伸】

实际业务中，企业通过进出口贸易公司对外销售，一般开具增值税普通发票，由于发票不能使用外币核算，所以要按照一定汇率折合为人民币予以开具，并在备注栏注明结算的外币金额和使用的换算汇率。

★★★自立自信★★★

2024 年一季度，中国经济运行持续回升向好，外贸发展质量稳步提升，进出口规模再上新台阶：一是进出口规模历史同期首次突破 10 万亿元，中国货物贸易进出口总值 10.17 万亿元人民币，同比增长 5%。二是对共建"一带一路"国家、其他金砖国家进出口增速均高于整体。一季度，中国对共建"一带一路"国家进出口 4.82 万亿元，增长 5.5%。三是民营企业进出口 5.53 万亿元，增长 10.7%。四是机电产品和劳动密集性产品出口势头良好。五是大宗商品和民生消费品进口稳步扩大。我国企业在国内大循环为主体、国内国际双循环相互促进的新发展格局中稳步前进。

任务 3：分期收款销售

【任务描述】

2024 年 3 月 25 日，与广州和润贸易有限公司签订分期收款销售合同，销售海大 758P4 冰箱 60 台，合同签订日发出全部商品，双方约定每月 25 日支付货款，分三批支付，当日企业开具销售发票，收到第一批货款。

【原始凭证】

购销合同、出库单、销售发票、电汇收款凭证，如图 4.2.26~ 图 4.2.29 所示。

购销合同

合同编号：XS009

甲方（卖方）：日照瑞泽商贸有限责任公司

乙方（买方）：广州和润贸易有限公司

甲乙双方在平等自愿的基础上就商品购销事宜达成一致，现根据《中华人民共和国民法典》中合同的有关规定，签订如下条款，共同遵守。

一、货物的名称、数量及金额

货物名称	单位	数量	单价(不含税)	金额(不含税)	税率	税额
海大758P4	台	60	12,600.00	756,000.00	13%	98,280.00
合　计				￥756,000.00		￥98,280.00

二、合同总金额：人民币捌拾伍万肆仟贰佰捌拾元整（￥854,280.00）。

三、结算方式：电汇；付款时间：乙方分期向甲方支付货款，自本月起，每月25日分三批支付货款。付清所有货款前，甲方根据乙方未付款比例保留合同标的物的所有权。

四、交货地点：广州和润贸易有限公司。

五、发运方式及到达地点：甲方于合同签订日发出商品，乙方负担运费。

甲方(签章)日照瑞泽商贸有限责任公司　　　乙方(签章)广州和润贸易有限公司

授权代表：奚超　　　　　　　　　　　　　授权代表：刘倩

日　　期：2024年03月25日　　　　　　　日　　期：2024年03月25日

图 4.2.26　购销合同

出　库　单

2024 年 03 月 25 日

提货单位	广州和润贸易有限公司		发出仓库	冰箱库	
商品编号	商品名称及规格	单位	数量		价格
			应发	实发	单价	金额
1003	海大冰箱758P4	台	60	60		
合　计			60	60		

经理部门：略　　　　会计：略　　　　仓库：略　　　　经办人：略

图 4.2.27　出库单

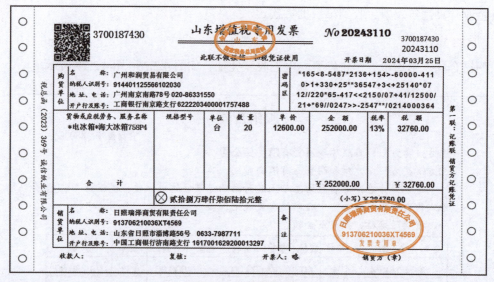

图 4.2.28　销售发票

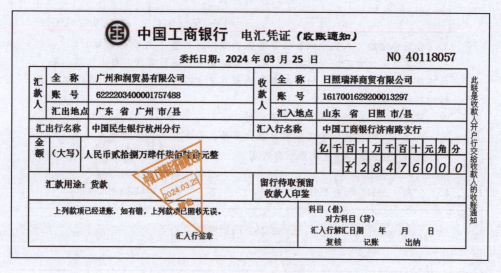

图 4.2.29　电汇收款凭证

【任务解析】

分期收款销售是销售方将货物一次性发送给购买方，款项分批次收回的销售业务。销售方发出货物时不确认收入，而是根据合同约定的收款时间开具发票，分批次确认收入，并根据收入费用配比原则，分批次结转成本。

【岗位说明】

1. 销售员 xs01 在【销售管理】系统录入并审核销售订单，参照销售订单生成发货单。

2. 库管员 ck01 在【库存管理】系统参照发货单生成出库单，并进行审核。

3. 会计 kj02 在【存货核算】系统执行发出商品记账命令，生成发出商品凭证。

4. 销售员 xs01 在【销售管理】系统参照发货单生成销售发票并复核。

5. 会计 kj02 在【应收款管理】系统审核发票并生成收入凭证，在【存货核算】系统对销售发票执行发出商品记账，生成成本结转凭证。

【业务流程】

该业务的流程如图 4.2.30 所示。

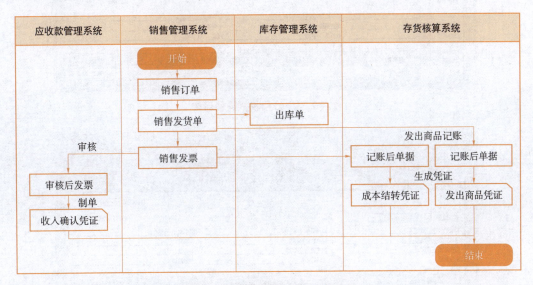

图 4.2.30　分期收款销售业务流程

【知识链接】

处理分期收款销售业务，需要先在【销售管理】系统中勾选"有分期收款业务"选项。分期收款类似于委托代销、直运业务，属于单独的业务类型，所以应正确选择销售订单、销售发票等单据的业务类型。企业发出商品后，对发货单执行发出商品记账，将库存商品的成本转入发出商品，再根据合同约定时间开票，分批次确认收入、结转成本。

【工作指导】

第一步：录入并审核销售订单

（1）用户 xs01 登录【企业应用平台】，【操作日期】为"2024-03-25"。

（2）执行【供应链】-【销售管理】-【销售订货】-【销售订单】命令，打开【销售订单】窗口，单击【增加】按钮，【业务类型】和【销售类型】均选择"分期收款"，录入销售订单，依次单击【保存】【审核】按钮，如图 4.2.31 所示。

分期收款销售

第二步：参照生成并审核发货单

（1）单击【快捷命令】下的"发货单"，打开【发货单】窗口。

（2）单击【增加】按钮，打开【查询条件选择 - 参照订单】窗口，单击【取消】按钮。将表头的【业务类型】更改为"分期收款"，单击【订单】按钮，参照分期收款销售订单生成发货单，表体的【仓库名称】选择"冰箱库"，单击【保存】【审核】按钮，如图 4.2.32 所示。

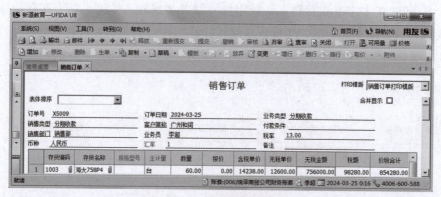

图 4.2.31　分期收款销售订单

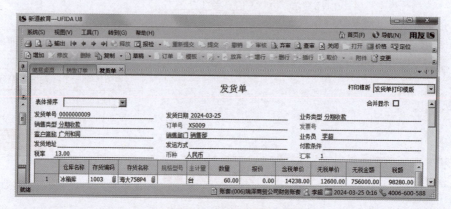

图 4.2.32　分期收款发货单

第三步：参照发货单生成出库单

（1）更换用户 ck01 登录【企业应用平台】，【操作日期】为"2024-03-25"。

（2）执行【供应链】-【库存管理】-【出库业务】-【销售出库单】命令，打开【销售出库单】窗口，单击【生单】右侧倒三角下拉菜单中的"销售生单"按钮，参照发货单生成出库单，单击【审核】按钮，如图 4.2.33 所示。

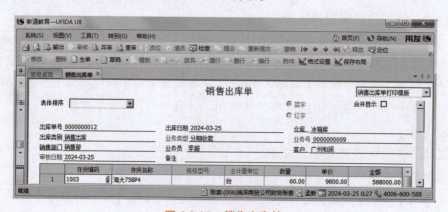

图 4.2.33　销售出库单

第四步：发出商品记账并生成凭证

（1）更换用户 kj02 登录【企业应用平台】，【操作日期】为"2024-03-25"。

（2）执行【供应链】-【存货核算】-【业务核算】-【发出商品记账】命令，打开【查询条件选择】窗口，单击【确定】按钮。

（3）打开【未记账单据一览表】窗口，单击【全选】按钮或双击选中发货单，如图 4.2.34 所示，单击【记账】按钮，系统提示"记账成功"，单击【确定】按钮，关闭该窗口。

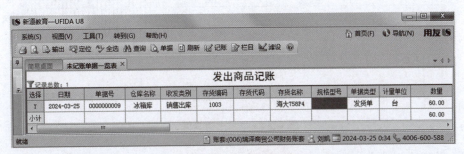

图 4.2.34　发出商品记账

（4）执行【存货核算】-【财务核算】-【生成凭证】命令，打开【生成凭证】窗口，单击【选择】按钮，打开【查询条件】窗口，单击【确定】按钮。

（5）打开【选择单据】窗口，单击【全选】按钮，选择单据，再单击【确定】按钮，回到【生成凭证】窗口，如图 4.2.35 所示，单击【生成】按钮。

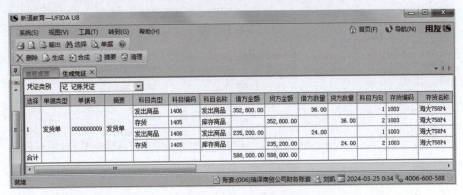

图 4.2.35　生成单据

（6）生成发出存货凭证，单击【保存】按钮，如图 4.2.36 所示。

第五步：参照生成并复核销售发票

（1）更换用户 xs01 登录【企业应用平台】，【操作日期】为"2024-03-25"。

（2）执行【供应链】-【销售管理】-【销售开票】-【销售专用发票】命令，打开【销售专用发票】窗口。

（3）单击【增加】按钮，打开【查询条件选择-参照订单】窗口，关闭该窗口。【业务类型】选择"分期收款"，单击【生单】右侧倒三角下拉菜单中的"参照发货单"按钮，生成销售专用发票，【发票号】录入"20243110"，表体【数量】更改为"20"，保存发票。

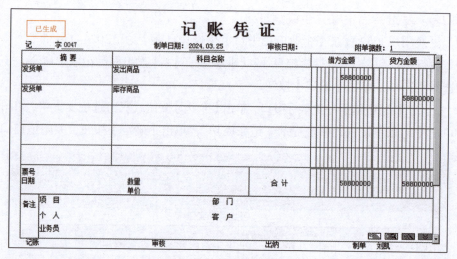

图 4.2.36　发出存货凭证

（4）单击【现结】按钮，打开【现结】窗口，根据电汇收款凭证填写相关信息，单击【确定】按钮，回到【销售专用发票】窗口，发票显示"现结"字样，单击【复核】按钮，完成销售发票的复核，如图 4.2.37 所示。

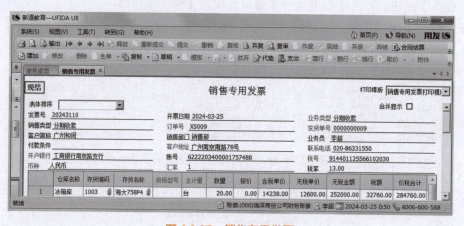

图 4.2.37　销售专用发票

第六步：审核销售发票并制单

（1）更换用户 kj02 登录【企业应用平台】，【操作日期】为"2024-03-25"。

（2）执行【财务会计】-【应收款管理】-【应收单据处理】-【应收单据审核】命令，打开【应收单查询条件】窗口，勾选"包含已现结发票"复选框，单击【确定】按钮。

（3）打开【单据处理】窗口，双击打开专用发票，单击【审核】按钮，系统提示"是否立即制单？"，单击【是】按钮，生成收入确认凭证，如图 4.2.38 所示。

第七步：发出商品记账并生成成本结转凭证

（1）执行【供应链】-【存货核算】-【业务核算】-【发出商品记账】命令，打开【未记账单据一览表】窗口，双击选中发票，单击【记账】按钮，系统提示"记账成功"。

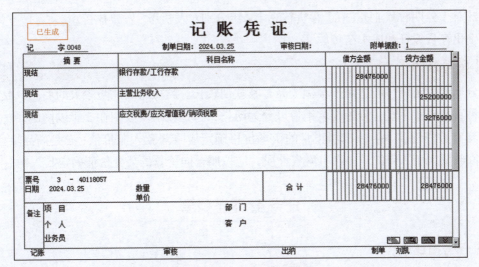

图 4.2.38　收入确认凭证

（2）执行【存货核算】–【财务核算】–【生成凭证】命令，根据销售发票生成成本结转凭证，如图 4.2.39 所示。

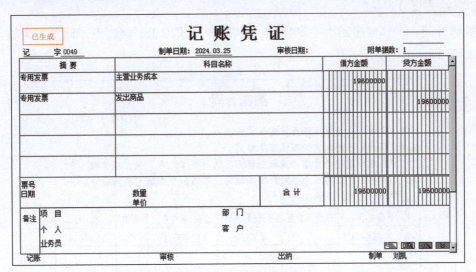

图 4.2.39　成本结转凭证

【注意事项】

分期收款销售是单独的业务类型，填制销售订单的时候，【业务类型】需要选择"分期收款"。同理参照销售订单生成发货单时，不能直接参照生单，需要先更改业务类型，否则系统默认参照普通类型的销售订单，无法过滤出分期收款订单，也就无法参照生成发货单。

【自检自测】

1.对于分期收款销售业务，＿＿＿＿＿＿、＿＿＿＿＿＿、销售发票应先更改业务类型，【业务类型】应选择＿＿＿＿＿＿。

2.对于分期收款业务，在【存货核算】系统分别对发货单、发票执行_____记账，生成发出存货凭证和成本结转凭证。

【拓展延伸】

分期收款销售一般适用于金额较高、收款期较长、款项收回风险较大的商品，是企业的一种重要销售手段。分期收款销售可分为两类，一是款项回收期在3年以内的，一般来说不具有融资性质，可以按照正常的市场价格确定应收账款入账价值；二是商品金额大、款项回收期大于3年的，多具有融资性质，应按照合同价款的公允价值确定收入额。

任务4：定金销售

【任务描述】

2024年3月26日，销售部李超与济南银锐签订购销合同，销售海大642V2冰箱30台，货物于3月28日发出，双方约定购买方于合同签订日支付30 000.00元定金，余款交货时结清。

【原始凭证】

购销合同、网银电子回单（定金）、销售发票、出库单、网银电子回单（余款），如图4.2.40～图4.2.44所示。

购销合同

合同编号：XS010

甲方（卖方）：日照瑞泽商贸有限责任公司
乙方（买方）：济南银锐商贸有限公司

　　甲乙双方在平等自愿的基础上就商品购销事宜达成一致，现根据《中华人民共和国民法典》中合同的有关规定，签订如下条款，共同遵守。

一、货物的名称、数量及金额

货物名称	单位	数量	单价(不含税)	金额(不含税)	税率	税额
海大冰箱642V2	台	30	8,300.00	249,000.00	13%	32,370.00
合　计				￥249,000.00		￥32,370.00

二、合同总金额：人民币贰拾捌万壹仟叁佰柒拾元整（￥281,370.00）。

三、结算方式：网银；付款时间：合同签订日支付定金叁万元整，余款交货时支付。

四、交货地点：济南银锐商贸有限公司。

五、发运方式及运费负担：甲方于2024年3月28日发出商品，乙方负担运费。

甲方(签章)：日照瑞泽商贸有限责任公司　　乙方(签章)：济南银锐商贸有限公司

授权代表：李超　　　　　　　　　　　　授权代表：刘杰

日　　期：2024年03月26日　　　　　　日　　期：2024年03月26日

图4.2.40　购销合同

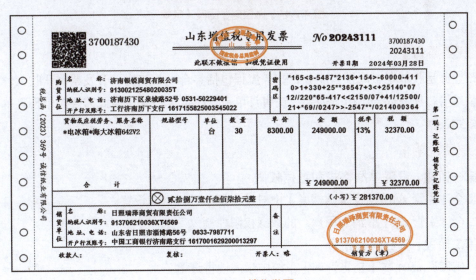

中国工商银行　网上银行电子回单

电子回单号码：02533341

收款人	户　名	日照瑞泽商贸有限责任公司	付款人	户　名	济南银锐商贸有限公司
	卡(账)号	1617001629200013297		卡(账)号	1617155825003545022
	开户银行	中国工商银行济南路支行		开户银行	工行济南历下支行

金　额	￥30000.00	金额（大写）	叁万元整
摘　要	货款	业务(产品)种类	转账
用　途			
交易流水号	12014007	时间戳	2024-03-26-10.26.14.2500369

备注：预付定金款

验证码：E210Q153WT3662

记账网点	00121	记账柜员	00201	记账日期	2024年03月26日

图 4.2.41　网银电子回单（定金）

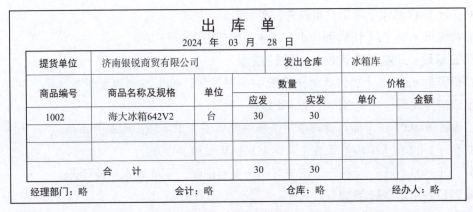

山东增值税专用发票　No 20243111

3700187430			3700187430
此联不做报销、抵扣税凭证使用		开票日期	20243111
			2024年03月28日

购货单位	名　称：济南银锐商贸有限公司	密码区	*165<8-5487*2136+154>-60000-411
	纳税人识别号：913002125480200035T		0>1+330+25**36547+3<+25140*07
	地址、电话：济南历下区泉城路52号 0531-50229401		12//220*65-417<<2150/07+41/12500/
	开户行及账号：工行济南历下支行 1617155825003545022		21+*69//0247>>-2547**/0214000364

货物或应税劳务、服务名称	规格型号	单位	数量	单价	金额	税率	税额
*电冰箱*海大冰箱642V2		台	30	8300.00	249000.00	13%	32370.00
合　计					￥249000.00		￥32370.00

价税合计（大写）　⊗ 贰拾捌万壹仟叁佰柒拾元整　（小写）￥281370.00

销货单位	名　称：日照瑞泽商贸有限责任公司	备注	
	纳税人识别号：913706210036XT4569		
	地址、电话：山东省日照市淄博路56号 0633-7987711		
	开户行及账号：中国工商银行济南路支行 1617001629200013297		

收款人：略　　复核：略　　开票人：略

图 4.2.42　销售发票

出　库　单

2024 年 03 月 28 日

提货单位	济南银锐商贸有限公司				发出仓库		冰箱库	
商品编号	商品名称及规格	单位	数量			价格		
			应发	实发		单价		金额
1002	海大冰箱642V2	台	30	30				
合　计			30	30				

经理部门：略　　　会计：略　　　仓库：略　　　经办人：略

图 4.2.43　出库单

中国工商银行　网上银行电子回单

电子回单号码：02533426

收款人	户　名	日照瑞泽商贸有限责任公司	付款人	户　名	济南银锐商贸有限公司
	卡(账)号	1617001629200013297		卡(账)号	1617155825003545022
	开户银行	中国工商银行济南路支行		开户银行	工行济南历下支行
	金　额	￥251370.00		金额(大写)	贰拾伍万壹仟叁佰柒拾元整
	摘　要	货款		业务(产品)种类	转账
	用　途				
	交易流水号	12033731		时间戳	2024-03-28-09.14.03.2511479

备注：货款
合同编号：XS010

验证码：E210Q153WT3662

记账网点	00121	记账柜员	00205	记账日期	2024年03月28日

图 4.2.44　网银电子回单（余款）

【任务解析】

该业务是收取定金的销售业务，业务流程包括签合同收定金、开发票确认收入、定金转货款结清款项三部分，由于需要在销售订单上反映定金情况，因此需要对销售订单进行单据格式设置。

【岗位说明】

第一阶段：设置单据格式和数据权限

1. 会计主管 zg01 在【基础档案】中对销售订单进行格式设置。

2. 会计主管 zg01 取消"用户"的数据权限控制。

第二阶段：签合同收定金

1. 销售员 xs01 在【销售管理】系统中录入销售订单。

2. 出纳 cn01 在【应收款管理】系统中参照生成收款单。

3. 会计 kj02 对收款单进行审核并制单。

4. 销售员 xs01 在【销售管理】系统中对销售订单进行审核。

第三阶段：开发票确认收入、结转成本

1. 销售员 xs01 在【销售管理】系统中参照销售订单生成销售发货单，再参照销售发货单生成销售发票，对发票进行现结处理。

2. 库管员 ck01 在【库存管理】系统参照销售发货单生成出库单并审核。

3. 会计 kj02 在【应收款管理】系统审核销售发票并制单。

4. 会计 kj02 在【存货核算】系统对销售发票记账，生成成本结转凭证。

第四阶段：定金转货款

1. 出纳 cn01 在【应收款管理】系统中执行定金转货款，生成收款单。

2. 会计 kj02 对收款单进行审核、核销，生成定金转货款凭证。

【业务流程】

该业务的流程如图 4.2.45 所示。

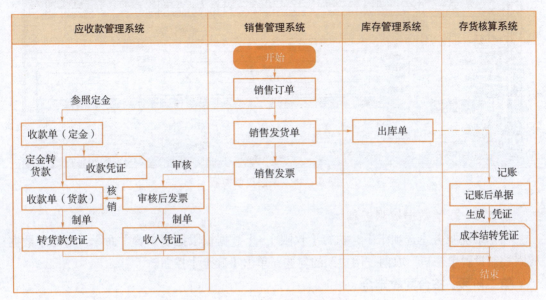

图 4.2.45　定金销售业务流程

【知识链接】

定金销售是指合同中约定定金，销售方提前收到定金后开票发货的业务。使用软件处理定金业务时需要注意，定金收款单需要参照销售订单生成，生单成功后再审核销售订单。销售方开票发货后，通过定金转货款的操作，结清购销双方债权债务。

【工作指导】

第一阶段：设置单据格式和数据权限

第一步：设置单据格式

（1）用户 zg01 登录【企业应用平台】，【操作日期】为"2024-03-26"。

（2）在【基础设置】选项卡中，执行【基础档案】-【单据设置】-【单据格式设置】命令，打开【单据格式设置】窗口。

（3）在左边【U8单据目录分类】下执行【销售管理】-【销售订单】-【显示】-【销售订单显示模板】命令，打开【销售订单】模板。

设置单据格式和数据权限

（4）单击工具栏的【表头项目】按钮，打开【表头】窗口，在【定位】功能左侧栏录入"定金"，单击【定位】按钮，找到并勾选"必有定金"与"定金原币金额"选项，单击【确定】按钮。

（5）调整模板上"必有定金""定金原币金额"项目的位置，如图 4.2.46 所示，单击【保存】按钮。

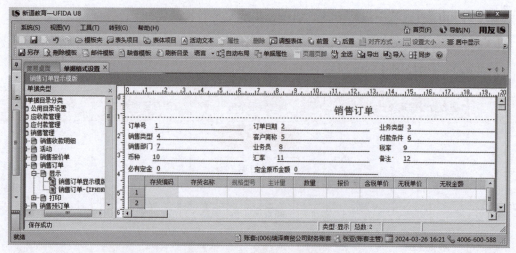

图 4.2.46　销售订单模板

第二步：取消数据权限控制

在【系统服务】选项卡下，执行【权限】-【数据权限控制设置】命令，打开【数据权限控制设置】窗口，取消"用户"的勾选，单击【确定】按钮。

第二阶段：签合同收定金

第一步：录入销售订单

（1）用户 xs01 登录【企业应用平台】，【操作日期】为"2024-03-26"。

（2）执行【销售管理】-【销售订货】-【销售订单】命令，打开【销售订单】窗口。

（3）单击【增加】按钮，【订单号】录入"XS010"，表头项目【必有定金】选择"是"，【定金原币金额】录入"30 000.00"，根据合同录入销售订单其他内容，其中表体项目【预发货日期】更改为"2024-03-28"，完成后单击【保存】按钮，如图 4.2.47 所示。

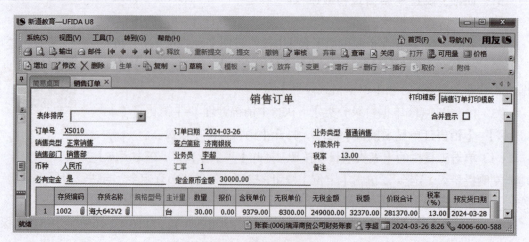

图 4.2.47　销售订单

第二步：参照生成收款单

（1）更换用户 cn01 登录【企业应用平台】，【操作日期】为"2024-03-26"。

（2）执行【财务会计】–【应收款管理】–【收款单据处理】–【收款单据录入】命令，打开【收付款单录入】窗口。

（3）单击【增加】右侧倒三角下拉菜单中的"销售定金"按钮，打开【查询条件选择 – 参照订单】窗口，单击【确定】按钮，打开【拷贝并执行】窗口，显示销售定金列表，如图 4.2.48 所示，双击选中单据，单击【确定】按钮。

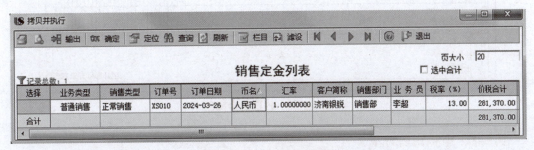

图 4.2.48 销售定金列表

（4）生成定金收款单，【结算方式】选择"网银"，【票据号】录入"02533341"，单击【保存】按钮，如图 4.2.49 所示。

图 4.2.49 定金收款单

第三步：审核收款单并制单

（1）更换用户 kj02 登录【企业应用平台】，【操作日期】为"2024-03-26"。

（2）执行【财务会计】–【应收款管理】–【收款单据处理】–【收款单据审核】命令，打开【收付款单列表】窗口，双击打开收款单，单击【审核】按钮，系统提示"是否立即制单？"，单击【是】按钮，生成收取定金凭证，如图 4.2.50 所示。

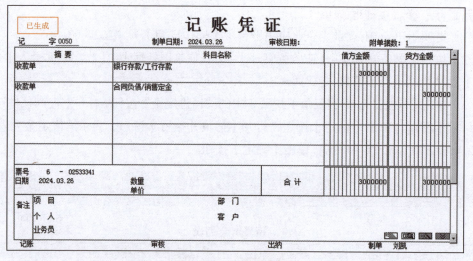

图 4.2.50　收取定金凭证

第四步：审核销售订单

（1）更换用户 xs01 登录【企业应用平台】，【操作日期】为"2024-03-26"。

（2）执行【销售管理】-【销售订货】-【销售订单】命令，打开【销售订单】窗口，单击【→│】按钮或者按"Alt+PageDown"组合键，显示"XS010"订单，单击【审核】按钮，完成销售订单的审核。

第三阶段：开发票确认收入、结转成本

第一步：参照生成发货单并审核

（1）更换用户 xs01 登录【企业应用平台】，【操作日期】为"2024-03-28"。

（2）执行【销售管理】-【销售发货】-【发货单】命令，打开【发货单】窗口，单击【增加】按钮，参照编号"XS010"的销售订单生成发货单，表体【仓库名称】选择"冰箱库"，单击【保存】【审核】按钮，如图 4.2.51 所示。

确认收入

图 4.2.51　发货单

第二步：参照生成销售发票并复核

（1）单击【快捷命令】下的"销售专用发票"，打开【销售专用发票】窗口。

（2）单击【增加】按钮，打开【查询条件选择–参照订单】窗口，单击【取消】按钮，单击【生单】右侧倒三角下拉菜单中的"参照发货单"按钮，参照日期"2024–03–28"的发货单生成销售专用发票，【发票号】录入"20243111"，单击【保存】按钮。

（3）单击工具栏【现结】按钮，打开【现结】窗口，【结算方式】选择"网银"，【原币金额】录入"251 370.00"，【票据号】录入"02533426"，单击【确定】按钮，回到【销售专用发票】窗口，显示"现结"标志，单击【复核】按钮，如图 4.2.52 所示

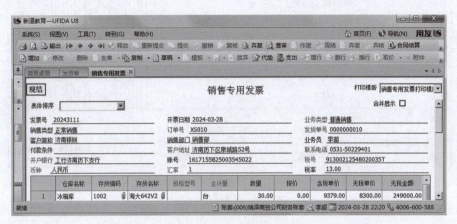

图 4.2.52　销售发票

第三步：参照生成销售出库单并审核

（1）更换用户 ck01 登录【企业应用平台】，【操作日期】为"2024–03–28"。

（2）执行【库存管理】–【出库业务】–【销售出库单】命令，打开【销售出库单】窗口，单击【生单】右侧倒三角下拉菜单中的"销售生单"按钮，参照生成销售出库单并审核，如图 4.2.53 所示。

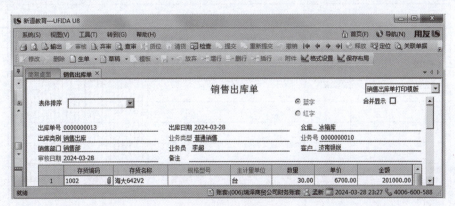

图 4.2.53　销售出库单

第四步：审核销售发票并制单

（1）更换用户 kj02 登录【企业应用平台】，【操作日期】为"2024–03–28"。

（2）执行【财务会计】–【应收款管理】–【应收单据处理】–【应收单据审核】命令，打开【应收单查询条件】窗口，勾选"包含已现结发票"复选框，单击【确定】按钮。

（3）打开【单据处理】窗口，双击打开发票，单击【审核】按钮，系统提示"是否立即制单？"，单击【是】按钮，生成收入凭证并保存，如图 4.2.54 所示。

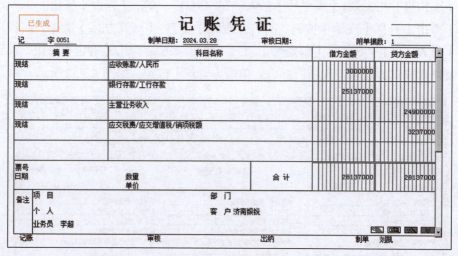

图 4.2.54　收入确认凭证

第五步：记账并生成凭证

（1）执行【供应链】–【存货核算】–【业务核算】–【正常单据记账】命令，打开【查询条件选择】窗口，单击【确定】按钮。

（2）打开【未记账单据一览表】窗口，双击选中单据号"20243111"的专用发票，再单击【记账】按钮，将该单据记账。

（3）执行【存货核算】–【财务核算】–【生成凭证】命令，生成成本结转凭证并保存，如图 4.2.55 所示。

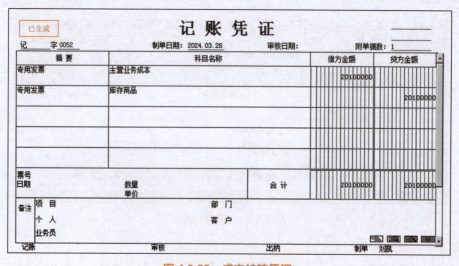

图 4.2.55　成本结转凭证

第四阶段：定金转货款

第一步：定金转货款

（1）更换用户 cn01 登录【企业应用平台】，【操作日期】为"2024-03-28"。

（2）执行【财务会计】-【应收款管理】-【收款单据处理】-【收款单据录入】命令，打开【收付款单录入】窗口。

定金转货款

（3）单击【→|】（末页）按钮，找到销售定金收款单，单击表头项目【转出】右侧倒三角下拉菜单中的"转货款"按钮，如图 4.2.56 所示，打开【销售定金转出】窗口，单击【确定】按钮，系统提示"转出成功生成 1 张收款单"，单击【确定】按钮。

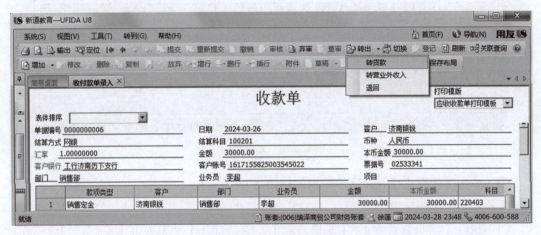

图 4.2.56　定金转货款

第二步：审核收款单

（1）更换用户 kj02 登录【企业应用平台】，【操作日期】为"2024-03-28"。

（2）执行【财务会计】-【应收款管理】-【收款单据处理】-【收款单据审核】命令，打开【收付款单列表】窗口，单击【全选】【审核】按钮，完成定金转货款所生成收款单据的审核，如图 4.2.57 所示。

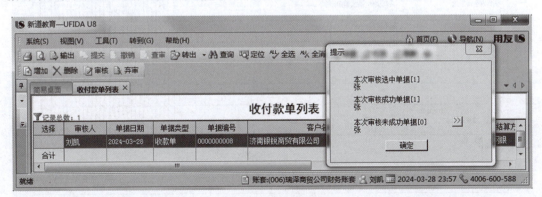

图 4.2.57　审核收款单

第三步：核销收款单

（1）执行【应收款管理】–【核销处理】–【手工核销】命令，打开【核销条件】窗口，【客户】选择"济南银锐"，单击【确定】按钮。

（2）打开【单据核销】窗口，在发票号为"20243111"发票的【本次结算】栏录入"30 000.00"，按"Enter"键，如图4.2.58所示。

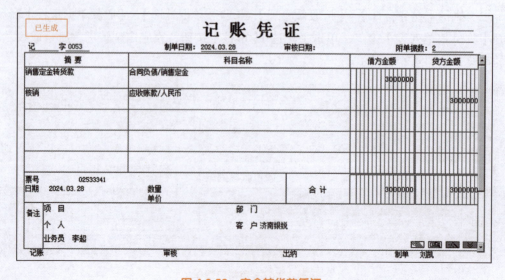

图 4.2.58　单据核销

（3）单击【保存】按钮，完成单据的核销。

第四步：收款核销制单

（1）执行【应收款管理】–【制单处理】命令，打开【制单查询】窗口，勾选"收付款单制单"和"核销制单"复选框，单击【确定】按钮。

（2）打开【制单】窗口，单击【合并】按钮，【选择标志】均显示"1"，再单击【制单】按钮，生成定金转货款凭证，如图4.2.59所示。

记 账 凭 证

摘 要	科目名称	借方金额	贷方金额
销售定金转货款	合同负债/销售定金	3000000	
核销	应收账款/人民币		3000000

记　字 0053　　制单日期：2024.03.28　　审核日期：　　附单据数：2

票号　02533341
日期　2024.03.28　　合　计　3000000　3000000

备注　项目　　部门
个人　　客户 济南银锐
业务员 李超

记账　　审核　　出纳　　制单 刘凯

图 4.2.59　定金转货款凭证

【注意事项】

1.定金销售业务中的订单，表头项目【必有定金】需要选择"是"，并录入定金金额或比例。定金收款单应参照销售订单生成，销售订单在定金收款单生成后才可以审核。

2.收到的定金除了按照正常业务流程转货款外，还可能发生伴随销售解除的定金退回，或者对方违约转为营业外收入入账等情形。

【自检自测】

当购销双方正常履行合同，定金应＿＿＿＿＿＿＿＿＿＿处理；若购货方违约，销售方定金不退还，定金应＿＿＿＿＿＿＿＿处理；若销售方违约或者合同因不可抗力无法履行，定金应＿＿＿＿＿＿＿＿处理。

【拓展延伸】

定金是对买卖双方权利的保障及义务的约束，以买方先行支付给卖方一定的货币作为担保，其金额由当事人约定，但不得超过主合同标的额的20%。定金合同采用书面形式，自交付定金日生效。债务人履行债务后，定金应抵作价款或者收回。给付定金的一方不履行债务的，无权要求返还定金；收受定金的一方不履行债务的，应当双倍返还定金。

★★★价值引领★★★

诚实守信是中华民族的优良传统，中国崇尚"诚信"的文明源远流长。《孔记·儒行》有云："言必先信，行必中正。"孟子曰："车无辕而不行，人无信则不立。"当今，诚信依然是社会的重要价值引领，是社会主义核心价值观的重要内容，我们要诚实劳动、信守承诺、诚恳待人，企业在经营销售中也要遵循诚实守信的理念，以诚信促进企业在激烈的市场竞争中稳步发展。

任务5：委托代销

【任务描述】

2024年3月28日，销售部李超与杭州佳美购物中心签订委托销售合同，销售MCL732F电视60台，货物当天发出，双方约定委托方按照销售额的10%支付给受托方手续费。30日收到杭州佳美购物中心的代销清单，本月售出代销商品25台，财务部开具发票，收到佳美公司开具的手续费发票及货款。

【原始凭证】

购销合同、出库单、商品代销清单、销售发票、采购发票、电汇收款凭证，如图4.2.60~图4.2.65所示。

购销合同

合同编号：XS011

甲方（卖方）：日照瑞泽商贸有限责任公司

乙方（买方）：浙江杭州佳美购物中心

甲乙双方在平等自愿的基础上就商品购销事宜达成一致，现根据《中华人民共和国民法典》中合同的有关规定，签订如下条款，共同遵守。

一、货物的名称、数量及金额

货物名称	单位	数量	单价(不含税)	金额(不含税)	税率	税 额
MCL电视732F	台	60	7,050.00	423,000.00	13%	54,990.00
合　计				￥423,000.00		￥54,990.00

二、合同总金额：人民币肆拾柒万柒仟玖佰玖拾元整（￥477,990.00）。

三、结算方式：电汇；付款时间：月末甲方收到乙方开具的代销清单后开具发票结算货款。乙方按照销售额（不含增值税）的10%收取手续费。

四、交货地点：浙江杭州佳美购物中心。

五、发运方式及运费负担：甲方于2024年3月28日发出商品，甲方承担运费。

甲方(签章)：日照瑞泽商贸有限责任公司　　乙方(签章)：浙江杭州佳美购物中心

授权代表：李超　　　　　　　　　　　　授权代表：刘嫣然

日　　期：2024年03月28日　　　　　　日　　期：2024年03月28日

图 4.2.60　购销合同

出 库 单

2024 年 03 月 28 日

提货单位	浙江杭州佳美购物中心		发出仓库		彩电库	
商品编号	商品名称及规格	单位	数量		价格	
			应发	实发	单价	金额
2002	MCL电视732F	台	60	60		
合　　计			60	60		

经理部门：略　　　　会计：略　　　　仓库：略　　　　经办人：略

图 4.2.61　出库单

【任务解析】

该业务是手续费方式下的委托代销业务，销售方发出货物时，由于主要风险报酬尚未转移，因此暂不确认收入，待收到代销清单后，方可确认收入、结转成本。

商品代销清单

日期：2024 年 03 月 30 日　　　　NO：654001

委托方	日照瑞泽商贸有限责任公司	受托方	浙江杭州佳美购物中心
账　号	1617001629200013297	账　号	0701014170004369
开户银行	中国工商银行济南路支行	开户银行	中国民生银行杭州分行

代销货物	代销货物名称	计量单位	数　量	单价（不含税）
	MCL732F	台	60	7050.00

代销方式	按照销售货款（不含增值税）的10%收取手续费
代销结算时间	月末委托方收到代销清单时进行货款结算

本月代销货物情况	代销货物名称	数量	单位	单价（不含税）	金　额	税率	税额
	MCL732F	25	台	7050.00	176250.00	13%	22912.50
	价税合计		大写：壹拾玖万玖仟壹佰陆拾贰元伍角整			小写：¥199162.50	
本次代销结算金额			大写：壹拾玖万玖仟壹佰陆拾贰元伍角整			小写：¥199162.50	

主管：略　　　审核：略　　　制单：略　　　受托方签章：

图 4.2.62　商品代销清单

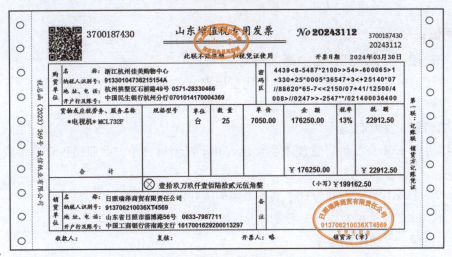

图 4.2.63　销售发票

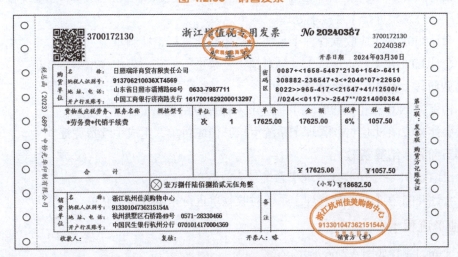

图 4.2.64　采购发票

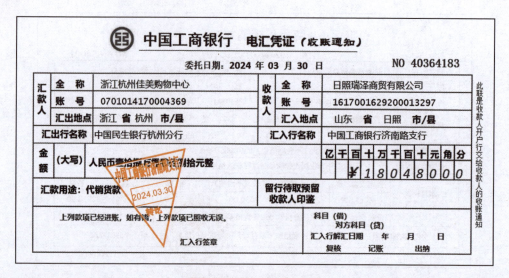

图 4.2.65　电汇收款凭证

【岗位说明】

第一阶段：设置单据并增加基础档案

1. 主管 zg01 对委托代销结算单、销售费用支出单进行单据格式和编号设置。

2. 主管 zg01 在【基础档案】中增加供应商档案。

第二阶段：发出商品

1. 销售员 xs01 在【销售管理】系统录入并审核销售订单，参照销售订单生成委托代销发货单。

2. 库管员 ck01 在【库存管理】系统参照生成并审核出库单。

3. 会计 kj02 在【存货核算】系统对发货单记账，生成发出商品凭证。

第三阶段：收到代销清单

1. 销售员 xs01 在【销售管理】系统参照生成并审核委托代销结算单，系统自动生成销售发票，对发票进行【复核】处理。

2. 会计 kj02 在【应收款管理】系统对销售发票进行审核制单。

3. 会计 kj02 在【存货核算】系统对销售发票进行记账，生成成本结转凭证。

第四阶段：确认代销手续费

1. 销售员 xs01 在【销售管理】系统录入销售费用支出单。

2. 会计 kj02 在【应付款管理】系统审核其他应付单，生成手续费凭证。

第五阶段：结算货款

1. 出纳 cn01 在【应收款管理】系统录入收款单。

2. 会计 kj02 在【应收款管理】系统对收款单进行审核并核销制单。

【业务流程】

该业务的流程如图 4.2.66 所示。

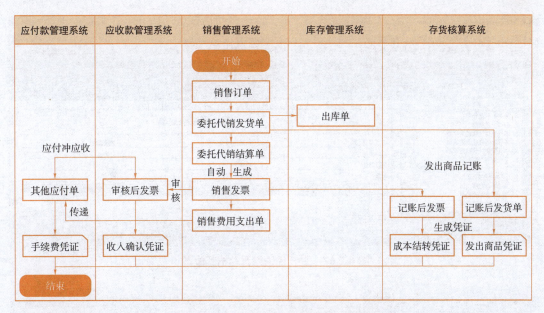

图 4.2.66　手续费方式委托代销业务流程

【知识链接】

委托代销包括手续费和视同买断两种方式，无论哪种方式，都可分阶段处理，即发出货物、收到代销清单、确认手续费、结算货款。委托方发出货物的时候只是货物存放地点的转移，不满足收入确认条件，因此将货物转为发出商品，只有收到代销清单并给受托方开具发票时，委托方才可确认收入。

【工作指导】

第一阶段：设置单据并增加基础档案

第一步：设置单据格式

（1）用户 zg01 登录【企业应用平台】，【操作日期】为"2024-03-28"。

（2）在【基础设置】选项卡中，执行【单据设置】-【单据格式设置】命令，在左边【单据类型】下执行【销售管理】-【委托代销结算单】-【显示】-【委托代销结算单显示模板】命令，打开【委托代销结算单】模板。

委托代销
初始设置

（3）单击【表头项目】按钮，打开【表头】窗口，利用【定位】功能找到并勾选"发票号"复选框，单击【确定】按钮，在模板上调整"发票号"的位置（若不显示则隐藏在标题后面），如图 4.2.67 所示，单击【保存】按钮。

（4）执行【销售管理】-【销售费用支出单】-【显示】-【销售费用支出单显示模板】命令，打开【销售费用支出单】模板。

（5）单击【表头项目】按钮，打开【表头】窗口，通过【定位】功能查找并勾选"费用供货商名称""单据流向"复选框，单击【确定】按钮，调整新增项目的位置，修改后的单据模板如图 4.2.68 所示，单击【保存】按钮。

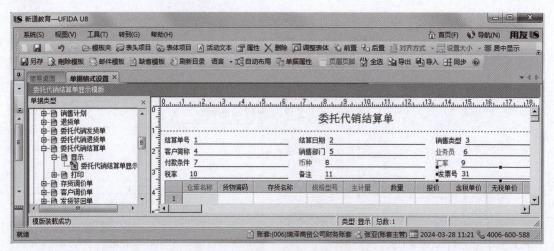

图 4.2.67　委托代销结算单格式设置

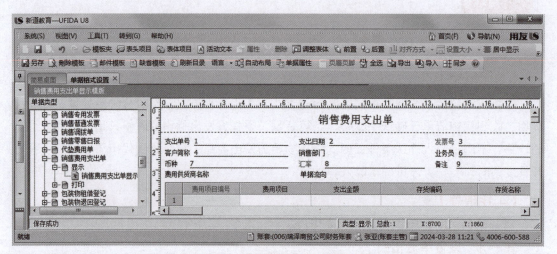

图 4.2.68　销售费用支出单格式设置

第二步：设置单据编号

（1）执行【单据设置】-【单据编号设置】命令，打开【单据编号设置】窗口。

（2）执行【销售管理】-【委托结算单】命令，单击【修改】图标，勾选"完全手工编号"选项，单击【保存】图标。

第三步：增加供应商档案

（1）在【基础设置】选项卡中，执行【基础档案】-【客商信息】-【供应商档案】命令，打开【供应商档案】窗口。

（2）执行【基础档案】-【客商信息】-【客户档案】命令，打开【客户档案】窗口，打开杭州佳美的客户档案，参照客户档案信息建立佳美的供应商档案，【所属分类】选择"其他"，如图 4.2.69 所示。

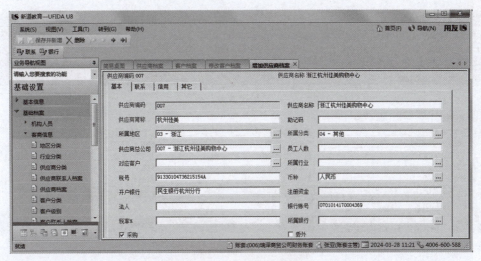

图 4.2.69　新增供应商档案

第二阶段：发出商品

第一步：录入并审核销售订单

（1）用户 xs01 登录【企业应用平台】，【操作日期】为"2024-03-28"。

（2）执行【销售管理】-【销售订货】-【销售订单】命令，打开【销售订单】窗口，单击【增加】按钮，【业务类型】和【销售类型】均选择"委托代销"，录入销售订单，单击【保存】【审核】按钮，如图 4.2.70 所示。

委托代销发货

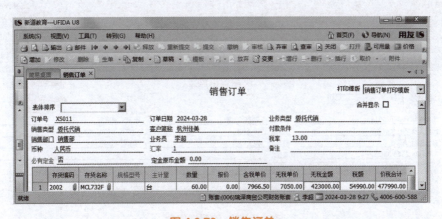

图 4.2.70　销售订单

第二步：参照生成并审核委托代销发货单

（1）执行【销售管理】-【委托代销】-【委托代销发货单】命令，打开【委托代销发货单】窗口。

（2）单击【增加】按钮，打开【查询条件选择-参照订单】窗口，单击【确定】按钮，打开【参照生单】窗口，双击选中委托代销订单，单击【确定】按钮，参照生成委托代销发货单，【仓库名称】选择"彩电库"，依次单击【保存】【审核】按钮，如图 4.2.71 所示。

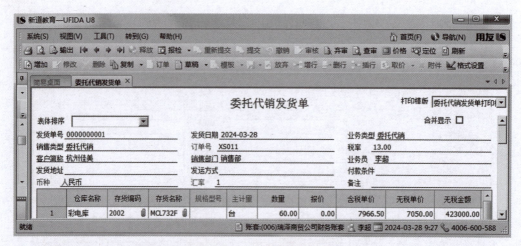

图 4.2.71 委托代销发货单

第三步：参照生成并审核销售出库单

（1）更换用户 ck01 登录【企业应用平台】，【操作日期】为"2024-03-28"。

（2）执行【供应链】-【库存管理】-【出库业务】-【销售出库单】命令，打开【销售出库单】窗口。

（3）单击【生单】按钮，打开【查询条件选择－销售发货单列表】窗口，单击【确定】按钮，打开【销售生单】窗口，双击选择委托代销发货单，单击【确定】按钮，自动生成销售出库单，单击【审核】按钮，如图 4.2.72 所示。

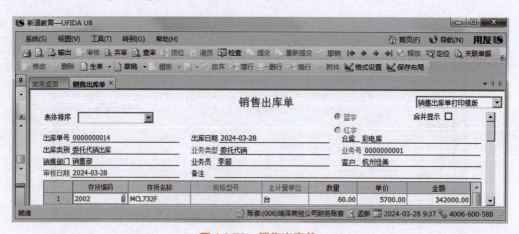

图 4.2.72 销售出库单

第四步：发出商品记账并生成凭证

（1）更换用户 kj02 登录【企业应用平台】，【操作日期】为"2024-03-28"。

（2）执行【供应链】-【存货核算】-【业务核算】-【发出商品记账】命令，打开【查询条件选择】窗口，单击【确定】按钮。

（3）打开【未记账单据一览表】窗口，依次单击【全选】【记账】按钮，对委托代销发货单进行记账。

（4）执行【存货核算】-【财务核算】-【生成凭证】命令，生成发出商品凭证，保存后如图 4.2.73 所示。

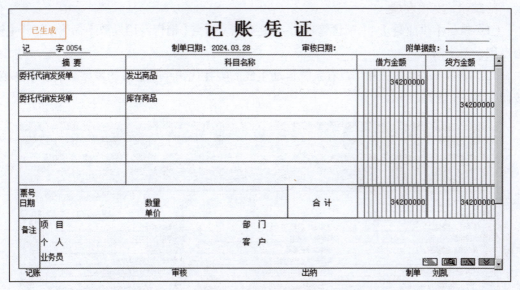

图 4.2.73　发出商品凭证

第三阶段：收到代销清单
第一步：生成委托代销结算单，复核发票

（1）用户 xs01 登录【企业应用平台】，【操作日期】为"2024-03-30"。

（2）执行【供应链】-【销售管理】-【委托代销】-【委托代销结算单】命令，打开【委托代销结算单】窗口。

（3）单击【增加】按钮，参照委托代销发货单生成委托代销结算单，表头项目【结算单号】录入"654001"，【发票号】录入"20243112"，表体【数量】更改为"25"，单击【保存】按钮，如图 4.2.74 所示。

确认代销收入

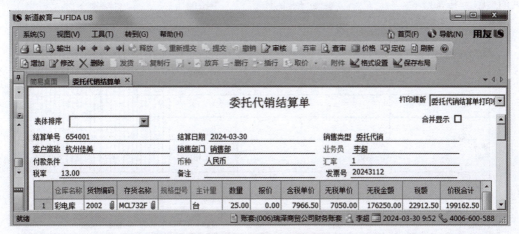

图 4.2.74　委托代销结算单

（4）单击【审核】按钮，系统打开【请选择发票类型】窗口，选择"专用发票"选项，单击【确定】按钮，关闭【委托代销结算单】窗口。

第二步：复核发票

（1）执行【供应链】–【销售管理】–【销售开票】–【销售专用发票】命令，打开【销售专用发票】窗口。

（2）单击【→｜】按钮，查看系统自动生成的委托代销结算业务的发票，单击【复核】按钮，如图 4.2.75 所示。

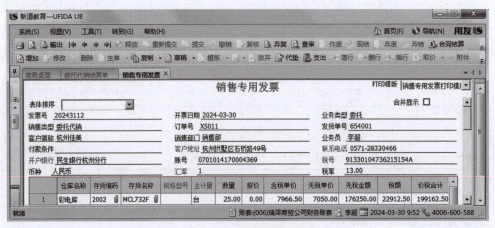

图 4.2.75　销售专用发票

第三步：审核发票并制单

（1）更换用户 kj02 登录【企业应用平台】，【操作日期】为"2024–03–30"。

（2）执行【财务会计】–【应收款管理】–【应收单据处理】–【应收单据审核】命令，对委托代销发票进行审核、制单，并保存凭证，如图 4.2.76 所示。

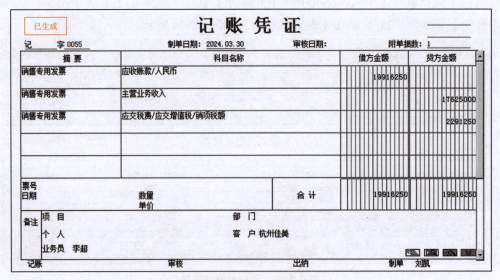

图 4.2.76　收入确认凭证

第四步：发票记账并结转成本

（1）执行【供应链】–【存货核算】–【业务核算】–【发出商品记账】命令，打开【查询条件选择】窗口，单击【确定】按钮，打开【未记账单据一览表】窗口，如图4.2.77所示，依次单击【全选】【记账】按钮，系统提示"记账成功"。

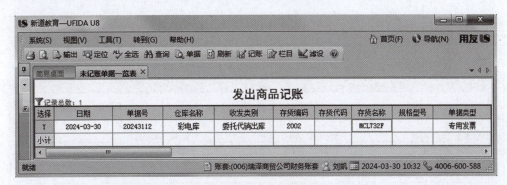

图 4.2.77　发出商品记账

（2）执行【存货核算】–【财务核算】–【生成凭证】命令，生成成本结转凭证，如图4.2.78所示。

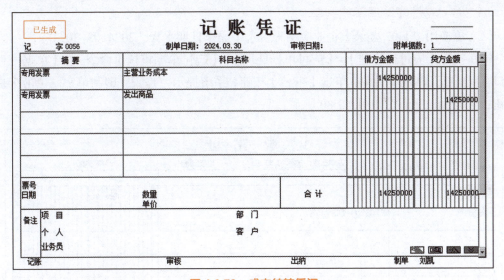

图 4.2.78　成本结转凭证

第四阶段：确认代销手续费

第一步：生成费用支出单

（1）更换用户 xs01 登录【企业应用平台】，【操作日期】为"2024-03-30"。

（2）执行【供应链】–【销售管理】–【销售开票】–【销售专用发票】命令，打开【销售专用发票】窗口，单击【→│】按钮，显示委托代销发票，单击工具栏【支出】按钮，生成销售费用支出单。

代销手续费

（3）表头项目【费用供货商名称】选择"浙江杭州佳美购物中心"，【单据流向】选择"其他应付单"，表体项目【费用项目】选择"委托代销手续费"，【支出金额】录入"18 682.50"，【存货编码】选择"2002"，单击【保存】【审核】按钮，如图4.2.79所示。

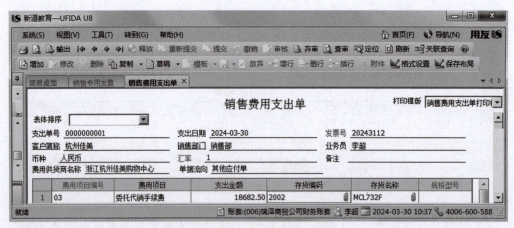

图 4.2.79　销售费用支出单

第二步：应付款管理系统制单

（1）更换用户kj02登录【企业应用平台】，【操作日期】为"2024-03-30"。

（2）执行【应付款管理】-【应付单据处理】-【应付单据审核】命令，在【单据处理】窗口，双击打开其他应付单，单击【审核】按钮，系统提示"是否立即制单？"，单击【是】按钮，生成会计凭证，如图4.2.80所示。

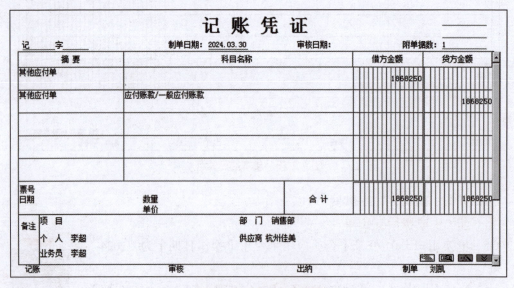

图 4.2.80　系统生成凭证

（3）在第一行【科目名称】栏录入"6601"，按F2键，打开【科目参照】窗口，选择

"660102"，【借方金额】录入"17 625.00"，按"Enter"键，自动带入第二行摘要，本行【科目名称】栏录入"22210101"，【借方金额】栏按"="键，【借方金额】自动生成"1 057.50"，单击【保存】按钮，如图4.2.81所示。

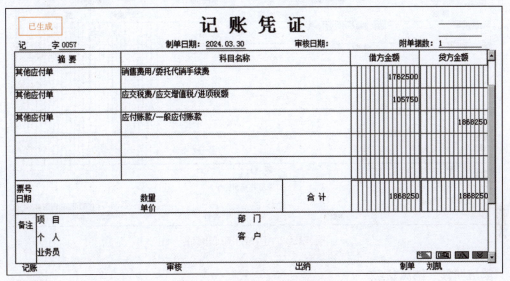

图 4.2.81　委托代销手续费凭证

第三步：执行转账处理

（1）执行【应付款管理】–【转账】–【应付冲应收】命令，打开【应付冲应收】窗口，在【应付】页签下，【供应商】选择"浙江杭州佳美购物中心"，再单击【应收】页签，【客户】也选择"浙江杭州佳美购物中心"，单击【确定】按钮，回到【应付冲应收】窗口。

（2）双击第一行的"其他应付单"，【转账金额】栏自动显示"18 682.50"，然后在"2024–03–30"销售专用发票的【转账金额】栏录入"18 682.50"，如图4.2.82所示。

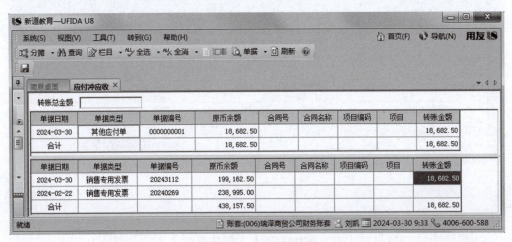

图 4.2.82　应付冲应收

（3）单击【保存】按钮，系统提示"是否立即制单？"，单击【是】按钮，生成应付冲应收会计凭证，如图4.2.83所示。

图 4.2.83　应付冲应收凭证

第五阶段：结算货款

第一步：填制收款单

（1）更换用户cn01登录【企业应用平台】，操作日期为"2024-03-30"。

（2）执行【应收款管理】-【收款单据处理】-【收款单据录入】命令，打开【收款单】窗口，根据电汇收款凭证信息录入收款单，单击【保存】按钮，如图4.2.84所示。

结算货款

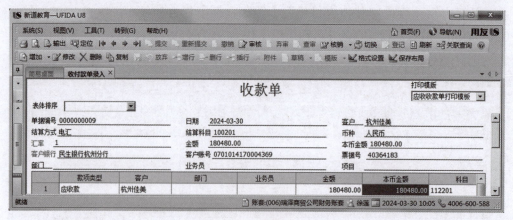

图 4.2.84　收款单

第二步：审核收款单

（1）更换用户kj02登录【企业应用平台】，【操作日期】为"2024-03-30"。

（2）执行【财务会计】-【应收款管理】-【收款单据处理】-【收款单据审核】命令，对收款单进行审核。

第三步：手工核销

（1）执行【应收款管理】–【核销处理】–【手工核销】命令，打开【核销条件】窗口。

（2）【客户】选择"浙江杭州佳美购物中心"，单击【确定】按钮，打开【单据核销】窗口，双击"2024-03-30"的销售专用发票，【本次结算】栏自动显示"180 480.00"，如图 4.2.85 所示，单击【保存】按钮，完成核销。

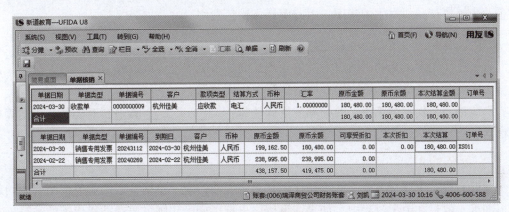

图 4.2.85　单据核销

第四步：收款核销制单

（1）执行【应收款管理】–【制单处理】命令，打开【制单查询】窗口。

（2）勾选"收付款单制单"和"核销制单"复选框，打开【制单】窗口，依次单击【合并】【制单】按钮，生成收款核销凭证，如图 4.2.86 所示。

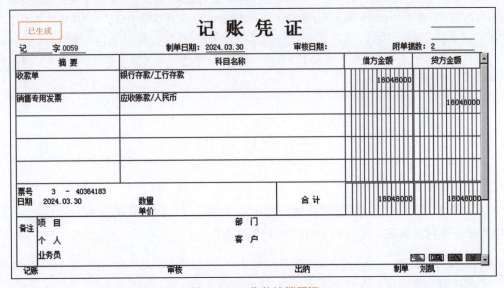

图 4.2.86　收款核销凭证

【注意事项】

1. 委托代销包括手续费和视同买断两种方式。手续费方式下，受托方按照与委托方的协议价格对外销售，以手续费作为收入；而视同买断方式下，受托方自行决定商品对外销售价格，赚取商品售价与结算价的差额。

2. 委托代销结算单上的结算数量应为实际销售数量，若与发出商品数量不一致，需要修改为销售数量。审核委托代销结算单时自动生成销售发票，该发票复核后，方可审核。

3. 对于委托方而言，委托方支付给受托方的手续费，相当于购买了受托方的代销劳务，是企业为销售产品而发生的费用，因此应计入销售费用。

【自检自测】

1. 委托代销发出货物不通过发货单处理，而是参照销售订单生成＿＿＿＿＿＿＿＿，该单据无需更改业务类型，可直接参照销售订单生成单据。

2. 应将委托代销结算单上的结算数量调整为＿＿＿＿＿＿＿数量，对委托代销结算单审核后，会生成＿＿＿＿＿＿＿。

【拓展延伸】

一般而言，手续费方式下的委托代销，双方提前约定了价格，后续业务按照合同约定执行即可。但是在销售过程中，如果结算价格出现了变动，则需要对委托代销的结算价进行调整，可以通过填制委托代销调整单的形式实现，调整后的结存金额即为原结存金额加上调整价税合计金额。

★★★自立自信★★★

荀子在《劝学》中说："登高而招，臂非加长也，而见者远；顺风而呼，声非加疾也，而闻者彰。假舆马者，非利足也，而致千里；假舟楫者，非能水也，而绝江河。君子生非异也，善假于物也。"君子之所以高于一般人，是因为他善于利用已有的条件，善假于物，方能顺应规律，自我提升。企业在销售过程中，要善于借助外力，如委托代销业务，这样可以充分发挥受托方优势，进一步拓展销售市场。

任务6：零售日报

【任务描述】

2024年3月31日，日照瑞泽商贸公司汇总了本日以零售方式销售的商品货物，零售货物均采用支付宝收款，请确认本日实现的零售收入。

【原始凭证】

零售日报、出库单、支付宝账单（略），如图4.2.87～图4.2.89所示。

【任务解析】

该业务是零售业务，一般零售业务不会签订合同，零售日报的作用相当于销售发票，其基本业务处理流程可比照普通销售业务。

零　售　日　报

2024 年 03 月 31 日　　　　　　NO：789654

购买单位	零散客户				
编号	商品名称及规格	单位	数量	单价（含税）	金额
1002	海大642V2	台	2	9 300.00	18 600.00
2001	MCL655A	台	3	5 400.00	16 200.00
合　计			5		￥34 800.00

部门经理：略　　　会计：略　　　仓库：略　　　经办人：略

图 4.2.87　零售日报

出　库　单

2024 年 03 月 31 日

提货单位	零散客户		发出仓库	冰箱库	
商品编号	商品名称及规格	单位	数量 应发 实发	价格 单价	金额
1002	海大冰箱642V2	台	2　2		
合　计			2　2		

经理部门：略　　　会计：略　　　仓库：略　　　经办人：略

图 4.2.88　出库单（一）

出　库　单

2024 年 03 月 31 日

提货单位	零散客户		发出仓库	彩电库	
商品编号	商品名称及规格	单位	数量 应发 实发	价格 单价	金额
2001	MCL655A	台	3　3		
合　计			3　3		

经理部门：略　　　会计：略　　　仓库：略　　　经办人：略

图 4.2.89　出库单（二）

【岗位说明】

1. 销售员 xs01 在【销售管理】系统录入零售日报，现结并复核，系统自动生成发货单。

2. 库管员 ck01 在【库存管理】系统参照生成并审核出库单。

3. 会计 kj02 在【应收款管理】系统对零售日报进行审核，生成收入确认凭证；在【存货核算】系统对零售日报记账，生成成本结转凭证。

【业务流程】

该业务的流程如图 4.2.90 所示。

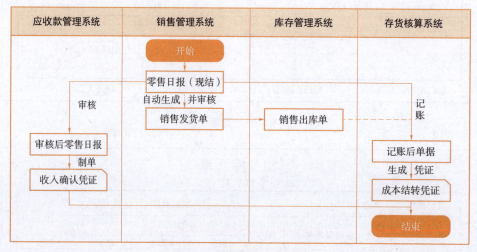

图 4.2.90　零售日报业务流程

【知识链接】

除批发业务外，企业可以直接或者通过专卖店等渠道开展零售业务。由于零售业务很少签订合同，且不是所有的零售业务都需要开具发票，因此一般而言，零售业务不根据发票确认收入，但是为了反映企业真实的收入情况，企业可以汇总填制零售日报，因此可以用零售日报替代普通销售发票进行业务处理。

【工作指导】

第一步：录入零售日报，现结并复核

（1）用户 xs01 登录【企业应用平台】，【操作日期】为"2024-03-31"。

（2）执行【供应链】-【销售管理】-【零售日报】-【零售日报】命令，打开【零售日报】窗口。

（3）单击【增加】按钮，录入零售日报，单击【保存】按钮，再单击【现结】按钮，打开【现结】窗口，【结算方式】选择"支付宝"，【原币金额】录入"34 800.00"，单击【确定】按钮，回到【零售日报】窗口，单击【复核】按钮，如图 4.2.91 所示。

零售日报

第二步：参照发货单生成并审核出库单

（1）更换用户 ck01 登录【企业应用平台】，【操作日期】为"2024-03-31"。

（2）执行【库存管理】-【出库业务】-【销售出库单】命令，打开【销售出库单】窗口，单击【生单】右侧倒三角下拉菜单中的"销售生单（批量）"按钮，参照销售发货单生成销售出库单，单击【审核】按钮，如图 4.2.92 所示。

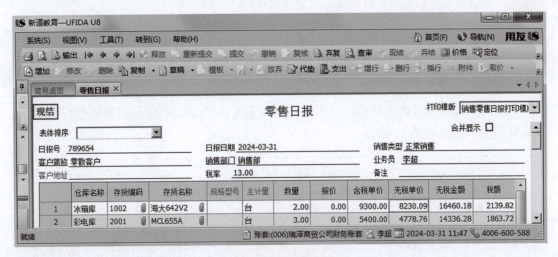

图 4.2.91　零售日报

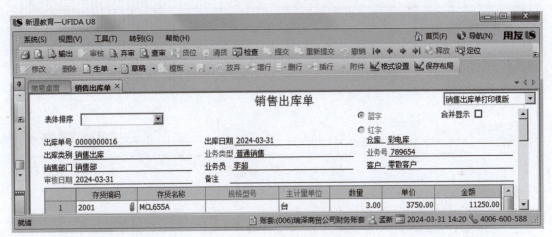

图 4.2.92　彩电销售出库单

（3）单击【←】按钮，查看冰箱的出库单并审核，如图 4.2.93 所示。

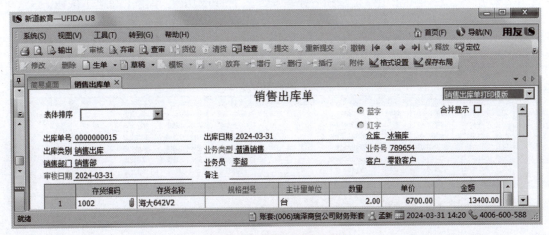

图 4.2.93　冰箱销售出库单

第三步：审核零售日报并制单

（1）更换用户 kj02 登录【企业应用平台】，【操作日期】为"2024-03-31"。

（2）执行【财务会计】-【应收款管理】-【应收单据处理】-【应收单据审核】命令，勾选"包含已现结发票"复选框，单击【确定】按钮。

（3）打开【单据处理】窗口，双击打开销售零售日报，对其进行审核并制单，生成收入确认凭证，如图 4.2.94 所示。

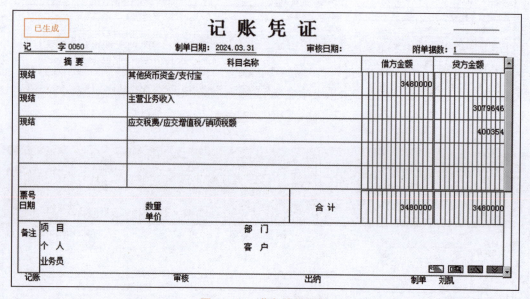

图 4.2.94　收入确认凭证

第四步：记账并生成凭证

（1）执行【供应链】-【存货核算】-【业务核算】-【正常单据记账】命令，打开【查询条件选择】窗口，单击【确定】按钮。

（2）打开【未记账单据一览表】窗口，第一列的【选择】栏双击选中销售日报，如图 4.2.95 所示，再单击【记账】按钮，系统提示"记账成功"，单击【确定】按钮。

图 4.2.95　正常单据记账

（3）执行【存货核算】–【财务核算】–【生成凭证】命令，根据销售日报生成成本结转凭证，如图 4.2.96 所示。

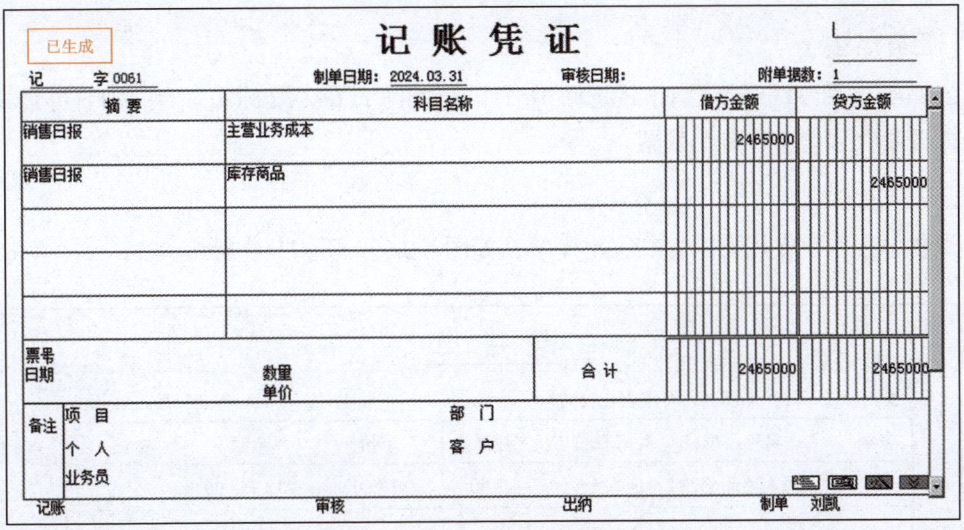
已生成

记账凭证

记 字 0061　制单日期：2024.03.31　审核日期：　附单据数：1

摘要	科目名称	借方金额	贷方金额
销售日报	主营业务成本	2465000	
销售日报	库存商品		2465000
票号 日期	数量 单价	合计 2465000	2465000

备注　项目　部门

个人　客户

业务员

记账　审核　出纳　制单　刘凯

图 4.2.96　成本结转凭证

【注意事项】

零售日报的作用相当于普通销售业务的发票，因此在【销售管理】系统录入零售日报并复核后，系统会自动生成并审核发货单，再参照发货单可生成出库单。零售日报自动传递到【应收款管理】系统，在该系统完成审核与制单。

【自检自测】

1. 零售日报的作用相当于________，该单据复核后，会自动生成________。
2. 零售业务一般会随销售而收款，因此需要在零售日报上进行________处理。

【拓展延伸】

零售日报是企业以零售方式销售商品，在供应链系统进行业务处理的流程。由于零散客户很少开具发票，企业一般以零售日报替代发票，汇总零散销售商品的数量和类型。此外零星业务一般不会签订购销合同，因此该类经济业务的起始点不是销售订单，而是零售日报。

★★★自立自信★★★

2023 年，我国经济社会全面恢复常态化运行，消费呈现出好的恢复态势，消费成为 2023 年带动经济恢复的重要力量，具体表现出四个特征：一是消费规模再创新高。2023 年社会消费品零售总额超过 47 万亿元。二是消费重新成为经济增长的主动力。消费支出拉动经济增长 4.3 个百分点，对经济增长的贡献率达到 82.5%。三是服务消费较快恢复。四是居民消费的结构升级态势持续，居民收入稳定增长。2024 年我国消费走势仍然保持乐观！

任务7：销售退货

【任务描述】

2024年3月31日，济南银锐退回16日购买的海大642V2冰箱2台，即日办理退货，财务部开具红字增值税专用发票。

【原始凭证】

退货单、红字专用发票、红字出库单，如图4.2.97~图4.2.99所示。

退 货 单

供货单位：日照瑞泽商贸有限责任公司　　　　2024 年 03 月 31 日

货号	名称及规格	单位	数量	单价	金额	备注
1002	海大冰箱642V2	台	−2.00	9 379.00	−18 758.00	
合计	人民币（负数）壹万捌仟柒佰伍拾捌元整				￥−18 758.00	

第二联 厂商

质检：　　仓库：　　财务：　　退货单位签章：

图 4.2.97　退货单

3700187430　　**山东增值税专用发票**　　№20243113　3700187430　20243113

此联不作报销、扣税凭证使用　　开票日期　2024年03月31日

购货单位	名　　称：济南银锐商贸有限公司 纳税人识别号：91300212548020035T 地 址、电 话：济南历下区泉城路52号 0531-50229401 开户行及账号：工行济南历下支行 1617155825003545022	密码区	*165<8-5487*2136+154>-60000-411 0>1+330+25**36547+3<+25140*07 12//220*65-417<<2150/07+41/12500/ 21+*69//0247>>-2547**/0214000364

货物或应税劳务、服务名称	规格型号	单位	数量	单价	金额	税率	税额
*电冰箱*海大冰箱642V2		台	-2	8300.00	-16600.00	13%	-2158.00
合　　计					￥-16600.00		￥-2158.00
价税合计	⊗（负数）壹万捌仟柒佰伍拾捌元整				（小写）￥-18758.00		

销货单位	名　　称：日照瑞泽商贸有限责任公司 纳税人识别号：913706210036XT4569 地 址、电 话：山东省日照市淄博路56号 0633-7987711 开户行及账号：中国工商银行济南路支行 1617001629200013297	备注	

收款人：　　复核：　　开票人：略　　销货方（章）

税总函（2023）369号 诚信纸业有限公司

第一联：记账联 销货方记账凭证

图 4.2.98　红字专用发票

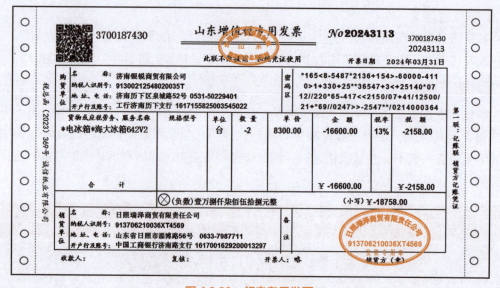

出 库 单

2024 年 03 月 31 日

提货单位	济南银锐商贸有限公司		发出仓库		冰箱库	
商品编号	商品名称及规格	单位	数量		价格	
			应发	实发	单价	金额
1002	海大冰箱642V2	台	-2	-2		
合　计			-2	-2		

经理部门：略　　　　会计：略　　　　仓库：略　　　　经办人：略

图 4.2.99　红字出库单

【任务解析】

该业务是销售退货业务，即商品对外销售后，已经确认了收入并结转了成本，由于商品规格等原因，购货方退货，销售方需冲减本月的收入和已结转的成本。

【岗位说明】

1. 销售员 xs01 在【销售管理】系统手工录入或参照生成退货单，再参照退货单生成红字销售专用发票并进行复核。

2. 库管员 ck01 在【库存管理】系统参照生成并审核红字销售出库单。

3. 会计 kj02 在【应收款管理】系统对红字销售专用发票进行审核，生成收入冲减凭证；对红蓝发票执行红票对冲操作。

4. 会计 kj02 在【存货核算】系统对红字销售专用发票记账，生成成本冲减凭证。

【业务流程】

该业务的流程如图 4.2.100 所示。

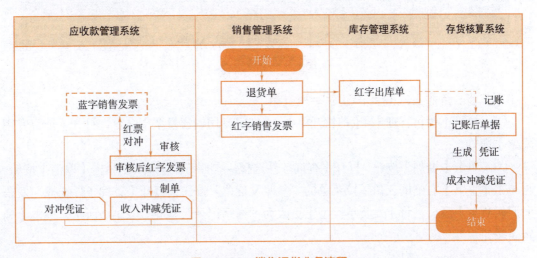

图 4.2.100　销售退货业务流程

【知识链接】

销售退货的起始点是销售退货单，退货单即红字发货单，可参照销售订单或者发货单生成。退货单上退货数量为负值，原币单价为正值，后续的业务处理流程可参照普通销售处理，退货业务既包括收入的冲减，也包括成本的冲减。

【工作指导】

第一步：参照生成并审核销售退货单

（1）用户 xs01 登录【企业应用平台】，【操作日期】为"2024-03-31"。

（2）执行【销售管理】-【销售发货】-【退货单】命令，打开【退货单】窗口。

销售退货

（3）单击【增加】按钮，打开【查询条件选择 – 参照订单】窗口，单击【确定】按钮，打开【参照生单】窗口，双击选中"XS001"订单，单击【确定】按钮，参照生成退货单。

（4）将【销售类型】更改为"销售退货"，单击表体存货 MCL655A 所在行，再单击【删行】按钮，将该存货删除，将海大 642V2 的【数量】改为"-2"，【仓库名称】选择"冰箱库"，依次单击【保存】【审核】按钮，如图 4.2.101 所示。

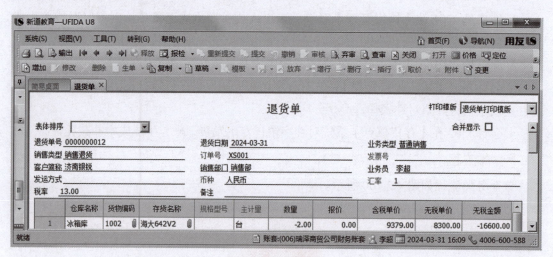

图 4.2.101　退货单

第二步：参照生成并复核红字专用发票

（1）执行【销售管理】-【销售开票】-【红字专用销售发票】命令，打开【销售专用发票】窗口。

（2）单击【增加】按钮，打开【查询条件选择 – 参照订单】窗口，单击【取消】按钮，再单击【生单】右侧倒三角下拉菜单的"参照发货单"按钮，打开【查询条件选择 – 发票参照发货单】窗口，将【发货单类型】更改为"红字记录"，如图 4.2.102 所示，单击【确定】按钮。

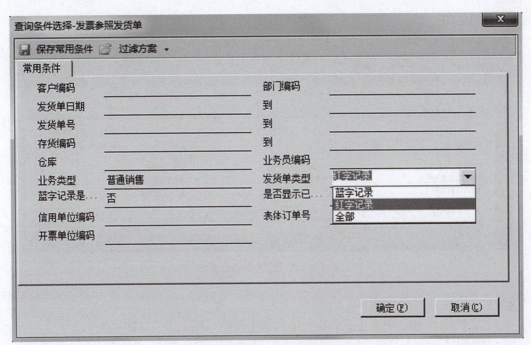

图 4.2.102　查询条件选择－发票参照发货单

（3）打开【参照生单】窗口，依次单击【全选】【确定】按钮，参照销售退货单生成红字专用发票，【发票号】录入"20243113"，依次单击【保存】【复核】按钮，如图 4.2.103 所示。

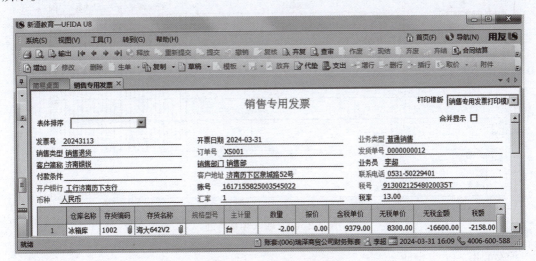

图 4.2.103　红字销售发票

第三步：参照生成并审核红字出库单

（1）更换用户 ck01 登录【企业应用平台】，【操作日期】为"2024-03-31"。

（2）执行【供应链】–【库存管理】–【出库业务】–【销售出库单】命令，打开【销售出库单】窗口，单击【生单】按钮，参照退货单生成红字销售出库单，单击【审核】按钮，如图4.2.104所示。

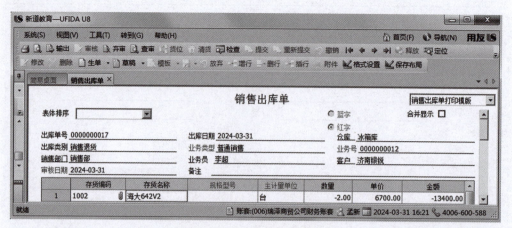

图4.2.104　红字销售出库单

第四步：审核红字专用发票并制单

（1）更换用户kj02登录【企业应用平台】，【操作日期】为"2024-03-31"。

（2）执行【财务会计】-【应收款管理】-【应收单据处理】-【应收单据审核】命令，对红字专用发票进行审核并制单，生成收入冲减凭证，如图4.2.105所示。

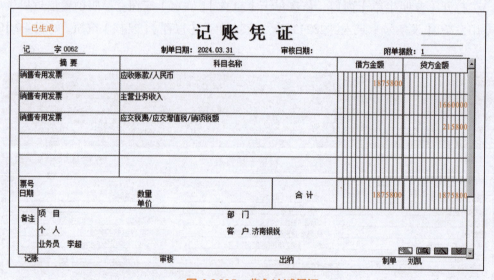

图4.2.105　收入冲减凭证

第五步：红票对冲

（1）执行【应收款管理】-【转账】-【红票对冲】-【手工对冲】命令，打开【红票对冲条件】窗口，【客户】选择"济南银锐商贸有限公司"，单击【确定】按钮。

（2）打开【红票对冲】窗口，双击"2024-03-16"的蓝字销售发票，【对冲金额】栏自动显示"18 758.00"，如图4.2.106所示。

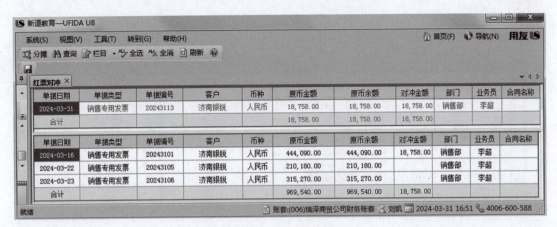

图 4.2.106　红票对冲

（3）单击【保存】按钮，系统提示"是否立即制单？"，单击【是】按钮，生成红票对冲凭证，如图 4.2.107 所示。

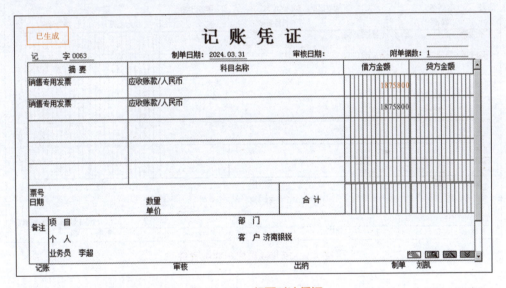

图 4.2.107　红票对冲凭证

第六步：记账并生成退货凭证

（1）执行【供应链】–【存货核算】–【业务核算】–【正常单据记账】命令，打开【查询条件选择】窗口，单击【确定】按钮，打开【未记账单据一览表】窗口。

（2）右键单击销售退货发票【手工输入】按钮，打开【手工输入】窗口，单价录入"6 700.00"，如图 4.2.108 所示。

（3）单击【确定】按钮，回到【未记账单据一览表】窗口，双击选中退货专用发票，出现"Y"标记，单击【记账】按钮，系统提示"记账成功"。

（4）执行【存货核算】–【财务核算】–【生成凭证】命令，根据红字销售发票生成销售成本冲减凭证，如图 4.2.109 所示。

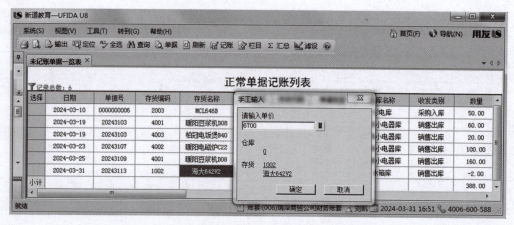

图 4.2.108　手工输入退货发票单价

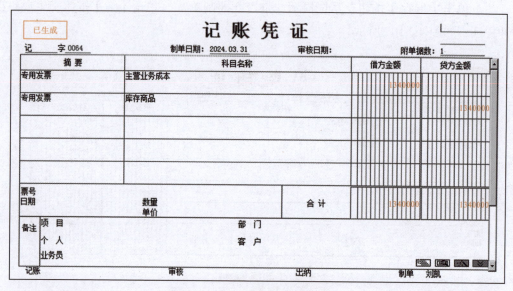

图 4.2.109　销售成本冲减凭证

【注意事项】

1. 销售退货单即红字发货单，其数量应为负值，若开具销售红字发票的同时退回了货款，可在发票上进行【现结】处理，其金额也应该为负值。

2. 销售退货虽然对于企业而言是物资入库，但是终归属于销售业务，因此在【库存管理】系统参照生成的是红字出库单，而不是入库单。

3. 销售退货流程与赊销流程基本相似，生成的会计凭证以红字显示。

【自检自测】

1. 销售退货的起点是_____，该单据即红字的_____。

2. 销售退货业务中，_____、_____、_____三类单据上存货的数量均为负值，单价为正值。

【拓展延伸】

在【存货核算】系统对红字发票进行正常单据记账的时候，需要手工录入单价，才可进行记账处理，这里的单价是该笔销售实现时所结转的单位成本，可以在【业务核算】–【恢复记账】窗口查到该笔业务的记账记录，也可以通过【存货核算】–【账簿】–【明细账】查看该业务销售时发出存货的成本。

任务8：销售折让

【任务描述】

2024 年 3 月 31 日，19 日销售给徐州天盛的一台海大 572E1 冰箱因存在包装瑕疵，经双方协商，瑞泽商贸公司给予徐州天盛 10% 的价格折让。

【原始凭证】

红字增值税专用发票，如图 4.2.110 所示。

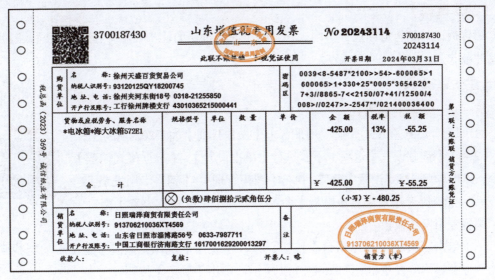

图 4.2.110　红字增值税专用发票

【任务解析】

该业务是销售折让业务，销售折让是指由于商品存在瑕疵或者为促销、维护客户关系等原因，销售单位同意在商品价格上给予的减让。

【岗位说明】

1. 账套主管 zg01 设置销售发票格式，表体增加"退补标志"项目。

2. 销售员 xs01 在【销售管理】系统参照生成并审核红字销售专用发票。

3. 会计 kj02 在【应收款管理】系统对红字销售专用发票进行审核，生成销售折让凭证，并执行红票对冲，生成红票对冲凭证。

【业务流程】

该业务的流程如图 4.2.111 所示。

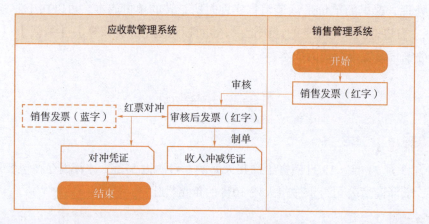

图 4.2.111　销售折让业务流程

【知识链接】

销售折让与销售退回业务不同，它是给予商品价格的让步，不存在退货问题，因此只需要冲减收入，而无需冲减成本。

【工作指导】

第一步：调整发票格式

（1）用户 zg01 登录【企业应用平台】，【操作日期】为"2024-03-31"。

（2）在【基础设置】选项卡下，执行【单据设置】-【单据格式设置】命令，打开【单据格式设置】窗口，执行【销售管理】-【销售专用发票】-【显示】-【销售专用发票显示模板】命令，打开【单据格式设置】窗口，显示销售专用发票模板。

销售折让

（3）单击工具栏【表体项目】按钮，打开【表体】窗口，通过【定位】功能找到并勾选"退补标志"复选框，如图 4.2.112 所示，单击【确定】按钮。

（4）回到【单据格式设置】窗口，单击【保存】按钮，保存模板。

第二步：生成并审核红字专用发票

（1）更换用户 xs01 登录【企业应用平台】，【操作日期】为"2024-03-31"。

（2）执行【销售管理】-【销售开票】-【红字专用销售发票】命令，打开【销售专用发票】窗口，单击【增加】按钮，打开【查询条件选择-参照订单】窗口，单击【确定】按钮，打开【参照生单】窗口，双击选择编号"XS004"的销售订单，再取消下方"美家35GW1.5P"的勾选，如图 4.2.113 所示，单击【确定】按钮。

（3）回到【红字专用销售发票】窗口，【发票号】录入"20243114"，表体的【数量】【无税单价】均改为"0"，【无税金额】录入"-425.00"，【退补标志】选择"退补"，单击【保存】【复核】按钮，如图 4.2.114 所示。

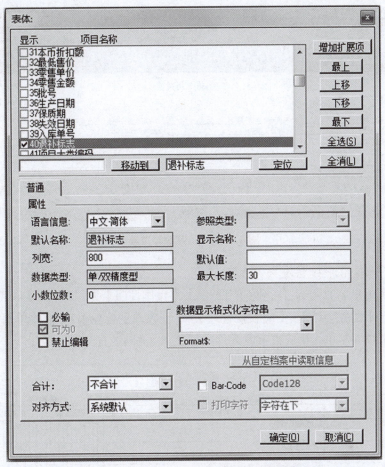

图 4.2.112　设置销售发票表体项目

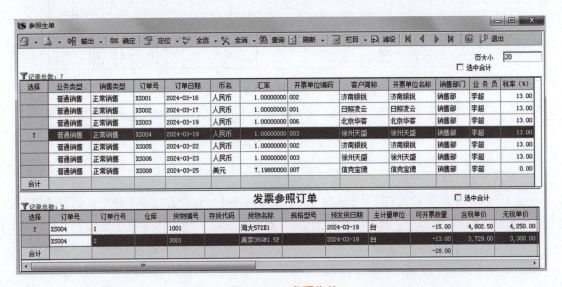

图 4.2.113　参照生单

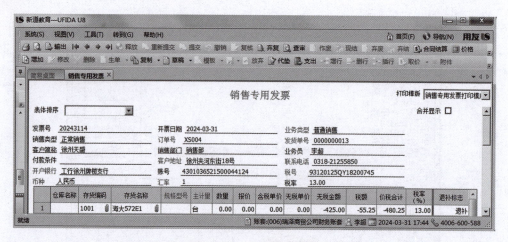

图 4.2.114　红字销售发票

第三步：审核红字销售发票并制单

（1）更换用户 kj02 登录【企业应用平台】，【操作日期】为"2024-03-31"。

（2）执行【财务会计】-【应收款管理】-【应收单据处理】-【应收单据审核】命令，对红字发票审核并制单，生成红字收入冲减凭证，如图 4.2.115 所示。

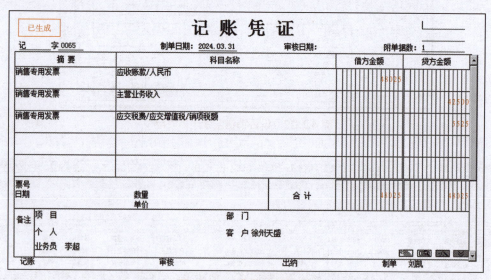

图 4.2.115　收入冲减凭证

第四步：红票对冲

（1）执行【应收款管理】-【转账】-【红票对冲】-【手工对冲】命令，打开【红票对冲条件】窗口，【客户】选择"徐州天盛百货贸易公司"，单击【确定】按钮。

（2）打开【红票对冲】窗口，双击下方蓝字销售发票，【对冲金额】栏显示"480.25"，如图 4.2.116 所示，单击【保存】按钮。

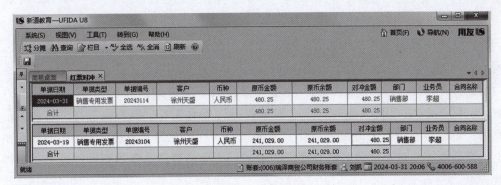

图 4.2.116　红票对冲

（3）系统提示"是否立即制单？"，单击【是】按钮，生成红票对冲凭证，如图4.2.117所示。

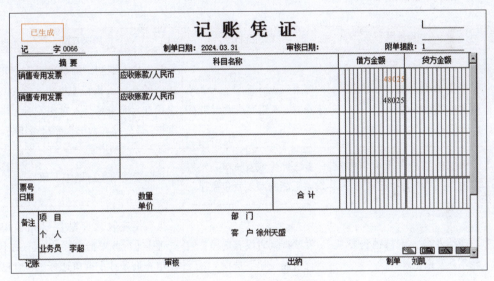

图 4.2.117　红票对冲凭证

【注意事项】

1.销售折让对价格打折，因此仅录入或者参照生成红字销售发票，无需红字出库单。

2.折让业务的红字发票表体上，无需选择仓库，数量、单价等信息一概录入"0"，直接以负数形式将折让额在金额栏录入即可。

3.销售折让需要选择【退补标志】为"退补"，如果发票的表体没有该项目，需要通过【单据设置】-【单据格式设置】命令修改销售发票模版，增加该表体项目。

【自检自测】

1.处理销售折让业务时，红字销售发票的表体项目【退补标志】应选择_____。

2.销售折让是销售方对销售价格做出让步，但未涉及商品物资的退回，因此销售折让业务会生成_____凭证，不会生成_____凭证。

【拓展延伸】

会计处理中易混淆的四种情形：商业折扣，根据不同销售对象给予的折扣优惠，通常用5%、10%等百分数表示，以扣减商业折扣后的价格作为销售价格；现金折扣，企业为了鼓励客户在一定期限内尽早偿还货款而给予客户的折扣优惠，一般用"2/10，1/20，n/30"表示，实际发生时计入"财务费用"；销售折让，因商品存在瑕疵或者促销等原因，销售方在价格上做出的减让，需冲减收入，但无需冲减成本；销售退回，企业售出的商品由于质量、品种不符合要求等原因而发生的退货，既需要冲减收入，也需要冲减成本。

常见故障

序号	问题描述	原因分析	解决方案
1	发货单保存时，系统提示存货可用量不足	库存期初未审核；入库单未审核；入错库或者出错库	首先检查期初余额是否批审，找到相应的仓库，执行【批审】命令；其次检查入库单是否入对库，有无进行审核；最后检查发出仓库是否正确
2	参照销售订单生成销售发票时，找不到订单记录	若已经生成发货单，销售发票只能参照发货单生单	参照发货单生成销售发票
3	现结业务，审核销售发票找不到发票记录	发票查询时没有选择"包含已现结发票"选项	执行【应收款管理】-【应收单据处理】-【应收单据审核】命令，在【应收单查询条件】窗口选择"包含已现结发票"选项
4	对于现结业务，在【应收款管理】系统对发票制单时，查询不到发票记录	制单时选项勾选错误	执行【应收款管理】-【制单处理】命令，打开【制单查询】窗口，选择"现结制单"选项
5	现金折扣业务，收款核销时没有折扣金额	销售发票没有付款条件；销售系统参数设置问题	检查销售发票是否选择付款条件；在【应收款管理】系统参数中勾选"自动计算现金折扣"选项
6	一次开票分次出库业务，参照发货单生成销售发票时，无法修改数量，提示"累计开票数量已大于发货数量"	参数设置问题	修改【销售管理】系统参数，勾选"允许超发货量开票"选项

序号	问题描述	原因分析	解决方案
7	【库存管理】系统生成销售出库单时，查询不到发货单记录	发票没有复核	先复核销售发票，系统会自动生成发货单，再参照发货单生成出库单
8	单据业务类型没有"委托代销""直运销售""分期收款"类型	参数设置问题	修改销售参数，勾选"有委托代销业务""有直运销售业务""有分期收款业务"选项
9	直运销售业务，参照销售订单生成采购订单时，查询不到销售订单记录	业务类型错误	采购订单业务类型先设置为"直运采购"，再参照销售订单生成采购订单
10	直运销售业务，参照销售订单（采购订单）生成销售发票（采购发票）时，查询不到订单记录	业务类型错误	销售发票（采购发票）的业务类型先设置为"直运销售（直运采购）"，再参照生单
11	销售定金业务，无法审核销售订单	操作流程错误	生成收款单后再审核销售订单
12	委托代销业务的销售费用支出单没有传递到【应付款管理】系统	没有设置单据流向	在销售费用支出单上设置"单据流向"和"费用供货商名称"选项
13	销售退货业务，参照发货单生成销售发票时，没有退货单记录	过滤条件设置错误	修改【查询条件选择－发票参照发货单】窗口的发货单类型为"红字记录"
14	零售业务的销售订单或销售发票的价税合计数与原始单据金额不符	含税单价存在四舍五入情况	根据原始凭证录入价税合计，系统自动倒挤出单价
15	销售发票记账后，生成结转成本的凭证没有数据	仓库计价方法是全月平均法	需要月末一次性结转销售成本，平时发出货物时只确认收入，待月末一并处理

总结提升

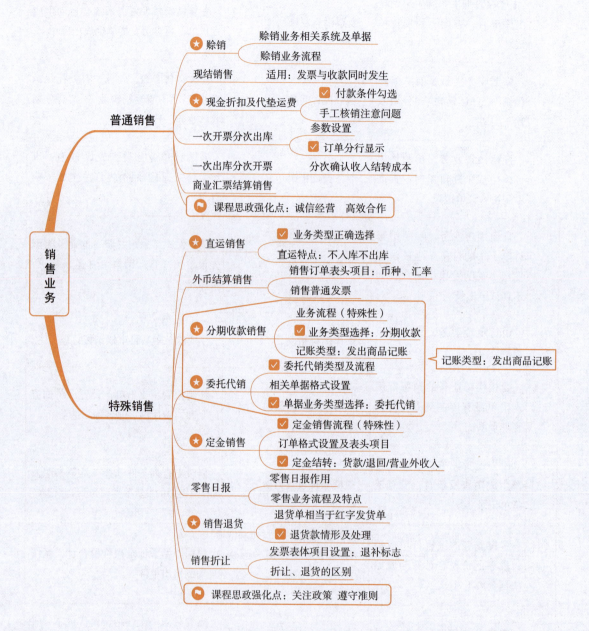

 考核评价

姓名：		学号：		班级：		组别：			
销售业务	评价项目	评价标准	评价依据	评价方式		权重	得分	总分	
				小组 0.2	教师 0.8				
	职业素质	1.遵守实训管理规定和劳动纪律 2.实训过程中，保持操作台干净整洁，实训耗材摆放规范；实训结束，垃圾及时清理 3.及时高效完成实训任务	实训表现			0.1			
	专业能力	1.掌握销售业务所涉及的系统 2.熟悉包括直运、委托代销等特殊业务的流程，能熟练绘制流程图 3.能通过原始凭证解析销售业务实质，根据业务设置参数和单据，团队合作，生成与传递单据 4.及时完成任务并上交截图	业务流程图、普通销售及特殊销售的任务凭证截图			0.6			
	创新能力	1.对实训过程中遇到的问题积极思考，主动寻找解决办法 2.针对销售业务流程进行优化并提出意见和建议 3.结合各系统之间数据流转关系，积极思考，能结合内控制度、高效工作等优化流程和管理制度	课堂表现参与贡献			0.1			
	学习态度质量	1.登录智慧职教，观看微课、课件等学习资源，自主开展课前预习 2.及时完成课前在线测试 3.针对业务流程、销售参数、委托代销等知识点积极进行讨论、发帖回帖	在线测试成绩/视频浏览时长/发帖回帖数量	线上学习数据		0.2			
	教师评语		指导教师签名：　　　　　日期：						

项目五

库存管理与存货核算业务

"有善始者实繁，能克终者盖寡"，成功不仅依赖于一个良好的开始，还需要坚持不懈的努力和决心。企业经济业务的处理，从建账授权，到琐碎的初始设置，再到繁杂的日常经济处理，直至期末对账结账，才完成整月的经济业务。期末业务量虽然不大，但也需要善始善终，完整、及时、高效地加以处理。从个人成长来看，成功来自坚持，高贵来自坚守。"靡不有初，鲜克有终"，无论是工作、学习还是生活，我们都需有善始善终的态度和坚持到底的执着，初心如磐，笃行致远。

走进项目

　　库存管理与存货核算业务大多于期末处理。库存业务一般非独立存在，它与企业日常的采购、销售业务密切相连。一方面，严格遵守企业购销流程，做好日常采购入库、销售出库的规范管理，是管控存货成本、降低存货损失的重要途径；另一方面，采购、销售业务对期末库存业务产生直接影响。系统把控企业经济业务，对业务间的关联性具有全局性掌控，方可为管理提供更加精准的信息。

　　该项目包括库存管理业务、存货核算业务和期末业务处理3个子项目，共计7个任务，涵盖了存货盘点、对外捐赠、全月加权平均法发出商品成本计算、汇兑损益计算等业务，包括存货盘点流程、增值税视同销售与不可抵扣、全月加权平均法计算、备抵法坏账准备计提、期末结账顺序等相关知识点。相较于采购、销售业务，该项目任务难度较低，但是在日常经济业务处理中容易遗漏。要全面把握企业业务内容，完整做好月末各项处理，为企业全月经济业务画上完美的句号。

职业目标

目标类型	目标要求	对应子项目
能力目标	能处理存货盘点、对外捐赠等业务	子项目 5.1
	能处理期末采购发票未到而货物已经验收入库的业务	子项目 5.2
	能对使用全月平均法的存货进行单价计算	子项目 5.2
	能根据月末汇率处理外币资产负债产生的汇兑损益	子项目 5.3
	能处理坏账准备的计提、冲抵等相关坏账业务	子项目 5.3
	能按照正确的流程处理月末各系统的结账工作	子项目 5.3
知识目标	掌握其他出入库单的适用范围及使用方法	子项目 5.1
	掌握存货盘点流程及原理	子项目 5.1
	掌握增值税视同销售、不可抵扣的情形	子项目 5.1
	理解汇兑损益计算原理	子项目 5.2
	掌握全月平均法单价计算原理及处理流程	子项目 5.2
	掌握月末各系统结账的先后顺序关系	子项目 5.3
素质目标	培养学生及时处理业务、高效的工作作风	子项目 5.1-5.3
	培养学生持之以恒、善始善终的良好品质	
	培养学生具有按内控流程办理出入库、保证资产安全的意识	
	培养学生按规定管理存货、降低存货资产成本的意识	

学习导航

项目	子项目	典型工作任务	学习资源
库存管理与存货核算业务	库存管理业务	存货盘点	
		对外捐赠	
	存货核算业务	期末暂估处理	
		计算发出存货成本	智慧职教平台 微课 501–507
	期末业务处理	计算汇兑损益	
		计提坏账准备	
		期末结账	

项目背景

　　本月除了进行正常采购及销售业务外，还发生了以外购产品对外捐赠及存货盘点等系列业务，相关人员根据公司制度规定进行业务处理。月末，财务人员根据存货发出方法对使用全月平均法的存货进行单价计算、记账，计算汇兑损益、计提坏账，为期末结账做好准备。

子项目 5.1

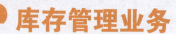

库存管理业务

任务1：存货盘点

【任务描述】

　　2024 年 3 月 31 日，仓储部孟新对空调库进行了盘点，发现存在存货盘亏现象，经查由仓储人员承担赔偿责任。

【原始凭证】

　　盘点单，如图 5.1.1 所示。

盘 点 单

仓库：空调库　　　　　　　　　　　　　　　　日期：2024 年 03 月 31 日

商品编号	商品名称及规格	单位	账面数量		盘点数量		盘盈	盘亏	备注
			数量	单价	数量	单价			
3001	美家35GW1.5P	台	36		36				
3002	美家26GW2P	台	86		86				
3003	美家72LW3P	台	65		64			1	仓储人员责任
合　计			187		186				

主管：略　　　　　　监盘：略　　　　　　保管：略　　　　　　制单：略

图 5.1.1　盘点单

【任务解析】

该业务是存货盘点。实物盘点完成后，仓储人员将存货盘点单录入【库存管理】系统，对盘点单审核后，再对存货盘点所生成的其他出库单、其他入库单进行审核记账。

【岗位说明】

1. 库管员 ck01 在【库存管理】系统录入并审核盘点单，系统自动生成其他出库单或其他入库单。

2. 库管员 ck01 在【库存管理】系统对其他出库单、其他入库单进行审核。

3. 会计 kj02 在【存货核算】系统对其他出库单、其他入库单进行记账，生成凭证。

4. 会计 kj02 在【总账】系统制单，处理盘亏或盘盈。

【业务流程】

该业务的流程如图 5.1.2 所示。

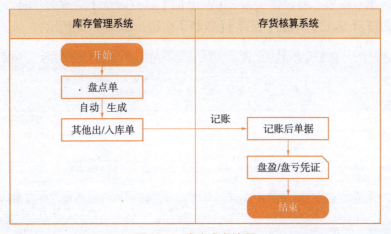

图 5.1.2　盘点业务流程

【知识链接】

盘点是确保存货账实相符的重要方法，库管员需要定期或不定期地开展存货盘点工作。信息化环境下，库管员根据盘点结果将盘点单录入系统，系统根据盘点盈亏情况自动生成其他出库单或其他入库单，再对其他出、入库单执行记账后，生成存货盘盈或盘亏凭证。

【工作指导】

第一步：录入并审核存货盘点单

（1）用户ck01登录【企业应用平台】，【操作日期】为"2024-03-31"。

存货盘点

（2）执行【供应链】-【库存管理】-【盘点业务】命令，打开【盘点单】窗口，单击【增加】按钮，【盘点仓库】选择"空调库"，【出库类别】选择"盘亏出库"，【入库类别】选择"盘盈入库"，选择部门和经手人。

（3）单击【盘库】按钮，系统提示"盘库将删除未保存的所有记录，是否继续？"，单击【是】按钮，打开【盘点处理】窗口，【盘点方式】默认"按仓库盘点"，如图5.1.3所示，单击【确认】按钮。

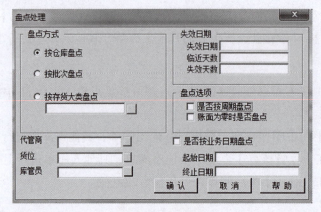

图5.1.3　盘点处理

（4）根据盘点结果，将表体美家72LW3P的【盘点数量】更改为"64"，本行的【盘亏数量】自动显示"-1"，单击【保存】【审核】按钮，如图5.1.4所示。

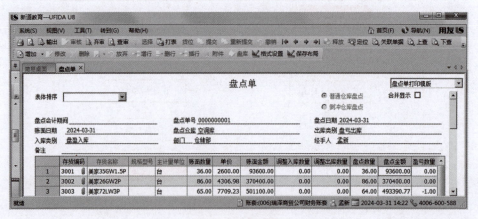

图5.1.4　盘点单

第二步：审核其他出库单

（1）执行【供应链】-【库存管理】-【出库业务】-【其他出库单】命令，打开【其他出库单】窗口。

（2）单击【→｜】按钮，查看存货盘点生成的其他出库单，单击【审核】按钮，系统提示"该单据审核成功"，如图 5.1.5 所示。

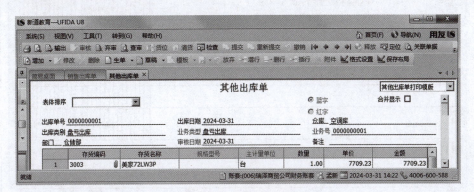

图 5.1.5　其他出库单

第三步：记账并生成凭证

（1）用户 kj02 登录【企业应用平台】，【操作日期】为"2024-03-31"。

（2）执行【供应链】-【存货核算】-【业务核算】-【正常单据记账】命令，对盘亏生成的其他出库单进行记账处理。

（3）执行【存货核算】-【财务核算】-【生成凭证】命令，根据其他出库单生成盘亏凭证，单击"库存商品"所在行，再单击【插分】按钮，插入空白行，【科目名称】选择或录入"22210104 应交税费／应交增值税／进项税额转出"，贷方金额录入"1002.20"，在"待处理财产损溢"借方金额栏按"＝"键，其金额自动修改为"8711.43"，如图 5.1.6 所示。

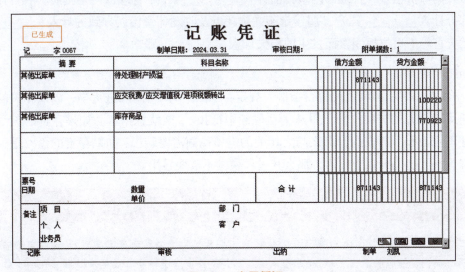

图 5.1.6　盘亏凭证

（4）执行【财务会计】-【总账】-【凭证】-【填制凭证】命令，单击【增加】按钮，填制盘亏存货处理凭证，如图 5.1.7 所示。

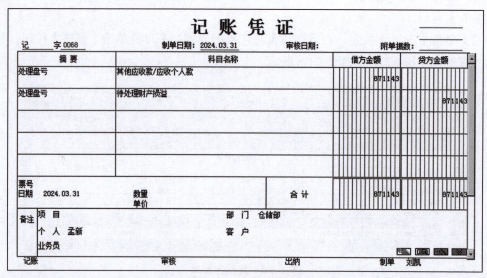

图 5.1.7　处理盘亏凭证

【注意事项】

1. 在录入盘点单时，需要先选择仓库，再进行【盘库】处理。

2. 管理不善造成的外购存货盘亏，需要转出已经抵扣的进项税额，与盘亏存货计入"待处理财产损溢"账户，待管理部门批准处置后，再从该科目转出。

【自检自测】

1. 对盘点单进行审核，存货盘亏系统自动生成_____，盘盈生成_____。

2. 外购存货盘亏，管理部门审批前计入_____账户；管理部门审批后，有责任人赔偿的部分计入_____账户，属于定额内损耗以及收发计量错误导致的计入_____，因自然灾害等不可抗拒因素而发生的损失计入_____账户。

【拓展延伸】

《中华人民共和国增值税暂行条例》规定："非正常损失的购进货物，以及相关的劳务和交通运输服务的进项税额不得从销项税额中抵扣。"这就意味着，如果存货的盘亏是由于管理不善等原因造成的，那么与之相关的进项税额需要转出；如果存货的盘亏是由于自然灾害等不可抗力因素造成的，那么其进项税额不需要转出。

★★★管理增效★★★

"忆昔开元全盛日，小邑犹藏万家室。稻米流脂粟米白，公私仓廪俱丰实。"这两句诗描绘出唐朝开元年间的盛世景象，"公私仓廪俱丰实"更是反映出当时粮食存储的充足和管理的有效，也说明了当时的存货管理达到了较高的水平。存货是企业重要的流动资产，因存货管理不善所导致的存货毁损、"存货跑路"等财务造假等事件屡见不鲜。加强存货管理、定期开展存货盘点，有助于发现管理漏洞，降低存货风险。

任务 2：对外捐赠

【任务描述】

2024 年 3 月 31 日，管理部门向安康养老院捐赠 MCL655A 电视 10 台，该商品的市场价格是 4 200.00 元 / 台。

【原始凭证】

出库单，如图 5.1.8 所示。

出　库　单

2024 年 03 月 31 日

提货单位	安康养老院捐赠		发出仓库		彩电库	
商品编号	商品名称及规格	单位	数量		价格	
			应发	实发	单价	金额
2001	MCL655A	台	10	10		
合　计			10	10		
经理部门：略		会计：略		仓库：略		经办人：略

图 5.1.8　出库单

【任务解析】

该业务是将外购商品对外捐赠，通过【库存管理】系统填制其他出库单来处理。

【岗位说明】

1. 库管员 ck01 在【库存管理】系统录入并审核其他出库单。

2. 会计 kj02 在【存货核算】–【业务核算】系统对其他出库单进行记账，在【存货核算】–【财务核算】系统生成捐赠的会计凭证。

【业务流程】

该业务的流程如图 5.1.9 所示。

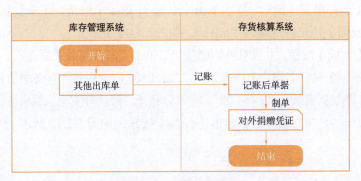

图 5.1.9　捐赠业务流程

【知识链接】

　　对外捐赠商品应填制其他出库单，对单据记账后自动生成捐赠凭证。同时应注意根据税法规定，外购商品对外捐赠应视同销售，故应按照商品的公允价值计算销售税额。

【工作指导】

第一步：录入审核其他出库单

（1）用户 ck01 登录【企业应用平台】，【操作日期】为"2024–03–31"。

（2）执行【库存管理】–【出库业务】–【其他出库单】命令，打开【其他出库单】窗口，单击【增加】按钮，根据原始单据填制其他出库单，依次单击【保存】【审核】按钮，如图 5.1.10 所示。

对外捐赠

图 5.1.10　其他出库单

第二步：执行正常单据记账并生成凭证

（1）更换会计 kj02 登录【企业应用平台】，【操作日期】为"2024–03–31"。

（2）执行【供应链】–【存货核算】–【业务核算】–【正常单据记账】命令，对捐赠单据其他出库单记账。

（3）执行【存货核算】–【财务核算】–【生成凭证】命令，打开【生成凭证】窗口，单击【选择】按钮，打开【查询条件】窗口，单击【确定】按钮。

（4）打开【选择单据】窗口，依次单击【全选】【确定】按钮，打开【生成凭证】窗口，第一行【科目编码】补充科目编码"6711"，如图 5.1.11 所示。

（5）单击【生成】按钮，生成对外捐赠凭证，单击"库存商品"所在行，再单击【插分】按钮，插入空白行，【科目名称】选择或录入"22210102 应交税费/应交增值税/销项税额"，按"Enter"键，贷方金额录入"5 460.00"，将鼠标移至"营业外支出"的借方金额栏，按"="键，金额自动更改为"42 960.00"，单击【保存】按钮，如图 5.1.12 所示。

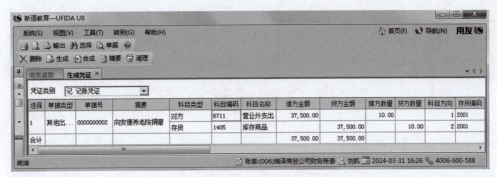

图 5.1.11　生成凭证

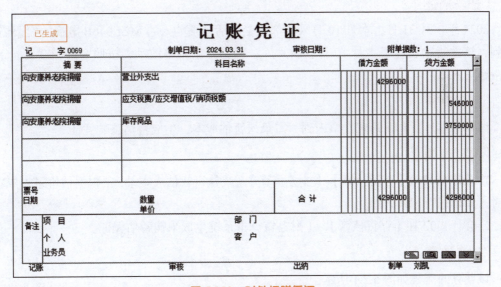

图 5.1.12　对外捐赠凭证

【注意事项】

1. 对外捐赠和发放非货币性福利的原理相似，因此两类业务的处理流程相同。

2. 企业将资产对外捐赠时，应视同销售，所以应确认销项税额，以其公允价值乘以税率加以计算，本题中的销项税额计算：$4\,200 \times 10 \times 13\% = 5\,460.00$（元）。

【自检自测】

企业将外购存货用于捐赠，其增值税应＿＿＿＿＿＿＿，其税额通过存货的＿＿＿＿＿＿价值乘以税率计算得出。

【拓展延伸】

根据税法规定，企业将自产、委托加工或者购进的货物无偿赠送其他单位或者个人的行为应视同销售，增值税应该以该存货的公允价值计算。

子项目 5.2

存货核算业务

任务1：期末暂估处理

【任务描述】

2024 年 3 月 31 日，本月 10 日采购部从爱生活公司购入的 MCL646B 电视的发票仍未收到，该批货物已经于本月 10 日验收入库，根据月末价格波动，按照 8 250.00 元 / 台的价格暂估入账。

【任务解析】

该业务本月货到而月末发票未到，需录入暂估成本，生成暂估采购凭证。

【岗位说明】

1. 会计 kj02 在【存货核算】–【业务核算】系统执行暂估成本录入，根据估价录入成本，再对入库单进行记账处理。

2. 会计 kj02 在【存货核算】–【财务核算】系统生成采购暂估凭证。

【业务流程】

该业务的流程如图 5.2.1 所示。

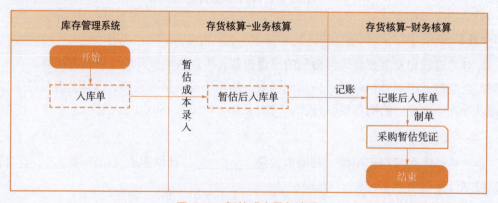

图 5.2.1　暂估成本录入流程

【知识链接】

对于本月货到单未到业务，货物到达后即可填制入库单，因尚未取得发票，无法进行采购结算获取该批货物的采购成本，因此需要等发票。如果月底前取得发票，可按照正常采购流程处理；如果月底仍未收到发票，需要录入暂估成本，并对入库单进行记账，生成采购暂估凭证，待日后再冲回。

【工作指导】

期末暂估处理

（1）用户 kj02 登录【企业应用平台】,【操作日期】为"2024-03-31"。

（2）执行【供应链】-【存货核算】-【业务核算】-【暂估成本录入】命令，打开【查询条件选择】窗口，将【包括已有暂估金额的单据】的选项改为"是"，如图 5.2.2 所示，单击【确定】按钮。

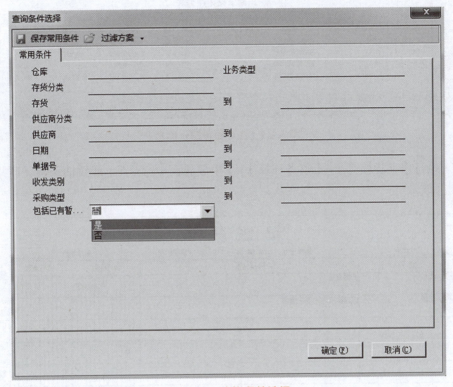

图 5.2.2　查询条件选择

（3）打开【暂估成本录入】窗口，【单价】栏将"8 300.00"更改为"8 250.00"，如图 5.2.3 所示，单击【保存】按钮，系统提示"保存成功"。

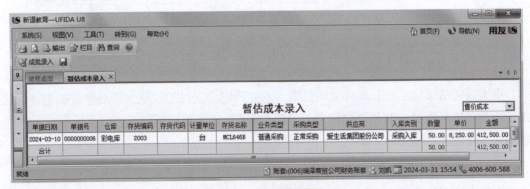

单据日期	单据号	仓库	存货编码	存货代码	计量单位	存货名称	业务类型	采购类型	供应商	入库类别	数量	单价	金额
2024-03-10	0000000006	彩电库	2003		台	MCL646B	普通采购	正常采购	爱生活集团股份公司	采购入库	50.00	8,250.00	412,500.00
合计											50.00		412,500.00

图 5.2.3　暂估成本录入

（4）执行【供应链】-【存货核算】-【业务核算】-【正常单据记账】命令，打开【查询条件选择】窗口，单击【确定】按钮，打开【未记账单据一览表】窗口，双击选择MCL646B的采购入库单，如图5.2.4所示，单击【记账】按钮，系统提示“记账成功”。

正常单据记账列表

记录总数：5

选择	日期	单据号	存货编码	存货名称	规格型号	存货代码	单据类型	仓库名称	收发类别	数量
Y	2024-03-10	0000000006	2003	MCL646B			采购入库单	彩电库	采购入库	50.00
	2024-03-19	20243103	4001	暖阳豆浆机D08			专用发票	家用小电器库	销售出库	60.00
	2024-03-19	20243103	4003	柏冠电饭煲B40			专用发票	家用小电器库	销售出库	20.00
	2024-03-23	20243107	4002	暖阳电磁炉C22			专用发票	家用小电器库	销售出库	100.00
	2024-03-25	20243109	4001	暖阳豆浆机D08			普通发票	家用小电器库	销售出库	160.00
小计										390.00

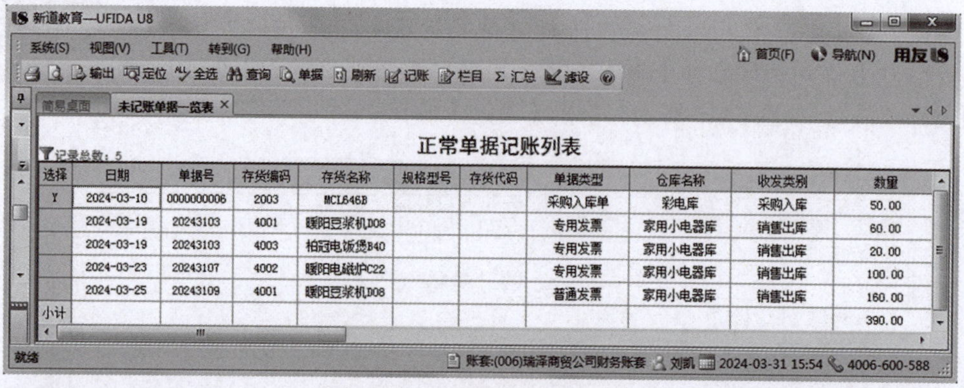

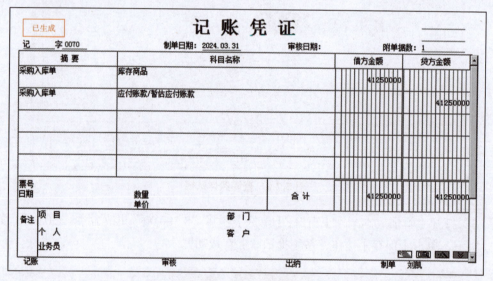

图 5.2.4　未记账单据一览表

（5）执行【存货核算】-【财务核算】-【生成凭证】命令，生成暂估采购凭证并保存，如图5.2.5所示。

图 5.2.5　暂估采购凭证

【注意事项】

由于是暂估采购，没有取得采购发票，不能确定应支付的货款，因此生成的会计凭证的贷方为“应付账款—暂估应付账款”，这区别于正常货单同到业务完成采购结算后所生成的入库凭证。

【自检自测】

对于本月采购物资入库但未取得采购发票的业务，因只有入库单没有采购发票，因此不能进行＿＿＿＿＿＿＿处理，系统无法获取该批货物的真实成本，故生成的存货入库凭证的贷方科目为＿＿＿＿＿＿＿。

【拓展延伸】

企业本月采购货到单未到业务的商品入库时，先不进行单据记账，要等发票，发票到了后进行采购结算，走正常采购业务处理流程；如果月末发票仍然不到，就需要录入暂估成本，并进行正常单据记账处理。

任务 2：计算发出存货成本

【任务描述】

2024 年 3 月 31 日，家用小电器库因采用全月平均法核算发出商品成本，日常发出货物时尚未对该仓库存货进行记账及成本结转处理，月末计算平均单价并生成成本结转凭证。

【任务解析】

该业务要求对采用全月平均法的存货计算加权平均单价，生成成本结转凭证。

【岗位说明】

1. 用户 kj02 在【存货核算】-【业务核算】系统将采用全月平均法核算存货的出库单记账，再进行期末处理，计算出存货的加权平均单价。

2. 用户 kj02 在【存货核算】-【财务核算】系统生成成本结转凭证。

【业务流程】

该业务的流程如图 5.2.6 所示。

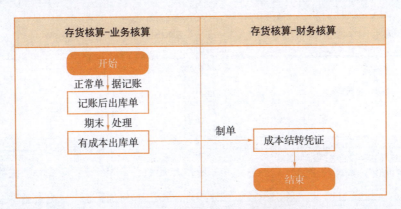

图 5.2.6　计算发出存货成本流程

【知识链接】

全月平均法下，发出存货的成本在出库时无法确定，只能在月末的时候借助【月末处理】功能，根据期初存货总成本、数量与本月入库存货成本、数量进行加权计算，得出平均单价。

【工作指导】

第一步：将单据全部记账

（1）用户 kj02 登录【企业应用平台】，【操作日期】为"2024-03-31"。

（2）执行【供应链】-【存货核算】-【业务核算】-【正常单据记账】命令，打开【未记账单据一览表】窗口，单击【全选】按钮，选中家用小电器库的所有发票，如图 5.2.7 所示，再单击【记账】按钮，系统提示"记账成功"，关闭该窗口。

计算发出
存货成本

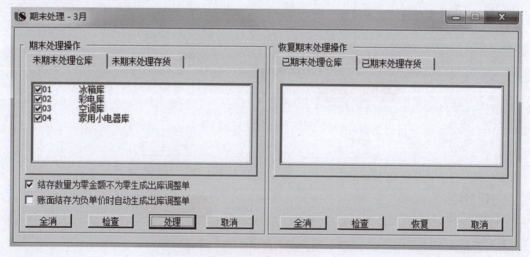

图 5.2.7　家用小电器库发票记账

第二步：期末处理

（1）执行【供应链】-【存货核算】-【业务核算】-【期末处理】命令，打开【期末处理-3 月】窗口，如图 5.2.8 所示。

图 5.2.8　期末处理前

（2）单击【处理】按钮，打开【月平均单价计算表】窗口，显示家用小电器库本月发出商品的平均单价，如图 5.2.9 所示，单击【确定】按钮。

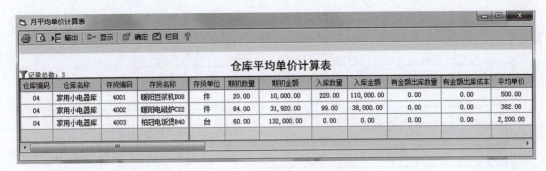

图 5.2.9　仓库平均单价计算表

（3）系统提示"月末处理完成"，单击【确定】按钮，如图 5.2.10 所示，关闭【期末处理 –3 月】窗口。

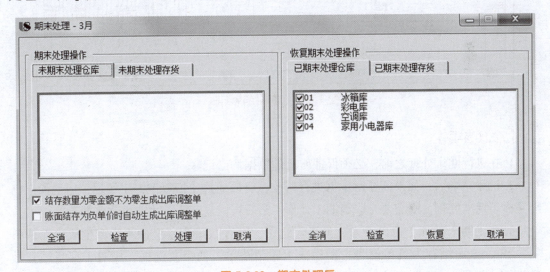

图 5.2.10　期末处理后

第三步：生成家用小电器库成本结转凭证

（1）执行【存货核算】–【财务核算】–【生成凭证】命令，打开【生成凭证】窗口，单击【选择】按钮，打开【查询条件】窗口，单击【确定】按钮。

（2）打开【选择单据】窗口，显示未生成凭证的所有单据，单击【全选】按钮，如图 5.2.11 所示，再单击【确定】按钮。

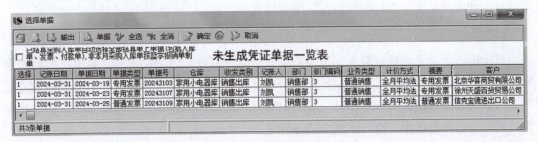

图 5.2.11　未生成凭证单据一览表

（3）打开【生成凭证】窗口，单击【合成】按钮，系统汇总生成成本结转凭证，如图 5.2.12 所示。

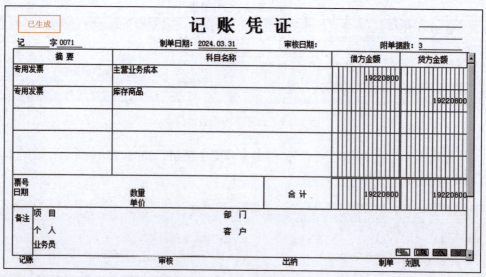

图 5.2.12　成本结转凭证

【注意事项】

1. 在进行期末处理之前，必须保证所有的单据均已记账。

2. 记账完毕后，如果需要对单据进行修改，可以通过【恢复记账】实现，但是如果已经完成了期末处理，则需要先取消期末处理，然后再恢复记账，才能更改单据。

3. 在【期末处理】窗口下方，如果勾选了"结存数量为零金额不为零生成出库调整单"和"账面结存为负单价时自动生成出库调整单"两个复选框，则对于存货结存数量为零，但是金额不为零的存货，在进行期末处理的时候，会生成调整单，根据调整单生成会计凭证进行金额的调整。企业也可以根据实际情况手工填制出库调整单对金额予以调整。

【自检自测】

1. 需要进行月末处理的存货采用的发出存货成本核算方法为_____。

2. 月末处理在_____中完成，月末处理前，需将所有出库单或发票_____，通过月末处理，系统自动计算发出存货的单位成本。

【拓展延伸】

对于采用全月平均法核算发出成本的存货，既可以在出库或销售时，将出库单或销售发票予以记账，也可以在月末汇总记账。若在业务发生时执行记账，由于单价成本无法取得，因此无法生成出库或成本结转凭证，只有月末进行期末处理后，系统才会自动计算得到发出存货的单价成本，进而才能生成相应凭证。

子项目 5.3

期末业务处理

任务1：计算汇兑损益

【任务描述】

2024 年 3 月 31 日，美元兑人民币的汇率为 7.211 2，计算应收账款、银行存款美元户因汇率变动产生的汇兑损益。

【任务解析】

该业务要求计算外币资产负债由于汇率变动产生的汇兑损益。

【岗位说明】

1. 会计主管 zg01 设置期末调整汇率。

2. 会计 kj02 在【应收款管理】系统计算该系统受控科目因汇率变动产生的损益，在【总账】系统计算外币存款产生的汇兑损益，并生成汇兑损益凭证。

【业务流程】

该业务的流程如图 5.3.1 所示。

图 5.3.1　计算汇兑损益流程

【知识链接】

当企业采用外币核算时，应选择月末计算或单据结清时计算汇兑损益。如果期末往来科目有余额，且企业选择了月末计算，则需要期末录入调整汇率，然后利用往来系统汇兑损益计算功能，根据期末汇率自动调整外币债权、债务余额，所产生的差额计入"财务费用"。

【工作指导】

第一步：录入调整汇率

（1）用户 zg01 登录【企业应用平台】，【操作日期】为"2024-03-31"。

（2）执行【基础档案】-【财务】-【外币设置】命令，打开【外币设置】窗口，3月月末的【调整汇率】栏录入"7.211 2"，如图 5.3.2 所示，然后单击【退出】按钮。

计算汇兑损益

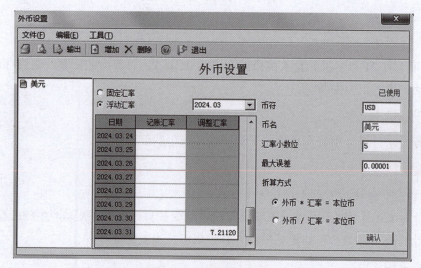

图 5.3.2　期末汇率设置

第二步：计算应收账款汇兑损益

（1）更换用户 kj02 登录【企业应用平台】，【操作日期】为"2024-03-31"。

（2）执行【财务会计】-【应收款管理】-【汇兑损益】命令，打开【汇兑损益】窗口，单击【全选】按钮，再单击【下一步】按钮，显示由于汇率变动所产生的应收账款（美元户）的汇兑损益计算金额，如图 5.3.3 所示，单击【完成】按钮。

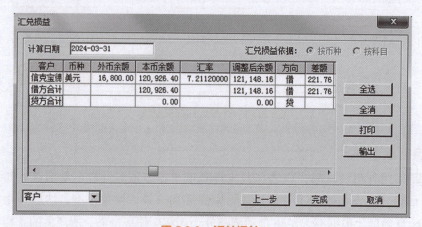

图 5.3.3　汇兑损益

（3）系统提示"是否立即制单？"，单击【是】按钮，生成汇兑损益凭证，补充科目"660302"，并调整其方向为借方，以红字显示，单击【保存】按钮，如图 5.3.4 所示。

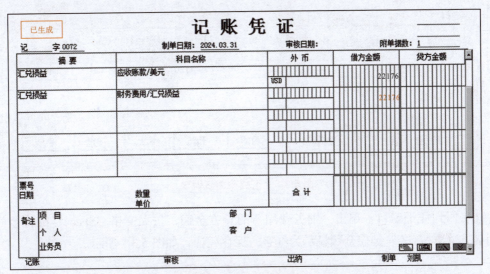

图 5.3.4　汇兑损益凭证

第三步：计算中行存款汇兑损益

（1）执行【总账】-【期末】-【转账定义】-【汇兑损益】命令，打开【汇兑损益结转设置】窗口，在【汇兑损益入账科目】栏录入"660302"，依次在【是否计算汇兑损益】栏双击鼠标，出现"Y"标志，如图 5.3.5 所示，单击【确定】按钮。

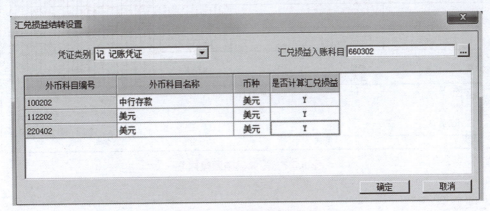

图 5.3.5　汇兑损益结转设置

（2）执行【期末】-【转账生成】命令，打开【转账生成】窗口，选择左侧的"汇兑损益结转"选项，依次单击【全选】【确定】按钮。

（3）系统提示"2024.03 月或之前月有未记账凭证，是否继续结转？"，单击【是】按钮，打开【汇兑损益试算表】窗口，显示汇兑损益计算结果，如图 5.3.6 所示。

（4）单击【确定】按钮，生成汇兑损益凭证，单击科目"银行存款 / 中行存款"，按"Ctrl+S"组合键打开【辅助项】窗口，【结算方式】选择"其他"，单击【确定】按钮。

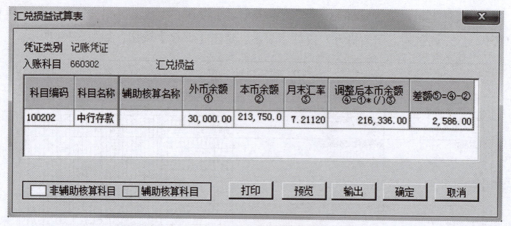

图 5.3.6　汇兑损益试算表

（5）回到凭证窗口，单击"财务费用"的贷方金额，按大空格"Space"键将金额调整到借方，再按"="键使金额显示为红字，保存凭证，如图 5.3.7 所示。

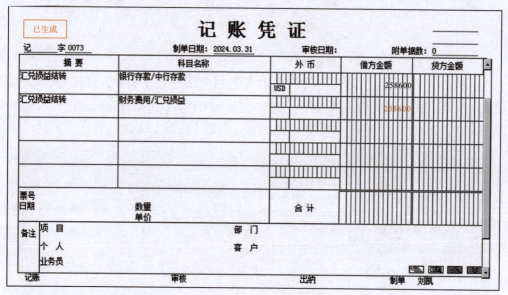

图 5.3.7　汇兑损益调整凭证

【注意事项】

1. 在计算本月汇率变动所产生的损益前，应先在【基础设置】中设置好调整汇率。

2. 财务费用是费用类科目，其发生额应该在借方，可以用红字金额表示。

【自检自测】

我国采用有管理的浮动汇率制度，期末应先在基础设置中录入＿＿＿＿＿＿，再根据是否为往来受控科目，分别在＿＿＿＿＿＿系统、＿＿＿＿＿＿系统和＿＿＿＿＿＿系统计算汇兑损益，生成汇兑损益凭证。

【拓展延伸】

对于往来系统受控科目，由于汇率变动所产生的汇兑损益应在往来系统进行处理，而库存现金、银行存款由于外币汇率变动所产生的汇兑损益，在【总账】系统处理。

任务2：计提坏账准备

【任务描述】

2024年3月31日，使用应收余额百分比法计提本月的坏账准备。

【任务解析】

企业采用备抵法核算坏账，该任务要求计提本期的坏账准备。

【岗位说明】

会计kj02通过【计提坏账准备】命令，查看本期应计提或冲减的坏账准备金额，并通过系统自动制单，生成计提坏账准备凭证。

【知识链接】

坏账是指企业无法收回或者收回可能性很低的应收账款，因发生坏账而给企业带来的损失，称为坏账损失。实际工作中因客户经营不善、恶意欠债等原因导致应收款无法收回，期末财务人员应分析应收账款回收的可能性，预计坏账损失，计提坏账准备。

【工作指导】

（1）kj02执行【财务会计】-【应收款管理】-【坏账处理】-【计提坏账准备】命令，打开【应收账款百分比法】窗口，系统自动计算本期坏账准备计提或者冲销金额，如图5.3.8所示。

（2）单击【OK确认】按钮，系统提示"是否立即制单？"，单击【是】按钮，生成本期坏账准备计提凭证，如图5.3.9所示。

计提坏账

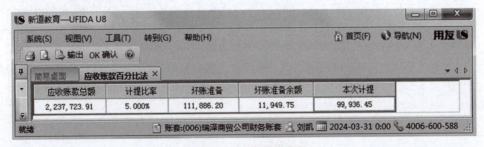

应收账款总额	计提比率	坏账准备	坏账准备余额	本次计提
2,237,723.91	5.000%	111,886.20	11,949.75	99,936.45

图5.3.8 计提坏账准备

【注意事项】

执行计提坏账准备命令，系统会自动计算坏账准备金额，若金额为正数，说明本期应继续计提坏账准备，若金额为负数，说明应冲销前期多计提的坏账准备。

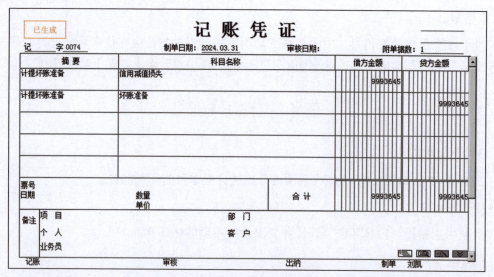

图 5.3.9　坏账准备计提凭证

【自检自测】

坏账的处理方法有直接转销法和_____两大类，我国会计准则要求对坏账采用第二种方法核算。

【拓展延伸】

根据《企业会计准则第22号——金融工具确认和计量》应用指南，金融资产减值准备所形成的预期信用损失应通过"信用减值损失"科目核算。信用减值损失包括货款损失准备、债权投资减值准备、坏账准备、合同资产减值准备、租赁应收款减值准备等。

★★★管理增效★★★

西藏某能源公司2021年2月IPO被否，分析其原因，其中之一就是坏账风险过高。企业应收账款超过当期营收，2016—2018年，该公司应收账款账面余额分别为3 120.26万元、11 367.86万元和17 401.08万元，分别占当期营收的96.85%、133.16%和173.81%。同时，企业2017年和2018年的应收账款增幅分别为264.32%和53.07%，超过了同期营收增速164.96%和17.28%，应收账款占营收比值高，应收账款增速超过营收增速说明企业的回款变慢。应收账款的回款速度、风险管理对企业资金回笼影响重大，低效的管理增加了企业运营风险。企业应加速资金的周转率，防止坏账、呆账的积累，促进销售的良性循环。

任务3：期末结账

【任务描述】

2024年3月31日，本月所有经济业务处理完毕，对所启用的系统进行结账处理。

【任务解析】

该业务要求完成各系统的结账工作。

【岗位说明】

1. 出纳 cn01 与会计 kj01 对【总账】系统凭证进行复核，会计 kj02 对已审核的凭证记账。

2. 会计 kj02 在【总账】系统进行期间损益结转设置，生成损益结转凭证；会计 kj01 完成审核；会计 kj02 对凭证记账。

3. 会计主管 zg01 分别对【采购管理】【销售管理】【库存管理】【存货核算】系统进行月结处理，再对【应收款管理】【应付款管理】系统进行结账，最后对【总账】系统进行期末对账、结账。

【知识链接】

月末通过结账工作，将本月经济业务画上句号。软件各系统结账是有先后顺序的，一般先对供应链系统结账，再对财务系统结账，总账系统最后结账。

【工作指导】

第一步：完成凭证的复核及记账工作

（1）用户 cn01 登录【企业应用平台】，【操作日期】为"2024-03-31"。执行【总账】-【凭证】-【出纳签字】命令，打开【出纳签字】窗口，单击【确定】按钮，打开【出纳签字列表】窗口，如图 5.3.10 所示。

（2）双击打开第一张凭证，单击【批处理】右侧倒三角下拉框中的"成批出纳签字"按钮，如图 5.3.11 所示，系统提示"本次签字成功的凭证 [12] 张"，刷新列表数据。

期末结账

凭证共 12张					☑ 凭证号排序	☐ 制单日期排序				
		☐ 已签字 0张	☐ 未签字 12张							
制单日期	凭证编号	摘要	借方金额合计	贷方金额合计	制单人	签字人	系统名	备注	审核日期	年度
2024-03-04	记-0003	现结	423,750.00	423,750.00	刘凯		应付系统			2024
2024-03-04	记-0005	付款单	58,760.00	58,760.00	刘凯		应付系统			2024
2024-03-06	记-0008	付款单	50,000.00	50,000.00	刘凯		应付系统			2024
2024-03-23	记-0022	付款单	189,810.00	189,810.00	刘凯		应付系统			2024
2024-03-17	记-0031	现结	149,160.00	149,160.00	刘凯		应收系统			2024
2024-03-19	记-0033	其他应收单	113,771.00	113,771.00	刘凯		应收系统			2024
2024-03-26	记-0034	收款单	113,771.00	113,771.00	刘凯		应收系统			2024
2024-03-25	记-0048	现结	284,760.00	284,760.00	刘凯		应收系统			2024
2024-03-26	记-0050	收款单	30,000.00	30,000.00	刘凯		应收系统			2024
2024-03-28	记-0051	现结	281,370.00	281,370.00	刘凯		应收系统			2024
2024-03-30	记-0059	收款单	180,480.00	180,480.00	刘凯		应收系统			2024
2024-03-31	记-0073	汇兑损益结转	0.00	0.00	刘凯					2024

图 5.3.10　出纳签字列表

（3）更换用户 kj01 登录【企业应用平台】，【操作日期】为"2024-03-31"。执行【总账】-【凭证】-【审核凭证】命令，打开【凭证审核】窗口，单击【确定】按钮，打开【凭证审核列表】窗口。

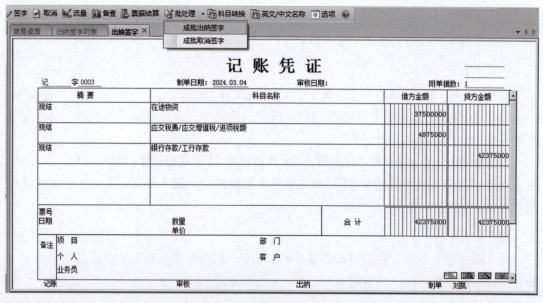

图 5.3.11　成批出纳签字

（4）双击打开第一张凭证，单击【批处理】右侧倒三角下拉框中的"成批审核凭证"按钮，如图 5.3.12 所示，批量完成凭证审核。

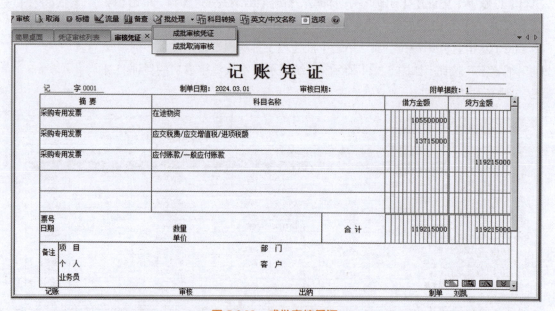

图 5.3.12　成批审核凭证

（5）更换用户kj02登录【企业应用平台】，【操作日期】为"2024-03-31"。执行【总账】-【凭证】-【记账】命令，打开【记账】窗口，单击【全选】按钮，如图 5.3.13 所示。

（6）单击【记账】按钮，打开【期初试算平衡表】窗口，系统提示"试算结果平衡"，单击【确定】按钮，系统开始记账，待系统提示"记账完毕"，单击【确定】按钮，再关闭【记账】窗口。

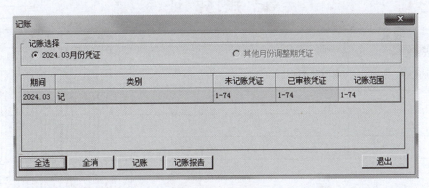

图 5.3.13 记账

第二步：设置并生成期间损益结转凭证

（1）执行【总账】-【期末】-【转账定义】-【期间损益】命令，打开【期间损益结转设置】窗口，在【本年利润科目】栏录入"4103"，单击【确定】按钮，关闭窗口。

（2）执行【总账】-【期末】-【转账生成】命令，打开【转账生成】窗口，单击左侧"期间损益结转"选项，【类型】选择"收入"，单击【全选】按钮，如图 5.3.14 所示。

图 5.3.14 转账生成 - 收入结转

（3）单击【确定】按钮，生成收入结转凭证并保存，如图 5.3.15 所示。

（4）单击【退出】按钮，回到【转账生成】窗口，【类型】更换为"支出"，依次单击【全选】【确定】按钮，系统提示"2024.03 月或者之前月有未记账凭证，是否继续结转？"，单击【是】按钮，生成支出结转凭证并保存，如图 5.3.16 所示。

（5）更换用户 kj01 登录【企业应用平台】，【操作日期】为"2024-03-31"。对期间损益结转凭证进行审核，再更换用户 kj02 对这两张凭证进行记账。

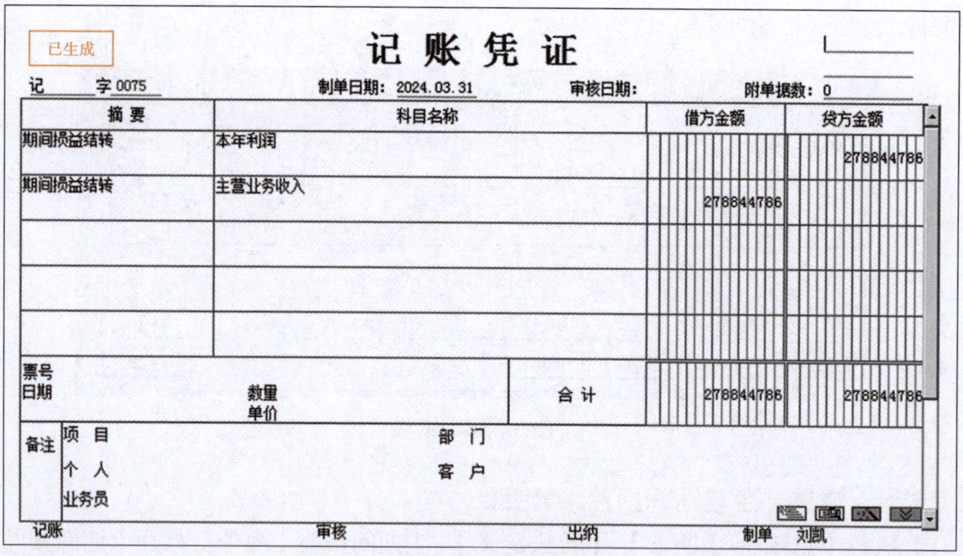

图 5.3.15　收入结转凭证

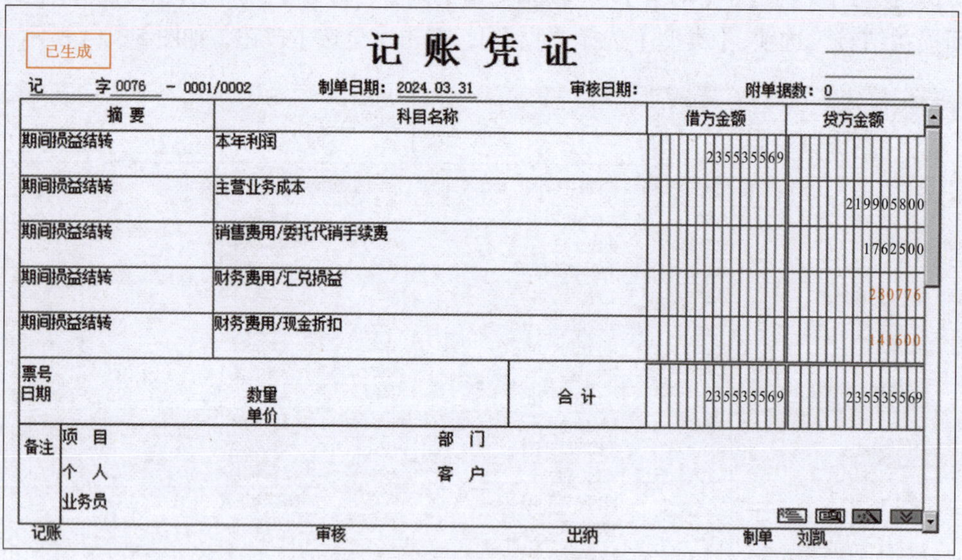

图 5.3.16　支出结转凭证

第三步：供应链系统结账

（1）用户 zg01 登录【企业应用平台】，【操作日期】为"2024-03-31"。

（2）执行【供应链】-【销售管理】-【月末结账】命令，打开【结账】窗口，单击【结账】按钮，系统提示"是否关闭订单？"，单击【否】按钮，3月份【是否结账】显示为"是"，表明该系统 3 月份结账完成，如图 5.3.17 所示，关闭窗口。

（3）同理对【采购管理】【库存管理】系统结账，如图 5.3.18、图 5.3.19 所示。

（4）执行【供应链】-【存货核算】-【业务核算】-【月末结账】命令，打开【结账】窗口，如图 5.3.20 所示，单击【结账】按钮，关闭窗口。

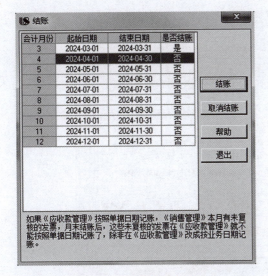

如果《应收款管理》按照单据日期记账，《销售管理》本月有未复核的发票，月末结账后，这些未复核的发票在《应收款管理》就不能按照单据日期记账了，除非在《应收款管理》改成按业务日期记账。

图 5.3.17 【销售管理】结账

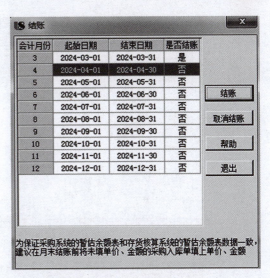

为保证采购系统的暂估余额表和存货核算系统的暂估余额表数据一致，建议在月末结账前将未填单价、金额的采购入库单填上单价、金额

图 5.3.18 【采购管理】结账

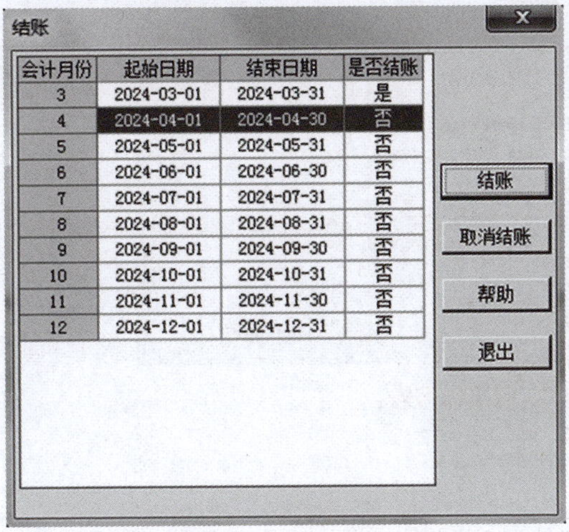

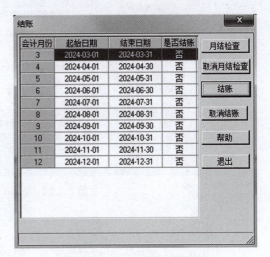

图 5.3.19 【库存管理】结账

图 5.3.20 【存货核算】结账

第四步：财务系统结账

（1）执行【财务会计】–【应收款管理】–【期末处理】–【月末结账】命令，打开【月末处理】窗口，双击3月【结账标志】栏，出现"Y"，单击【下一步】按钮，再单击【完成】按钮，系统提示"3月份结账成功"。

（2）同理完成【应付款管理】系统月末结账工作。

（3）执行【总账】–【期末】–【结账】命令，打开【结账】窗口，如图 5.3.21 所示。

（4）单击【下一步】按钮，进入【核对账簿】窗口，单击【对账】按钮，对账无误后，单击【下一步】按钮，显示 2024 年 03 月的工作报告，如图 5.3.22 所示。

（5）单击【下一步】按钮，再单击【结账】按钮，完成【总账】系统的期末结账工作。

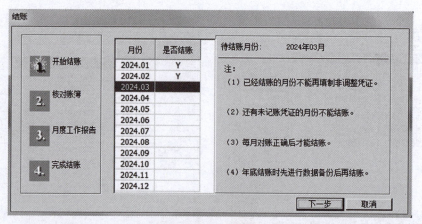

图 5.3.21　总账结账

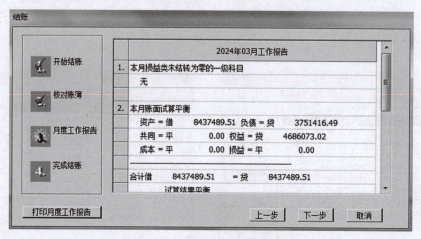

图 5.3.22　2024 年 03 月工作报告

【注意事项】

1. 由于采购、销售会影响存货数量，而存货增减通过【存货核算】系统生成会计凭证，因此供应链的结账顺序是先【采购管理】或【销售管理】，然后是【库存管理】，最后才是【存货核算】系统。

2. 由于采购销售业务的单据会自动传递到【应收款管理】和【应付款管理】系统，因此【采购管理】和【销售管理】系统的结账要早于往来核算系统。

3. 只有当其他所有启用的系统完成结账后，才能进行【总账】系统的结账，若【总账】系统结账不成功，可以检查工作报告，查找未能结账的原因。

【自检自测】

1. 结账有先后顺序，一般来说先对供应链系统进行结账，再对往来核算系统进行结账，最后才能对_____系统结账。

2. 总账系统结账前，要求所有其他系统均_____，所有凭证均_____，损益类科目余额为_____。

【拓展延伸】

　　【总账】系统结账后，如果想修改单据，需要按照期末结账的逆顺序取消结账，首先要取消【总账】系统的结账，可通过"Ctrl+Shift+F6"组合键予以实现。

常见故障

序号	问题描述	原因分析	解决方案
1	存货盘点时，盘库操作没有数据		盘点单先选择仓库，再执行盘库命令
2	存货盘点没有生成其他出库单或者其他入库单	账实相符，无需生成，或者没有审核盘点单	检查账实是否相符，若账实不符，对盘点单进行审核
3	月末录入暂估成本时，过滤不出采购入库单记录	过滤条件设置错误，或者单据已经记账	暂估成本录入查询窗口选择"包括已有暂估金额的单据"；或者检查单据是否已经记账，若已经记账，将该单据恢复记账
4	应收款系统结转汇兑损益没有数据	没有设置期末调整汇率	执行【基础档案】-【财务】-【外币设置】命令，录入期末调整汇率
5	计算发出存货成本时，生成成本结转凭证没有数据	没有进行期末处理，尚未计算出发出存货的加权价格	先通过【存货核算】-【业务核算】-【期末处理】计算单价，再生成成本结转凭证
6	期间损益结转金额错误	结转前存在尚未记账凭证；已经记账的损益凭证存在错误	将所有损益类凭证先记账，再生成期间损益结转凭证；检查损益类凭证是否有误
7	子系统结账不成功	各子系统结账顺序不对；存在未处理完毕的单据	各个系统结账顺序： 【采购管理】和【销售管理】→【库存管理】→【存货核算】； 【采购管理】和【销售管理】→【应收款管理】和【应付款管理】； 【总账】最后结账。 　　检查有无未处理完毕的单据，如有未审核、未生成凭证的单据，全部单据处理完毕后，再按照正确顺序执行结账命令
8	总账系统结账不成功	存在尚未结账的其他子系统；损益类科目期末余额不为零；有尚未记账凭证；试算不平衡	通过检查工作报告查找未能结账的原因，根据原因提示修正错误

序号	问题描述	原因分析	解决方案
9	凭证记账后，无法修改凭证	已经记账、审核的凭证不能修改	在总账对账窗口，用"Ctrl+H"快捷键激活恢复记账前状态，依次取消凭证的记账、审核、出纳签字，再修改凭证
10	总账结账后，无法修改单据	需要取消总账及相关系统结账	在总账结账窗口用"Ctrl+Shift+F6"快捷键取消结账，再取消其他系统结账

总结提升

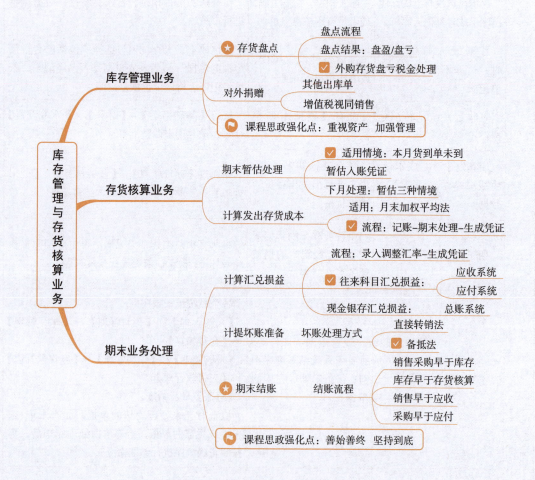

 考核评价

姓名：		学号：		班级：		组别：				
	评价项目	评价标准	评价依据	评价方式		权重	得分	总分		
				小组 0.2	教师 0.8					
库存管理与存货核算业务	职业素质	1. 遵守实训管理规定和劳动纪律 2. 实训过程中，保持操作台干净整洁，实训耗材摆放规范；实训结束，垃圾及时清理 3. 及时高效完成实训任务	实训表现			0.1				
	专业能力	1. 掌握库存与存货核算系统功能 2. 熟悉盘点业务的流程，能熟练绘制流程图 3. 能将存货暂估成本录入、发出存货单价计算等业务与本月相关业务或者参数设置联系起来 4. 及时完成任务并上交截图	业务流程图、存货盘点、暂估处理等凭证截图			0.6				
	创新能力	1. 对实训过程中遇到的问题积极思考，主动寻找解决办法 2. 从存货管理的角度针对盘点进行优化并提出意见和建议 3. 讨论企业常见期末业务类型，结合往来系统和总账系统期末处理功能，提升期末业务处理效率	课堂表现参与贡献			0.1				
	学习态度质量	1. 登录智慧职教，观看微课、课件等学习资源，自主开展课前预习 2. 及时完成课前在线测试 3. 针对盘点流程、增值税不可抵扣、视同销售等知识点积极进行讨论、发帖回帖	在线测试成绩 / 视频浏览时长 / 发帖回帖数量	线上学习数据		0.2				
	教师评语									
		指导教师签名：				日期：				

参考文献

[1] 庞靖麒，卜艳艳，郑圣慈．会计信息系统应用（用友 ERP 业财一体化）[M]．北京：北京理工大学出版社，2023．

[2] 庞靖麒，张晓琳，卜艳艳．会计信息化（用友 U8V10.1）[M]．2 版．北京：北京理工大学出版社，2022．

[3] 梁毅炜，方倩．会计信息系统实训—供应链篇（用友 U8V10.1）[M]．2 版．北京：电子工业出版社，2021．

[4] 庄胡蝶．会计信息化（用友 U8V10.1 版）[M]．3 版．北京：高等教育出版社，2020．

[5] 牛永芹，曹方林，宋士显．ERP 供应链管理系统实训教程（用友 U8V10.1 版）[M]．5 版．北京：高等教育出版社，2023．

[6] 李爱红．ERP 财务供应链一体化实训教程（用友 U8V10.1）[M]．北京：高等教育出版社，2017．

[7] 王新玲．会计信息系统实验教程 [M]．北京：清华大学出版社，2014．

[8] 宋红尔，赵越，冉祥梅．用友 ERP 供应链管理系统应用教程 [M]．大连：东北财经大学出版社，2018．